시장경제를 읽는 눈

살아있는 뉴스경제학

시장경제를 읽는 눈

이계민 지음

한국경제신문

이 책은 지난 40여 년의 기자 생활의 대부분을 차지하는 〈한국경제신문〉에 연재된 기명 칼럼을 모은 것이다. 경제, 증권, 국제부 등 데스크를 맡으면서 게재한 '데스크 칼럼'과 논설위원으로 활동하면서 쓴 '이계민 칼럼'이 전부 실려 있다. 지금 읽어 보면 유치한 글도 있고, 다소 논리의 비약이 엿보이기도 하지만 원문에 거의 손을 대지 않고 그대로 살려 놓았다. 당시의 판단과 표현이 나름대로 의미가 있고, 당시의 경제 사회 상황을 이해하는 데 오히려 도움이 될 것이란 생각이 들어서이다. 다만 예전에는 한자漢字 표기를 많이 썼기 때문에 이는 한글로 옮기거나 병기하는 방식으로 원문을 수정했다.

사실 과거에 연재했던 글들을 모아놓고 그 안에서 어떤 의미를 찾아본다는 것은 낯부끄러운 일이라 생각한다. 그럼에도 불구하고 의미를 부여해 본다면, 우선 1990년대부터 오늘에 이르기까지 크고 작은 경제 정책이나 기업 활동의 변화가 어떤 식으로 진행돼 왔는지 날카로운 기자의 눈을 통해 읽어 볼 수 있다는 점을 꼽을 만하다. 특히 당시의 정치 상황과 연계해서 되짚어 볼 수 있다는 것은 지금의 어려운 경제 현실을 극복해 나가는 데에서도 다소나마 도움이 되리라 믿는다.

또 독자들이 글을 이해하는 데 도움이 되도록 글에서 거론되는 정당 활동이나 특정 상황에 대해서는 주석註釋을 달아 당시 상황과 그 이후의 변화된 과정 등을 설명해 놓았다.

다만 아쉬운 것은 편집국장 시절(1996. 1.~1997. 1.)과 한경닷컴 사장 재임 기간(2002. 10.~2004. 3.)에는 칼럼을 쓰지 못해 시계열상으로 중간에 글의 공백이 있다는 점이다.

지난 1973년 12월 1일 당시의 일간 〈내외경제〉 수습 1기 기자로 언론계에 발을 들여놓은 지 어언 40년이 다 되었다. 1980년 11월 5공 정권의 언론 통폐합 조치로 한국경제신문으로 자리를 옮겨 2010년 '전무이사 주필' 보직을 마지막으로 기자 생활의 일선에서 물러나기까지 수많은 선배와 후배들의 보살핌과 성원이 컸다. 지금도 논설 고문으로 한국경제신문사의 울타리 속에서 활동하고 있지만 앞으로도 부끄럽지 않은 언론계 후배나 선배로 기억되도록 최선을 다할 것이다.

이 자리를 빌려 주변의 모든 분들께 진심으로 감사한다. 특히 내 글들을 모아 책으로 엮어 내 준 한경BP 김경태 사장님을 비롯한 편집자 여러분께 감사의 마음을 전하고 싶다.

언론계 선후배들은 물론 주위 모든 분들의 건승을 빌면서 아울러 변함 없는 성원을 앙청해 마지않는다.

2011. 4.
이계민

살 아 있 는 뉴 스 경 제 학
시장경제를 읽는 눈

1부 정치인과 정치 논리, 경제인과 경제 논리

2부 '선택과 집중'의 재정 전략

3부 금융 시장의 알파와 오메가

4부 기업, 기업가 정신 그리고 사회적 책임

• 1부 •

정치인과 정치 논리,
경제인과 경제 논리

경제 정책을 포함한 모든 정부 정책은 각종 정치 과정을 거쳐 수립되고 집행된다. 여기에는 참여자도 다양하고 관련 기구도 복잡하다. 정치인은 물론이고 관료와 이익집단, 경제인과 유권자 등 수많은 집단과 부류들이 영향력을 행사하게 된다. 따라서 의사 결정 과정은 다양한 논리와 원칙이 적용될 수밖에 없다.

정치인과 경제인은 여러 가지 면에서 상당한 차이가 있다.

정치인은 자원 배분의 기준으로 공평성을 내세우고, 정책의 필요성과 우선순위를 정하는 데 유권자의 요구나 지지 집단의 주장을 기준으로 삼는다. 그러나 경제인은 자원 배분의 기준을 효율성에 두고, 유권자나 지지 집단보다는 사회적 필요와 사회 구성원 전체의 이익을 우선 고려하게 된다. 경제인은 경제적 효율성을 따지지만 정치인은 정치적 효율성을 추구한다고나 할까. 특히 효율성을 달성하는 수단으로 경제 시장에서 '보이지 않는 손'인 가격이 기능한다면, 정치 시장에서의 보이지 않는 손은 보통 선거와 과반수 의결 제도이다.

정치적 의사 결정과 경제적 의사 결정은 세 가지 점에서 본질적으로 다르다.

첫째, 의사 결정권 행사에 있어 정치와 경제가 판이하다. 민주주의 사회에서 정치적 의사 결정에는 사회 구성원이 1인 1표의 똑같은 투표권을 가지고 참여하지만 시장적 의사 결정은 구성원 자신이 가지고 있는 경제력에 비례해 불균등하게 참여한다. 예컨대 갑(甲)의 재산이 100이고 을(乙)의 재산이 10이라면 갑은 을의 10배에 해당하는 투표권을 행사하는 것이다.

둘째는 의사 결정의 빈도에 관한 것이다. 정치적 의사 결정 과정에서의 선택은 언제나 가능한 것이 아니며 임기 등이 고려돼 특정한 기간이 지나야만 가능하다. 그러나 시장에서의 선택은 경제력만 있으면 언제든지 구입할 수 있다.

셋째, 합의 기술의 차이이다. 시장에서는 참가자 전원이 합의하는 만장일치가 이뤄진다고 볼 수 있다. 사기 싫은 재화를 억지로 구입하지는 않기 때문이다. 그러나 정치적 의사 결정과정에서는 다수결 제도가 통용된다. 반수 이하의 동의하지 않은 사람들도 본인 의사와는 상관없이 그 결정을 수용할 수밖에 없다.

여기에서 우리가 생각해 볼 것은 민주 사회에서 정치적 의사 결정은 효율보다는 평등이 우선한다는 것이다. 이는 자칫 성장의 정체를 장기화하여 이른바 중진국 함정에 빠져들 수 있음을 철저히 경계해야 할 것이다.

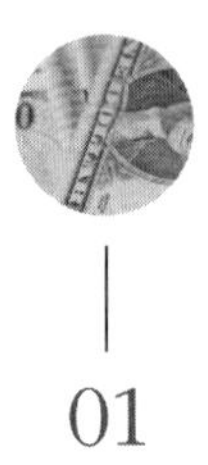

01
선거 공약 속병 앓게 한다

1991. 11. 4.

최근 들어 경제 위기감이 증폭되고 있다. 기업 자금난이 심화되면서 중소기업들의 부도 사태가 줄을 잇는 데다 내년으로 예정된 국회의원, 시도 및 기초자치단체장, 대통령 선거 등 4차례의 선거[1]가 경제에 엄청난 주름살을 줄 게 아니냐는 걱정 때문이다.

이 같은 위기감 때문인지 경제 각료들의 지방 나들이가 부쩍 늘어나고 있다. 근래에 최각규崔珏圭 부총리를 비롯, 이용만李龍萬 재무, 이봉서李鳳瑞 상공부 장관 등이 인천, 부산, 광주, 대구, 제주 등을 돌면서 현지 기업인들과 간담회를 갖고 애로 사항을 듣는가 하면 제법 굵직한 지원 약속도 하고 돌아왔다. 국민과의 대화를 위해 최 부총리는 곧 대전에도 들른다고 한다.

이러한 경제 장관들의 지역 순방은 정책 결정자들이 탁상공론보다 산업 현장을 돌아보고 현실에 입각한 실용성 있는 정책을 강구할 수 있다는 점에서 바람직한 현상이다. 그럼에도 최근 경제 장관들의 지방 나들이에 대해 "선거철이 닥쳐오긴 오는 모양"이라는 게 시민들의 반응이다.

정부의 선심 공세가 시작됐다는 식의 성급한 해석들이다. 혹자는 산업 현장의 애로를 파악하려면 실무자들이 더욱 효과적일 것이라고 지적하기도 한다. 번거로움이 뒤따르는 장관들의 나들이가 환심을 사기 위한 전시용 행차이거나 정치 행사의 일환으로 치러지는 게 아니냐고 혹평하는 사람들이 있다. 그두 그럴 듯한 애기다. 어쨌거나 내년 선거를 앞두고 갖가지 추측들이 난무하고 있고 앞으로 더욱 기승을 부릴 게 틀림없다.

정부의 그럴듯한 정책이 발표되면 '선거용'이라는 평가를 내리는 것도 그중의 하나일 것이다. 국민들의 이러한 평가는 오해일 수도 있다. 그러나 선거 때만 되면 갖가지 선심성 경제 정책을 연일 발표했던 게 그동안의 관행처럼 돼 왔기 때문에 달리 해석할 방법도 없다. 희망찬 경제 정책의 발표는 집권 여당의 당연한 프리미엄일 수도 있다. 그러나 중요한 것은 선거를 치르고 난 이후 이러한 선심성 공약이나 정책은 경제 운용에 큰 부담으로 되돌아온다는 사실이다.

선심 공약이나 정책이라 함은 우리 경제의 능력이나 틀을 벗어난 각종 개발 계획, 형평을 무시한 특정 계층, 특정 지역에 대한 지원 약속, 경제 논리에 벗어난 무리한 제도 개선 등등의 것들이다. 이러한 것들은 정부의 약속 자체만으로도 국민들을 엉뚱한 환상에 빠지게 하는 오류를 가져오게 된다. 약속을 지키기 위해 무리한 계획을 추진하면 경제 정책의 정상적인 운용이 저해받는다. 설령 문제가 있다고 해서 추진을 포기하면 정책에 대한 불신을 조장하는 결과를 가져온다.

올 들어 우리 경제의 갖가지 부작용도 따지고 보면 '주택 200만 호 건설'[2]의 공약 사업 때문이라는 지적도 많았다. 3년째 맥을 못 추고 힘을 잃어가는 증시 침체의 상당 요인이 공약 사업이었던 국민주[3] 보급에서 비롯됐다는 것도 알 만한 사람들은 다 알고 있다. 선거만 치르고 나면 부동산 투기가 극성을 부리는 것도 따지고 보면 선거 공약의 후유증이 큰 요인을 형성한다.

많은 사람들이 내년 경제의 어려움을 걱정할 때 선거로 인해 돈이 많이 풀릴 게 아니냐는 것들이 대부분이다. 돈 많이 쓰는 선거가 치러지면 물가가 오르고 낭비가 많아진다는 얘기다. 또 선거 유세에 많은 사람들이 동원돼 가뜩이나 심각한 인력난까지 부채질할 게 아니냐는 걱정이다. 심각한 문제다. 일각에서는 선거를 한꺼번에 치를 수 없느냐는 의견도 나오고 있는 실정이다.

그러나 금권金權 타락 선거로 인한 부작용은 어찌 보면 외상外傷에 속한다고 볼 수 있다. 겉으로 나타나는 상처는 다치지 않은 것만은 못해도 잘만 치료하면 치명적인 상태까지는 가지 않는다. 다친 부분을 금세 알 수 있고, 따라서 치료 방법도 강구할 수 있기 때문이다. 그러나 속병은 얼른 발견하기도 어려울 뿐 아니라 치료 방법을 쉽게 찾기도 힘든 일이다. 시름시름 앓기 때문에 부지불식간不知不識間에 회복할 수 없는 지경에 이르게 된다.

경제 논리에 벗어난 선심성 선거 공약이 바로 이 같은 경제의 속병을 만들어 내는 것이다. 돈이 많이 풀리고 낭비가 판치는 금권 타락 선거에 대한 우려도 크지만 경제 운용의 파행을 불가피하게 하는 능력 밖의 개발 계획, 경제 논리에 어긋나는 파행적 제도 개선 등 선심 공약성 정책의 남발을 더욱 경계해야 할 듯싶다.

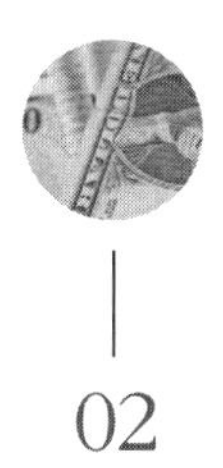

02
행정 편의주의를 경계한다

1992. 1. 20.

요즘 경제 부처가 바삐 돌아가고 있다. 경제 우선의 정책 구사를 밝힌 노태우 대통령의 연두 기자 회견 이후 각 경제 부처는 정책 개발에 더욱 적극적이다. 각 부처가 경쟁적으로 강도 높은 시책을 발표하고 있고 이를 실행하기 위한 정책 의지도 어느 때보다 강력하게 천명하고 있다. 물가 앙등으로 고통받는 서민 경제의 부담을 덜어 주고 적자 경제의 고착을 탈피하기 위해 우리 경제가 안정 바탕 위에서 경제 활력을 되찾아야 하는 당위성에 비춰 보면 지극히 당연하고 고무적인 현상이 아닐 수 없다. 그러나 한편에서는 이러한 정부의 단호한 의지에 대해 또 다른 우려도 떨쳐 버릴 수 없는 것이 현실이다. 지극히 행정 편의주의적이고 실적 위주의 강압적 경제 시책들이 난무하고 있기 때문이다. 임금 안정 대책이나 물가 안정, 금리 인하, 자금 흐름 개선, 에너지 절약 등 거의 대부분의 경제 시책들이 '뭔가 보여 주겠다' 는 의지가 앞서면서 행정력의 남용 소지가 많은 무리수가 곳곳에서 엿보인다.

임금 안정은 노사 합의에 의해 이뤄져야 함에도 정부가 공개적으로 가이드라인을 제시함으로써 불필요한 마찰을 야기시킬 우려가 커졌고, 임금을 많이 올린 기업은 공공사업 참여 자격을 박탈하겠다는 식의 강압적 시책을 구사하고 있다.

최대 현안으로 꼽히고 있는 자금 흐름 개선과 금리 인하 정책은 어떤가. 돈의 속성이나 자금 수급은 아랑곳하지 않은 채 금융 기관을 협박해 담합 인하를 유도하고 있다. 중소기업과 수출 제조업 우선의 자금 지원이라는 명분을 내세워 유상 증자 등도 10대 계열 기업군에 대해서는 행정 당국이 선별적으로 조정할 수 있도록 규정을 고친다고 한다. 실제 운용에 있어서 말을 안 듣는 기업들은 자금줄마저 봉쇄하겠다는 협박으로도 해석될 여지가 있는 것들이다.

기업 경영의 요체인 자금 운용도 정부가 종합 관리하겠다고 한다. 기업 자금이 선거 자금으로 전용되지 못하도록 하겠다는 것이다. 아무리 명분이 좋다 해도 기업 경영의 일거수일투족을 정부가 감시하는 것이 얼마만큼 경제 성과를 거양시키는 데 효율적일지는 의문이다. 심지어 에너지 절약을 하겠다고 기름 도입도 업체별 할당제를 실시하겠다고 하니 한심하다. 이런 식의 경제 정책이 얼마만큼의 효과를 거둘지 냉철하게 따져 볼 일이다. 당장의 성과 거양을 위해 무리한 행정 통제가 따를 경우 임시방편에 불과하고 그 부작용이 오히려 더 크다는 것도 쉽게 알 수 있는 일이다.

정책에 대한 신뢰성을 떨어뜨리는 것도 따지고 보면 원칙을 무시한 행정 편의주의적 발상에서 비롯된다.

더욱 염려스러운 것은 요즘의 경제 정책이 정치 행사인 선거와 연관성을 갖고 있다는 점이다. 금년에 너무 많은 선거가 예정돼 있어 경제를 망칠 우려가 높다는 것이 수많은 사람들의 지적이자 걱정이었다. 때문에 선거에 따른 경제적 충격을 최소화하는 것이 우리 경제에 있어서 초미의 관심사임에는 틀림없다. 돈 안 드는 선거를 위해 기업 자금에 대한 감시 활동을 강화하고 금융 기관들에 대한 특별 검사를 실시하는 등 돈 흐름을 철저히 감독하는 시책을 펴겠다고 밝히고 있다.

명분과 필요성에 대해 많은 사람들이 공감하는 편이다. 그러나 이러한 것들이 자칫 과도하게 집행되고 당초의 목적을 벗어나 악용될 경우 경제에 미치는 영향은 오히려 부정적일 수도 있다. 금융 기관에 대한 특별 검사 실시 등으로 산업 자금의 원활한 공급이라는 금융 기관 본래의 기능이 위축될 경우 경제 활성화에 해악으로 작용할 수 있다. 또 이러한 시책이 객관적 기준과 보편타당한 수준에서 이뤄지지 않고 자의적으로 행해질 경우 선거에 악용될 소지도 크다는 점도 우려된다.

경제를 살리기 위해 지방자치단체장 선거를 연기했다는 정부 발표[4]에 대해 금융 기관이나 경제 단체들이 연일 지지 성명을 발표하는 낭비를 저지르는 것은 자의든 타의든 간에 눈살을 찌푸리게 하는 치졸한 발상들이다. 아무리 급하더라도 경제 정책은 순리順理가 지켜져야 한다. 무리수는 금물이다. 눈 가리고 아웅 하는 식은 곤란하다.

우리 경제의 문제는 과소비의 국민 의식, 산업 경쟁력의 약화, 기업 및 근로 의욕의 감퇴 등 보다 근본적이고 구조적인 것들이다. 때문에 그 처방도 경제 질서의 회복 등 보다 원론적 접근이 필요하다. 선거의 경제 충격을 최소화하는 것은 선거를 의식한 응급 처방 식의 땜질 시책이 아니라 오히려 경제 원론에 입각해 순리를 존중하는 시책이라는 점을 강조하고 싶다.

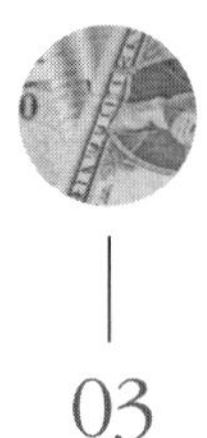

03
정책 신뢰성을 회복하는 길

1992. 2. 24.

제14대 총선이 본격화되면서 갖가지 개발 공약들이 남발돼 경제 혼란을 부추긴다는 비난이 쏟아지고 있다. 더구나 우리 경제는 막대한 국제 수지 적자와 물가 불안 등으로 인해 위기 국면을 맞고 있는 판국이어서 그 심각성을 더해 주고 있다. 국민 경제의 능력이나 실현성이 없는 공약들이 특정 지역, 특정 계층을 대상으로 남발되면 결국 남는 것은 부동산 투기와 물가 앙등의 상처뿐이라는 것쯤은 쉽게 알 수 있는 일이다.

물론 정치인들에게 표밭을 일구기 위해 장밋빛 청사진을 선거 공약으로 내걸지 말라고 하는 것도 다소 무리가 있는 듯싶다.

문제는 정부의 태도다. 우리 현실에서 행정부가 여與도 야野도 아닌 입장에서 국정을 엄정하게 중립적으로 수행하는 것 자체는 무리라고 하더라도 최소한 국민을 생각하고 나라 경제를 걱정하는 역할과 기능에는 충실해야 한다.

최근 들어 각 경제 부처는 현재의 우리 경제에 대한 낙관론을 펼치기에 주력하고 있는 느낌이 든다. 얼마 전 우리 경제가 '10년 만의 최악'이라는 일부 보도에 대해 경제기획원, 재무부, 한국은행 등 관련 기관이 일제히 해명 자료를 배포하는 등 법석을 떨었다. 경상 수지 적자 규모가 사상 최대이기는 하지만 경제 규모가 커져서 우리 경제의 능력에 비해 보면 별것 아니라는 주장에서부터 현재의 경기는 위축이 아니라 과열 경기가 진정돼 가면서 바람직한 방향으로 진행되고 있다고도 강변했다.

현재의 경제 상황을 '위기 국면'으로 단정하는 데 다소 무리가 있다고 하더라도 어려움이 가중되고 있는 것만은 사실이다. 내수 소비 위주의 과열 성장 뒷면에는 우리 경제의 성장 잠재력이 극도로 쇠약해지고 있는 것도 부인할 수 없다. 그럼에도 경제가 큰 걱정이 아니라는 주장은 설득력이 없다. 더구나 얼마 전까지만 해도 우리 경제가 이대로 가다간 큰일이 날 것이기 때문에 각계각층이 고통을 분담해야 한다고 야단을 떨었던 정부이고 보면 씁쓸한 뒷맛이 남는다. 바로 선거 때문이 아니냐는 생각을 지울 수 없다.

최근에는 정부가 우리 경제의 밝은 미래에 대한 홍보 계획을 수립해서 매스컴을 활용하려 했다는 소식도 들린다. 현대그룹에 대한 정부의 세무 조사[5]가 계속되고 금융 기관들의 돈줄 죄기도 없지 않다는 루머도 계속 나돌고 있다. '사실무근'이라는 정부의 해명에도 불구하고 이러한 루머들은 더욱 증폭되고 있다. 선거가 닥쳤으니 정부가 능히 그럴 소지가 다분하다는 지레짐작이 이러한 결과를 가져오고 있다고 본다.

우리 경제는 지금 무척 어려운 국면에 처해 있다. 수출 회복은 더디고 물가 불안은 여전하다. 물론 정부의 힘만으로 경제를 살리기는 어렵다. 기업이 활력을 되찾아야 하고 소비자들의 근검절약과 저축 의식이 제고

되는 것이 중요하다. 그러나 무엇보다 중요한 것은 정책에 대한 신뢰성, 정부에 대한 믿음을 되살리는 길이다. 정부 정책에 대한 믿음이 결여되면 그 정책은 실효성을 잃게 되고 오히려 부작용만을 증폭시키기 때문이다.

우리 경제의 고질병인 정부의 신뢰성 회복의 호기好機가 지금이 아닌가 생각된다. 선거 때가 되면 으레 정치권, 특히 여당의 갖가지 주문이 쏟아지고 기업이나 국민들은 그들 나름대로 자신의 이익을 챙기기 위해 갖가지 욕구가 분출되게 마련이다. 이럴 때 정부의 정책이 정치 도구화되기를 거부하고 정치 행사인 선거의 부작용을 최소화하는 데 온 힘을 쏟는다면 국민의 신뢰는 금세 되살아나리라고 본다.

국민들의 마음을 달래 주기 위해 장밋빛 청사진을 제시하는 따위의 홍보보다는 어려운 실상을 알려 국민들의 자발적인 협력을 유도하고 성실함을 보여 줄 때 정책에 대한 믿음도 함께 쌓여 갈 것이다.

통증을 못 느끼게 하는 의사가 당장은 명의名醫로 비쳐질지 모르지만 결국엔 약 복용만으로 고칠 수 있는 환자를 수술을 받게끔 하고 만다. 선거철을 맞아 분주해진 고위 공직자들의 지방 나들이와 어설픈 공약들은 나중에는 약으로 치유할 수 없는 고질병적 증상으로 굳어져 우리 경제를 일그러뜨릴 수 있다는 얘기다.

선거 경제의 후유증은 전적으로 정부의 손에 달려 있다고 해도 과언이 아니다.

04

파행 정책… 총선 후가 더 걱정

1992. 3. 23.

'우이독경牛耳讀經'이라는 속담이 있다. '쇠귀에 경 읽기'라는 말이다. 아무리 가르치고 일러 주어도 알아듣지 못한다는 뜻이다. 이번 총선 과정에서 보여 준 정치권과 정부의 형태에 걸맞은 속담인 성싶다.

허황된 공약과 선심 정책이 난무할 경우 경제를 왜곡시키고 국민 생활을 어렵게 만들 것이라는 우려는 귀가 따갑도록 강조된 얘기들이다. 기자가 본란에 쓴 것만도 두세 차례가 넘는다. 지난해 11월 4일 자에서 '선심 공약은 경제 속병을 앓게 한다'는 지적을 한 바 있다. '우리 경제의 능력이나 틀을 벗어난 각종 개발 계획, 형평을 무시한 특정 계층, 특정 지역에 대한 지원 약속, 경제 논리를 벗어난 무리한 제도 개선' 등을 경계해야 한다는 요지였다. 지난 2월 24일 자에서는 '정부의 정책이 정치 도구화되기를 거부하고 정치 행사인 선거의 부작용을 최소화하는 데 온 힘을 쏟는다면 국민의 신뢰를 얻을 수 있을 것'이라는 기대를 해 보았다. 정부 정책에 대한 신뢰 회복의 좋은 기회가 아니냐는 것이 기자의 순박한 바람이었던 셈이다.

총선을 하루 앞둔 이 시점에서 그동안 보여 준 정치권과 정책 당국의 행태는 어떠했는가. 한마디로 '가관可觀'이라는 표현이 그 결론이다. 정치권의 마구잡이 식 개발 공약은 수준 이하의 사람들이 하는 것이라고 치부하더라도 정부의 선심성 경제 정책이 봇물 터지듯 쏟아지는 것은 그야말로 '꼴불견'이다. '세금을 깎아 주겠다', '돈을 듬뿍 지원해 주겠다', '은행을 세워 주겠다', '건축을 더 많이 할 수 있도록 하겠다', '증권 시장을 부양시키겠다'…. 한결같이 도와주고 지원해 주고 편하도록 해 주겠다는 것이다.

국민들이 잘살게 해 주겠다는 데야 이론異論이 있을 수 없다. 그러나 이로 인해 또 다른 부작용과 더 큰 고통이 수반된다면 눈 가리고 아웅 식이다. 어려운 중소기업을 도와주는 것도 좋지만 돈을 찍어서 도와주는 것은 결코 바람직한 것이 못 된다. 형평에 맞지 않거나 부실화 우려 때문에 미루고 미뤄 오던 '노동 은행勞動銀行'[6]을 하루아침에 내인가해 주는 것도 의아스러울 뿐이다. 또 모든 국민들이 조금씩만 세금을 내면 국민 경제에 꼭 필요한 재정 사업을 많이 할 수 있기 때문에 근로 소득세 면세점을 낮출 수 없다고 강변하던 '십시일반十匙一飯'[7]의 논리를 게 눈 감추듯 집어넣어 버리고 '내릴 것을 검토하겠다'는 집권 여당의 발표에는 실소失笑를 금할 수가 없다.

제조업체들의 재고가 쌓이고 물건이 팔리지가 않아 도산 업체가 속출하는데도 물가는 안정되고 수출도 늘어 국제 수지가 개선되고 있다는 정부의 낙관적인 경제 진단은 너무 속이 들여다보인다. 차라리 '경제가 어려운 상황이기는 하지만 체질 강화를 위해 불가피하기 때문에 참고

견디어야 한다'고 주장하면 설득력이 있었을 것이다. 잔뜩 기대를 부풀려 놓고 어떻게 하자는 것인지 알다가도 모를 일이다.

선심성으로 선거 때 약속하고 공표해 놓은 정책을 실행하자면 무리수가 따르게 마련이다. 그러나 더 큰 문제는 정부 정책에 대한 신뢰성의 실추失墜다. 이제 '콩으로 메주를 쑨다'고 해도 믿기 어려운 상황이 돼버렸다. 정책에 대한 불신이 깊어지면 제아무리 좋은 시책도 효과를 거두기 어렵다.

총선 뒤의 후유증을 걱정하는 것도 이 때문이다. 또 총선 결과에 따라 경제 정책이나 재계 판도에 상당한 변화가 불가피할 게 아니냐는 걱정들도 많다. 총선 결과에 대한 포상이나 질책이 어떤 형태로든 나타날 것이고 정치 판도의 변화가 불가피할 것이다. 벌써부터 개각 소리까지 들린다. 또 연말에 대통령 선거라는 더 큰 행사를 치러야 한다. '대권大權'을 놓고 겨루는 마당이라면 선심 공약이나 파행적 정책 운용은 더 극성을 부릴 게 아니냐는 우려도 터져 나온다. 이번 총선에서 돌출된 현대그룹을 배경으로 한 통일국민당의 여파가 경제 정책과 재계 판도에 크나큰 변수가 될 것이라는 짐작도 가능케 한다. 이래저래 정치판의 회오리가 거세게 일 것이고 경제에 미치는 영향은 커질 수밖에 없는 상황인 것 같다. 경제 정책이 일관성을 유지하면서 정치권의 고리타분한 얘기는 '헛소리'에 불과하다는 자조自嘲마저 튀어나온다. 그럼에도 국민들이 할 수 있는 가장 절실한 '외침'은 이것뿐인 걸 어떻게 하겠는가.

'우이독경牛耳讀經'이라도 반복하는 길밖에 없다. 아무리 생각해도 경제에 관한 한 총선 이후가 더 큰 걱정이다.

05
요즘 우리 경제는

1992 . 8. 17.

요즘 경제 문제에 대한 국민들의 관심이 줄어든 것 같다. 자금난, 부도, 재고 누적, 경기 침체 등 금세 거덜이 날 것 같던 우리 경제가 요즘은 아무 일 없는 것처럼 조용하다. 과연 한두 달 사이에 우리 경제가 그토록 많이 변해 버린 것인가. 아니면 이상하리 만큼 조용한 경제 문제를 어떻게 이해해야 할지 궁금증이 더해진다.

지난 7월 이후 우리에게는 크나큰 사건들이 연속됐었다. 7월에 들어서자마자 정보사情報司 땅 사기 사건이 발생해 정치적 의혹까지 증폭되면서 국민들의 관심을 집중시키기 시작했다. 보름 가까이 펼쳐진 수수께끼를 푸느라 여념이 없던 차에 느닷없이 북한의 김달현金達玄 정무원 부총리가 우리 부총리의 초청으로 서울을 공식 방문, 사건의 흐름을 이어 갔다.

1주일간 계속된 산업 시찰 등 김 부총리의 행적이 국민들의 눈과 귀를 묶어 놓는가 싶더니 다음은 바르셀로나 올림픽이 개막돼 보름 남짓 금메달 잔치가 계속됐다. 올림픽 첫 금메달과 마지막 금메달을 휩쓸었고 특히 인간 능력의 한계를 시험한다는 마라톤에서의 세계 제패[8]는 한 민족의 한을 풀어 주는 듯한 뿌듯함을 안겨 줬다. 1주일이 지났는데도 푸근한 마음이 가실 줄 모르는 상황이고 보면 명실공히 역사적 사건이었음에 틀림없다.

이렇게 보면 그동안 경제 문제가 상대적으로 국민 관심의 뒷전으로 밀린 것이지 경제의 근본이 개선된 것이라고 보기는 어려운 상황이다.

최근 들어 정책 당국은 우리 경제가 내실화되고 구조 조정이 이뤄지는 좋은 조짐을 나타내고 있다고 분석한다. 섬유나 신발 등 노동 집약 산업의 생산 수출이 줄고 전자 등 부가 가치가 높고 기술 집약적인 산업의 성장이 두드러진다는 설명이다. 금리가 떨어지고 기업 자금난 호소도 다소 줄었다. 일견 개선의 조짐도 보이고 있다.

그러나 이러한 개선은 낌새에 불과하다. 물가가 안정됐다고는 하나 오름세가 주춤하다는 것뿐이다. 지난 1990년 한 해 동안 21%가 올랐던 주택 가격은 1991년에 0.5%, 올 들어 상반기 중 3% 정도 내리는 데 그쳤다. 땅값은 1990년 20.6%, 1991년 12.8%가 오른 데 반해 금년 들어서는 보합 수준을 유지하고 있다.

무역 수지가 개선된다고는 하나 기업들의 설비 투자 부진 등으로 인한 자본재 수입 격감 등이 주요인을 이루고 있어 아직도 불안한 실정이다. 어음 부도율은 금액 기준으로 0.11~0.12% 수준을 유지해 계속 높아지고 있는 상황이다.

상장사협의회가 발표한 12월 말 결산 상장 법인들의 상반기 영업 실적만 보아도 기업들의 어려움은 하루아침에 개선될 수 없는 구조적인 것임을 알 수 있다. 제조업 매출은 12.6% 늘었어도 반기 순이익은 4.7%가 줄었다. 금융 비용은 30% 가까이 늘었다. 한마디로 실속 없는 장사를 한 것으로 집계됐다.

아직도 우리 경제는 구조적 어려움이 산적해 있다. 제조업 경쟁력 약화, 중소기업 자금난, 생산 인력 부족, 과소비 등 어느 것 하나 변한 게 없다. 한두 가지 경제 지표가 호전됐다고 해서 결코 방심할 단계는 아닌 것 같다. 바닥을 모르고 곤두박질치는 증시가 이를 대변해 준다.

그런데도 요즘 정부나 정치권은 불안한 경제는 아랑곳하지 않고 오히려 혼란스럽게 하는 행태를 보여 주고 있다.

제2이동통신 사업 등 수많은 기업들이 관련된 대규모 사업들이 정치 흥정의 대상이 되는 등 원칙 없는 정책 제시로 혼란을 자초하고 있어 걱정스럽기만 하다. 집권 여당인 민자당民自黨[9]이 재무부에 대고 세금을 깎아야 한다고 주문하는가 하면 경제기획원에는 내년 예산을 늘리라고 성화를 댄다. 정부도 마찬가지다. 선거를 앞둔 탓인지 그린벨트를 야금야금 완화하고 갖가지 행정 규제를 없애겠다는 선심성 정책을 남발하고 있다. 그것도 지금은 워밍업 단계에 불과하다고 보면 대선전이 본격화되면 선심 정책이 얼마나 극성을 부릴지 걱정이다.

'신선神仙 놀음에 도끼 자루 썩는 줄 모른다' 는 속담이 있다. 옛날 진晋나라 왕질王質이라는 농부가 석보산石寶山에 나무하러 갔다가 신선들이 바둑 두는 것을 보고 있는 동안 도끼 자루가 썩었다는 설화에서 비롯된 것이라고 한다. 대선전의 신선 놀음에 국민 경제가 멍드는 줄 모르는 정부가 되지 않기를 기대해 본다.

06
새 정부 요직 인선 빠를수록 좋다

1993. 1. 25.

요즘 많은 사람들이 '뭔지 모르게 불안하다'는 얘기들을 한다. 기업인이나 공무원, 일반 국민들 할 것 없이 모두가 뭔가 답답하고 불안해하는 모습들이다. 경제가 극도의 침체 상태를 보이고 기업들의 감량 경영으로 인한 감원 바람이 일고 있는 판국에 '신바람이 난다'고 말할 사람은 아무도 없을 것이다.

그렇다고 경제가 어려워서 불안해하는 것만은 아닌 것 같다. 우리 경제의 어려운 상황이 어디 어제오늘의 얘기인가. 그럼에도 부쩍 '불안하다'는 반응이 나오는 것은 새 정부와 무관하지 않다.

새 정부 출범[10]을 지켜보는 국민들의 시각이 불안한 것이다. 지금까지 보여 준 정부 인수 준비 과정은 현재로서는 낙제점으로 평가되고 있다. 성격이 모호한 인수위의 구성도 그렇거니와 지난 10여 일간 보여 준 활동 상황도 매끄럽지 못했다. 불필요한 정책 보고 등으로 오히려 혼선만을 빚었다는 게 일반적 시각이다. 국민들의 불안은 새 정부 정책 방향이 가닥을 잡지 못하고 우왕좌왕하고 있어 더욱 증폭되고 있다.

"급격한 개혁은 하지 않겠다", "안정을 저해하지 않는 범위 내에서 과감한 개혁을 추진하겠다". 이것은 새 정부 관계자들이 근래에 자주 쓰는 말이다. 엄밀히 따지자면 이 두 가지 말은 다를 게 없다. 도대체 개혁을 하겠다는 것인지 안 하겠다는 것인지 알 수 없게 만드는 말들이다. 일반 국민들은 적어도 그렇게 받아들이고 있다.

범위를 좁혀 경제 정책을 봐도 똑같다. '경제를 활성화시키는 데 최우선순위를 부여한다' 는 것 이외에는 아무것도 밝혀진 게 없다.

주요 국책 사업들도 현 정부에서 매듭짓겠다고 했다가 새 정부에서 결정하는 것으로 급선회하는가 하면 오랫동안 밀려오던 경제 현안들이 하루아침에 말끔하게 정리돼 정권 말기의 특혜 시비에 휘말리기도 한다. 이런 일들은 대부분 현 정부의 책임만으로 몰아붙이기는 힘들다. 국민의 입장에서 보면 새 정부가 해 줘야 하는 일이기도 하다.

공직 사회에 엄청난 파장을 몰고 올 행정 조직 개편 문제만 해도 공무원 당사자들은 물론이고 국민들에게도 혼란을 주고 있다. 한다는 것인지, 안 한다는 것인지 명확한 의사 전달도 되지 않으면서 소문만 나돌고 있는 실정이다. 대통령 선거 과정에서 제시됐던 '신경제 구상' 에서는 대폭적인 조직 개편을 시사했다. 그러나 막상 당선된 뒤에는 새 정부 출범 후에 신중하게 검토하겠다는 입장을 밝혔다. 신중하게 추진한다면 결국 못하는 것으로 보아야 한다는 것이 일반인들의 시각이다. 결과적으로 나타난 것은 부작용밖에 없다. 행정 공백이 심하게 나타나는 현상이 그것이다. 지난주부터는 경제 부처 장관에 정치인 출신의 소위 '정치 장관' 을 임명한다는 소문이 나돌면서 혼란을 가중시키고 있다고 한다.

정부 인수인계 과정에서 나타날 수밖에 없는 불가피한 것이라고 치부할 수도 있지만 새 정부 태도 여하에 따라서는 예방이 가능하다고 본다. 정부 인수의 기본 골격을 빨리 갖추는 것도 해결 방법의 하나일 것이다. 예컨대 새로 출범하는 차기 정부의 경제 정책 실질 책임자가 결정이 되고 그 사람이 정책 인수를 추진했다면 현재와 같은 혼선이나 불확실성은 상당 부분 제거됐을 게 틀림없다.

아직도 새 정부의 공식 출범까지는 한 달이 남아 있다. 결코 짧은 기간이 아니다. 앞으로 한 달 동안도 기업들의 방황과 행정 공백 현상으로 생기는 보이지 않는 국력의 손실은 이 기간 중 더 커질 수도 있다.

이렇게 보면 새 정부의 요직 인선은 빠를수록 좋다. 인선에 갖가지 애로도 있겠지만 가능한 한 앞당겨야 한다. 그것이 불가능하다면 정책의 실질 책임자를 가시화시켜 소관 사항에 대한 정책의 기본 틀을 밝힐 수도 있을 것이다. 가능하다면 현 정부의 막바지 정책 결정에도 자문함으로써 과도기적인 정책의 급변을 막을 수 있다면 더욱 좋을 것이다.

어느 날 갑자기 인선 결과를 발표하거나 굵직한 정책의 기본을 밝히는 '깜짝 쇼'는 결코 바람직한 것이 못 된다. 또한 그것이 개혁이라고 생각하는 것은 더더욱 위험천만한 일이다.

지금 중요한 것은 중구난방衆口難防으로 쏟아져 나오는 언어의 유희보다는 조용한 가운데 정책 뼈대를 다듬고 정리하는 일이다. 그렇게 하기 위해서는 새 정부에서 정책을 담당하게 될 '진짜 인수위引受委'의 구성이 시급하다고 본다. 국민들의 불안을 어느 정도라도 덜어 주려면 이 길밖에 없다.

07
TV 토론 유감

1997. 7. 30.

연일 섭씨 35도를 오르내리는 불볕더위와 열대야 현상으로 무척 짜증 나는 계절이다. 후덥지근한 공기 맞이며 끈적끈적한 피부 감촉은 우리를 여간 피곤하게 만드는 것이 아니다. 정치, 경제, 사회, 어느 한 부문에서라도 시원한 소식이 들리면 그나마 다행이겠다 싶지만 어느 한 부문도 밝은 것보다는 암담한 소식들만 들려오고 있으니 짜증을 더해 준다.

28일부터 시작된 대선[11] 후보들의 TV 토론과 신한국당의 경선 후유증을 보면 실망스럽기 그지없다. 신한국당의 어떤 낙선자는 야당 후보들을 찾아다니는가 하면 또 다른 낙선자는 당선된 후보를 도와주기 어렵다고 말하기도 하고, 독자 출마도 검토한다는 등 갖가지 행태들이 표출되고 있다.

이유도 여러 가지이고 방법도 다양하지만 본질은 경선에 대한 불복이다. 당내 입지 확보와 몸값 올리기라는 해석에는 할 말이 없다. 이런 것이 정치 기술인지는 직접 몸담아 보지 않은 사람으로서 알 길이 없다. 또 여당 내 사정이라고 외면하고 싶지만 정치권의 최대 관심사여서 그럴 수도 없는 노릇이다.

어디 그뿐인가. 말로는 지역 할거주의를 없애야 한다고 외치면서도 한편으로는 지역감정을 부추기는 발언을 서슴지 않는 것도 꼴불견임에 틀림없다. 앞으로 본격화될 대통령 선거 과정에서 이와 유사한 일들을 얼마나 겪어야 할지를 생각하니 암담하기까지 하다.

국회에 교섭 단체가 구성돼 있는 여야 3당의 대통령 후보가 확정됐다. 좋든 싫든 대권 도전을 위한 본선이 시작된 것으로 보아도 무방하다. 물론 이들 정당 후보 이외에 다른 정당이나 무소속 또는 소위 국민 후보라는 이름의 대선 후보들도 나올 것이라는 얘기들도 많다. 특히 야당 후보 단일화가 논의되고 있어 앞으로 변화를 점치기란 쉽지 않다.

이번 선거에서는 과거와는 달리 대선 후보들의 TV 토론이 많이 계획돼 있다. 한국신문협회와 방송협회가 수차례에 걸쳐 공동 주최하는 것이다. 그 첫 번째로 28일과 29일 신한국당 이회창 대표와 자민련 김종필 총재의 토론이 있었고 30일에는 국민회의 김대중 총재가 하게 돼 있다. 방송 3사가 공동으로 같은 시간대에 함께 방영을 하니 채널 선택의 여지도 없다.

TV 토론이 많이 이뤄지게 된 것은 돈 안 드는 선거를 치르기 위한 정치 개혁의 일환이기도 하다. 엄청난 비용을 필요로 하는 옥외 유세를 줄일 수 있고 특히 전 국민을 동시에 대상으로 할 수 있다는 점에서 무척 바람직한 현상이 아닐 수 없다. 그러나 영향력이 큰 만큼 잘못 운영됐을 경우의 부작용도 클 수밖에 없다. 후보자들의 모든 것이 있는 그대로 국민들에게 투영돼 올바른 선택을 할 수 있도록 하기 위해서는 그만큼 신중한 운영이 필요하다.

그러나 불행히도 그동안 있었던 토론은 그렇지를 못했다. 첫 시작인 만큼 미국만은 못하더라도 좀 더 체계적인 기획과 준비가 있었더라면 하는 아쉬움이 남는다. 토론의 질문과 답변도 부실하기 짝이 없었다. 29일 바른언론을위한시민연합이 기자 회견을 열고 토론의 객관성 확보를 위해 별도의 대통령선거TV토론위원회와 같은 독립 기구를 만들어 추진하자는 주장도 그래서 관심을 끈다. 우선 후보 등록도 되지 않은 상황에서 토론이 이뤄지는 것이 적절한 것인지 생각해 볼 문제다. 이는 뒤늦게 참여할지도 모르는 여타 후보들에게는 상대적인 불이익이 돌아갈 수 있다는 점에서도 그렇다. 어느 후보나 등록만 하면 참여시킬 것인지, 아니면 어떤 기준을 정해 선별적으로 초청할 것인지 등에 대한 기준도 마련돼야 할 듯싶다.

그러나 더욱 중요하다고 생각되는 것은 합동 토론의 기회가 많아야 한다는 점이다. 그동안 이뤄진 수차례의 토론이 모두 개별 토론이었기 때문에 비교 평가가 불가능했다. 개인 관련 사항을 제외한 정책 문제에서는 패널리스트들의 질문에 원론적인 답변으로 일관하고 잘 모르면 적당히 넘어가게 되는 폐단을 수없이 보아 왔다. 합동 토론이 이뤄지면 어느 정도의 차별화가 가능하고 특히 상대가 있기 때문에 어물쩍 넘어가기는 쉽지 않을 것이다. 어차피 우열을 가려야 하는 게임이라면 보다 명백하게 가릴 수 있어야 한다. 현재로서는 11월의 마지막 토론이 후보들이 함께 참여하는 합동 토론으로 계획이 짜여져 있으나 기회를 좀 더 확대할 여지는 없는지 검토해 볼 일이다.

좀 다른 얘기이기는 하지만 야당 후보 단일화를 꼭 이루겠다고 하면서 후보 초청 토론회는 개별적으로 계속되는 것이 옳은 것인지도 판단하기는 쉽지 않다. 어쩔 수 없는 일인 것 같으면서도 어딘가 어색하다는 느낌을 받는다.

TV 토론의 영향력이 큰 것은 이미 경험한 바 있다. 신한국당 후보 경선에서 이인제 후보가 2위로 결선에 진출한 것은 TV 덕택이었다는 점에 이론을 제기할 사람이 많지 않을 것이다. 그만큼 책임도 무겁고 운영에도 신중을 기해야 한다.

진짜 용龍들의 전쟁은 이제부터다. 과거와는 다른 깨끗한 승부가 이뤄지기를 기대한다. 짜증나는 행태들이 하루빨리 정리돼야 할 이유도 여기에 있다. 승패는 자신들이 결정하는 것이 아니라 유권자들이 결정한다. 보다 공정하고 알찬 TV 토론은 올바른 심판을 도와주리라 믿는다.

08
예측 가능해야 믿음 준다

1997. 12. 24.

차기 대통령[12]에 대한 각계각층의 주문도 많고 기대도 크다. 50여 년 만에 선거에 의한 여야 정권 교체가 이뤄졌다고는 하지만 국가 경제가 국제 통화 기금IMF의 관리를 받아야 하는 위기 상황에 직면해 있으니 그럴 수밖에 없다. 더구나 차기 대통령으로 뽑힌 김대중金大中 당선자의 경우 오랜 세월 야당에 몸담아 오면서 고난의 역정을 걸어온 정치인이기에 더욱 국민들의 기대와 걱정이 교차하는 듯싶다.

국민들이 흐트러진 민심을 다잡고 국민 통합을 이뤄 내도록 대통령 당선자에게 맨 먼저 요구하는 것도 그래서다. 한恨의 정치가 되지 않도록 유의해야 하고, 밀실 행정, 측근 정치가 돼서는 곤란하며, 공정한 인사를 통해 국민 신뢰를 얻어야 한다는 주문도 같은 맥락이다. 거품 같은 인기를 의식하거나 자만에 빠질 위험을 걱정하는 것은 우리가 늘상 보아 온 권력의 속성이기에 기우만은 아닐 것이다. 이런 것들이 대통령 당선자가 유념해야 할 일들이다.

물론 급한 것은 위기에 빠진 경제를 살리는 데 총력을 기울이는 것이다. 당장 경제 외교의 전면에 나서야 하고 국제적 신인도 회복에 총력을 기울여야 한다는 지적은 결코 미래에 해야 할 일이 아니라 코앞에 닥친 당면 과제이다.

당선자에게 지워진 짐과 국민적 기대가 너무 무겁다는 생각도 든다. 그래서 국민들의 단합과 협력이 절실하다. 불신과 냉소주의를 불식시키고 신뢰와 참여의 분위기를 만들어 가야 한다. 여기에 필수적으로 뒷받침돼야 하는 것은 지도자의 리더십이다. 국민 통합의 구심점 역할을 하는 리더십은 지도자뿐만 아니라 국민들이 함께 만들어 주는 것이다.

국민들은 일상생활이 편안하다고 느낄 때 지도자의 결정을 믿고 따를 것이다. 그렇지 못하면 아무리 대통령이라 해도 한낱 국가의 보스에 불과할 뿐이다. 원로 언론인 홍사중洪思重 씨가 그의 저서 《리더와 보스》에서 지적한 양자 간의 차이점을 보면 그런 관계가 명백해진다.

보스는 사람들을 몰고 가지만 지도자는 그들을 이끌고 간다. 보스는 겁을 주지만 지도자는 희망을 준다. 보스는 등 뒤에서 일하지만 지도자는 공개적으로 일한다. 보스는 자기 눈으로만 세상을 본다. 그러나 지도자는 대중의 눈으로 세상을 본다. 보스에게는 귀가 없다. 정확히 말하자면 듣기 좋은 말만을 듣는 귀 하나만을 가지고 있다. 반면 지도자는 귀가 여러 개 있다. 한마디로 요약하자면 지도자는 국정을 공정하고 공개적이고 투명하게 집행해야만 믿음을 얻을 수 있다는 얘기다.

그렇게 하기 위해서는 어떻게 해야 할 것인가. 전문적인 기술이 필요한 것은 아니다. 비범한 신통력을 갖춰야 하는 것도 아니다. 모든 일을 건전한 상식에 근거해 판단하고 실기失機하지 않도록 처결하면 그만이다. 상식적 판단은 예측 가능성을 높여 주고 따라서 불안감을 없애 준다. 국민들이 편안함을 얻으면 의사 통합이 이뤄지고 그에 대한 적응력도 높아진다. 나아가 자발적 참여가 가능해진다.

사실 김영삼金泳三 정부에 대해 국민들이 느껴 온 불안감은 그러한 국정의 돌출성에 원인이 있었다. 깜짝 쇼로 지칭되는 개혁 조치들이 너무 많았고 어디로 튈지 모른다는 의구심은 국민들로부터 불신을 받게 된 직접적인 동기였다.

특히 경제에 있어 그러한 효과는 거의 절대적이다. 모든 경제 주체들은 미래를 대비해 자신의 행동 양태를 결정한다. 기업 경영이 그렇고 개인의 소비 생활도 마찬가지다. 경제가 안정되기 위해서는 예측 가능한 정책이 일관성 있게 추진돼야 할 것이다. 당장 눈앞에 닥친 외환 위기 극복도 예외는 아니다. 외국 정부와 금융 기관, 그리고 투자자들에게 미래에 대한 확신을 심어 주는 것이 급선무다.

국민들은 결코 비범한 지도자를 원하는 것만은 아니다. 공公과 사私를 분명히 가리고 나라를 위해 헌신할 수 있는 겸허하고 성실한 지도자를 원한다. 나랏일을 함께 걱정하고 함께 웃을 수 있는 편안한 지도자를 바라고 있다.

혹자는 국가 부도 위기에 직면한 상황에서 무슨 한가한 소리냐는 핀잔도 있을 법하다. 그러나 급한 상황일수록 원칙에 입각한 해법을 찾는 것이 현명하다. 대책 없이 서두르거나 허둥대지 말아야 한다.

취임이라는 형식과 절차는 남아 있지만 그에 상관없이 국민들이 의지하고 기대하는 국정의 중심축은 이미 대통령 당선자에게 옮겨져 있다. 미국의 경영학자 피터 드러커는 대통령직을 효과적으로 수행할 수 있는 규칙 6가지를 제시한 바 있다. 그 첫 번째는 해야 할 일이 무엇인가를 스스로 질문하는 것이라고 했다. 선거전의 공약 사항이 무엇이었든 자기가 하고 싶은 것을 고집스럽게 밀고 나가서는 안 된다는 지적이다. 우리 현실에 맞아떨어지는 충고 같다. 관심을 분산하지 말 것, 확실한 것에 내기를 걸지 말 것, 사소한 일까지 깊이 관여하지 말 것, 행정부 내에 친구를 두지 말 것 등도 그가 지적한 규칙들이다. 마지막으로 지적한 여섯 번째의 규칙은 실제로 트루먼이 대통령 당선자 케네디에게 해 준 충고 중의 하나였다고 한다.

"대통령에 당선되고 나서는 더 이상 캠페인은 그만두시오."

인기를 얻는 데 연연하지 말라는 뜻이다. 이것 역시 상식에 속하는 일이다.

09
국정 조사와 구조 조정

1999. 6. 16.

세상 돌아가는 모양새가 너무 어수선하다. 서해에서는 북한 경비정들이 우리의 인내심을 시험이라도 하듯 연 9일째 북방 한계선을 넘나드는 모험을 감행했고, 급기야 북측의 선제공격으로 교전 상황[13]이 벌어졌다.

그런 가운데 고위 공직자 부인들의 고급 옷 로비 의혹 사건에 이어 검찰의 조폐 공사 파업 유도 의문이 제기돼 세상을 떠들썩하게 만들고 있다. 정치권은 국정 조사권 발동을 둘러싸고 정쟁에 매달려 있는가 하면 노동계는 '절호의 찬스'를 맞아 전면 파업에 돌입할 태세다. 국민들의 불안은 이만저만이 아니다.

경제는 어떤가.

경기 회복에 대한 낙관과 비관이 엇갈리는 가운데 증시 주가는 연일 폭등, 폭락이 반복되는 널뛰기 장세를 연출하고 있고, 다른 한편에서는 부동산 투기 우려가 제기되는가 하면 사치성 소비재 수입이 늘어난다는 걱정도 터져 나오고 있는 실정이다. 하나같이 서민들의 가슴을 울적하게 만드는 사건들뿐이다. 현 정권에 대한 민심 이반이 심각하다는 지적도 그래서 나온다. IMF 체제는 벌써 옛날 얘기가 돼 버린 느낌이다.

과연 이래도 좋은가. 우리 모두가 냉철하게 판단해 볼 때인 것 같다. 지금의 혼란스런 결과는 누가 뭐래도 정부와 여당에 1차적인 책임이 있다. 때문에 흐트러진 민심을 추스르기 위해서는 현재 제기되고 있는 여러 가지 의혹들이 정부 책임하에 철저히 규명되고 숨김없이 공개돼야 함은 지극히 당연한 일이다.

그러나 정부의 노력만으로 원만히 해결될 일은 아니다. 우선 정치인들의 자성이 절실하다. 새 정부 출범 이후 지난 1년 반 동안 국회와 여야 정당은 국민을 위해 무엇을 했는가에 대해 냉정하게 따져 보자.

야당의 국무총리 인준 거부[14]로 시작된 파행 국회는 여당의 국회의원 빼 가기에 대한 야당의 항의, 표적 사정 시비, 국회 529호실 사건 등 민생과는 거리가 먼 당리당략 차원의 충돌로 일관했다. 야당은 서상목徐相穆 의원 구속 회피를 위한 방탄 국회를 주도했고, 여당은 밀어붙이기 식 단독 국회로 맞섰다.

환란 위기의 원인 규명을 위한 경제 청문회마저 여당 단독의 반쪽으로 치러졌고, 현재 논란이 되고 있는 검찰의 파업 유도 의혹 규명을 위한 국정 조사도 여당 단독으로 처리하겠다는 얘기까지 나오고 있는 실정이다. 정치의 비능률을 너무 명백하게 보여 주는 사례들이다.

그런데도 정치 개혁은 아직도 본격적인 논의조차 이뤄지지 않고 있다. 정치 개혁이 뒷받침되지 않으면 경제 개혁도 아무 소용이 없다는 여론도 묵살된 지 오래다. 정치가 국가 발전에 도움은 주지 못할망정 경제의 발목이나 잡지 말았으면 하는 것이 정쟁에 지칠 대로 지친 시민들의 솔직한 심정이다.

노동계의 파업도 민생안정을 해치는 일임에 틀림없다. 검찰이 조폐공사의 파업을 유도했다는 의혹이 제기된 마당에 노동계가 잠자코 있을 수만은 없는 노릇이지만 진상 규명을 촉구하는 수단이 생산 현장을 볼모로 하는 것은 결코 옳지 못하다. 지금 파업을 감행한다면 과연 누구에게 도움이 되는 일인가. 모처럼 회복 기운을 타고 있는 경기가 파업 확대로 다시 침체 국면으로 빠져들게 되고, 그 피해는 다름 아닌 기업과 근로자 자신들에게 돌아올 것이다. 자승자박이 아닐 수 없다.

더구나 공기업 구조 조정은 아직 미흡하다는 게 일반적인 평가다. 그런데도 정부는 공기업 구조 조정 원칙을 부분적으로 완화할 것을 검토 중이라고 한다. 물론 노사 협력에 걸림돌이 되는 불합리한 부분은 빨리 시정하는 것이 옳지만, 그렇다고 구조 조정 원칙의 근간을 훼손시키는 일은 결코 없어야 한다.

정부의 경제 정책도 우려되는 바가 없지 않다. 재정 적자가 눈덩이처럼 불어날 것을 뻔히 알면서도 세금이 예상보다 다소 잘 걷힌다 해서 추가 경정 예산을 편성해 세금을 깎아 주고 재정 지출을 늘리겠다는 것은 단견이다. 재정 적자가 불어나면 두고두고 경제 운용에 부담으로 작용할 것이기 때문이다.

더욱 우려되는 것은 이 같은 정책이 내년 총선을 겨냥한 선심 정책이 아니냐는 의구심이다. 총선이 가까워질수록 이와 유사한 정책 남발이 많아질 공산이 크고, 정책의 일관성에 문제가 생길 우려가 있다. 또 선거를 겨냥한 선심 정책은 대부분 경제적 득실보다 정치 논리에 의해 좌우되는 것이 보통이어서 그 부작용은 클 수밖에 없다.

우리 경제는 올 들어 예상 외의 빠른 회복세를 보이고 있기는 하지만 아직 낙관은 이르다. 금융 및 기업 구조 조정 등 경제 개혁은 미완성인 채로 한창 진행 중이다.

따라서 국정 조사와 노동계의 파업 사태를 무마하기 위해 그 같은 개혁 정책의 본질을 훼손시킨다면 그동안의 노력은 허사가 되고 말 것이다. 이미 제기된 의혹은 공정하고 철저하게 규명돼야 하지만 그동안 추진해 온 개혁 정책의 근간은 고수되어야 한다.

10
정치적 이해와 경제 논리

1999. 12. 10.

이번 정기 국회 운영 과정에서 나타난 두드러진 특징 가운데 하나는 법안 심의에 있어서 이익 단체들의 로비가 유난히 치열하다는 점을 지적하는 사람들이 많다. 15대의 마지막 국회이기 때문에 내년 4월의 총선을 의식해 로비가 잘 먹혀들 수 있는 여지가 커 이익 단체들의 입장에서 보면 절호의 찬스라는 판단을 했을 법한 일이다.

실제로 법안 심의 과정에서 표를 의식해 입법을 지연시키고 개악의 결과를 초래하는가 하면 당초의 취지가 퇴색하거나 왜곡되는 결과를 가져오는 사례들도 속출하고 있다.

자신의 이익 극대화를 추구하는 것이 모두 악일 수는 없다. 그런데도 공개적이고 투명한 논의를 거쳐 합리적인 절차를 밟지 않기 때문에, 달리 표현하면 불공정한 절차를 거치기 때문에 비난의 대상이 되는 경우가 허다하다.

합리적인 절차를 거치지 않고 밀실에서 흥정하거나 물리적인 힘으로 밀어붙인다면 소수의 이익은 대변할지 몰라도 대다수의 이익을 침해하는 결과를 가져오기 십상이다. 집단 이기주의의 병폐를 걱정하는 가장 큰 이유 중의 하나다.

물론 정책 결정 과정에 이익 단체들이 로비를 벌이거나 의견을 제시하는 것은 지극히 당연하고 필요한 과정 중의 하나다. 어찌 보면 국가 정책은 사회 집단들 간의 힘겨루기에 의해 서로 교섭하며 결탁하는 사회적 합의의 결과다. 자유 경쟁 시상에서 경제적 효율이 유도될 수 있듯이 여러 이해 집단들의 경쟁에 의해 정책이 형성된다면 공공 이익을 가상 잘 반영하는 결과를 가져올 수 있다.

문제는 그 같은 이익 단체들의 경쟁이 공개적이고, 합리적으로 이뤄지는가 하는 점이다.

초미의 관심사가 되고 있는 노동 관계법의 개정 문제를 보자. 노조 전임자 임금 지급과 관련한 처벌 조항의 삭제 여부가 쟁점이다. 상식적인 판단으로 노동조합 일만을 전담하는 노조 전임자의 임금을 대립 관계에 있는 사용자 측에 요구하는 것은 ‘무노동 무임금’이라는 유식한 용어를 동원하지 않더라도 도저히 이해하기 어렵다.

그러나 누가 옳고 그름을 떠나 자신들의 의사 표시가 과연 적절했는지는 따져 볼 필요가 있다. 반대 의견을 갖고 있는 재계의 사무실을 점거하고 농성을 벌인 노조 측의 의사 표시 방법은 누가 보아도 잘못된 일이다. 설령 옳은 주장이라 하더라도 의사 표시의 방법이 합리적이어야 함은 두말할 나위가 없다.

어떤 이는 우리 사회가 발전하기 위해서는 ‘떼 법’을 없애는 것이 급선무라고 지적했다. 터무니없는 주장이라도 떼를 쓰면 통하는 잘못된 풍조를 하루빨리 불식시켜야 한다는 것이다. 떼가 통하니까 더욱 집단 이기주의가 극성을 부리고, 그러다 보니 질서를 지키고 원칙을 중시하는 사람들이 손해를 보는 결과를 초래한다는 주장이다.

변호사 출신 의원들이 절대다수를 차지하는 국회 법사위원회가 변호사법 개정에 미온적인 태도를 보이고 있는 것이나 공기업 민영화의 핵심을 이루는 한전법 개정안을 정치적인 이유로 상임위에 상정조차 하지 않고 있는 것은 국회의원 자신들의 이익을 대변하는 또 다른 형태의 집단 이기주의다.

대다수 국민들이 정치 개혁을 요구하고 있는데도 불구하고 걸핏하면 국민의 대표라고 내세우는 국회의원들은 전혀 무감각이다. 오직 당리당략의 차원에서 상대방 흠집 내기에만 열을 올리고 있다. 정치인들이 보여 주는 집단 이기주의의 극치가 아닌가 싶다.

사실 집단 이기주의는 기득권 보호가 주 내용을 이룰 수밖에 없어 사회의 변화와 발전을 저해하기 십상이다. 갖가지 개혁 입법들이 표류하는 것도 그런 뜻에서 무척 우려할 만한 일이 아닐 수 없다.

집단 이기주의 문제는 특정 사회 계층에 국한되는 것은 아니다. 국회의원은 물론이고 경제 주체의 일원인 정부에도 해당되는 일이다. 예컨대 총선을 앞두고 선심 정책을 남발하는 것도 집단 이기주의의 일종이다.

"경제 문제는 경제 논리로 풀어야 한다"는 말을 자주 듣는다. 경제의 효율을 극대화시키는 정책 결정이 이뤄져야 한다는 뜻일 게다. 그러나 경제 정책이라고 해서 순수한 경제 논리만으로 대처하는 것이 최상의 선택은 아닐 수도 있다.

정치라는 변수도 엄연히 주어진 경제 여건 중의 하나다. 오히려 경제 정책은 정치 과정을 통해 추진된다. 정치에 의해 결정된 사회적 목표를 경제적 수단을 통해 달성하려는 것이 경제 정책이라고 볼 때 정치적인 고려가 필요하다는 주장도 있을 수 있다.

그러나 소수의 기득권 보호가 핵심인 집단 이기주의를 폭넓게 용인하는 것이 정치적인 이득을 얻는다고 생각하면 오산이다. 침묵하는 다수를 외면해선 안 된다.

특히 경제 문제는 경제 논리로 대처하는 것이 결과적으로 표를 가장 많이 얻고 사회적 합의를 이끌어 내는 유효한 방법이다. 정치권은 물론이고 정부도 집단 이기주의를 철저히 경계하는 것이 정치적 이득을 얻는 지름길이라는 사실을 잊지 말아야 할 것이다.

11
총선 이후의 경제

2000. 4. 14.

선거[15]는 끝났다. 성공과 실패의 뒷얘기들이 무성하게 오갈 것이다. 그런 가운데 정치권은 네 탓, 내 탓으로 당분간 시끄러울 게 분명하다.

그러나 냉정하게 생각해 보자. 여야가 갈려 있는 이유는 국가 발전의 지혜를 모으는 선의의 경쟁을 위한 것이지 결코 승패를 가르는 싸움 그 자체에 궁극적 목표를 두고 있는 것은 아니다.

여야는 총선 과정에서 불거진 갖가지 앙금을 훌훌 털어 버리고 국민들의 심판 결과를 엄숙하게 받아들이는 겸허한 자세로 국가 발전을 위해 정치권이 담당해야 할 역할이 무엇인지를 재정립하는 반성의 기회로 삼아야 할 것이다. 새로 출범할 16대 국회에 기대를 거는 이유도 여기에 있다. 지금 우리가 해결하지 않으면 안 될 당면 과제들은 한두 가지가 아니다.

우선 총선용 시비에 휘말리기도 했지만 오는 6월 12~14일로 잡혀진 남북 정상 회담은 국가의 장래에 크나큰 영향을 미치게 될 민족적 대사가 아닐 수 없다. 성급한 기대는 금물이지만 경제에 미치는 파장도 적지 않을 것이다. 체계적인 준비와 치밀한 전략으로 기필코 성공적인 결과를 유도해야 하는 것은 정부와 정치 지도자들의 피할 수 없는 책무다.

그러나 무엇보다 서둘러 대처해야 할 국가적 과제는 역시 경제 문제다. 총선 결과에 따른 정치적 상황 변화까지를 염두에 둔 대다수 국민들은 "총선이 끝나면 경제가 어떻게 될까", "다시 외환 위기를 초래할 우려는 없는가" 등에 대한 우려를 제기하고 있다. 총선 결과에 상관없이 우리 경제가 안고 있는 내재적 불안이 적지 않기 때문이다. 강도 높은 구조 조정을 거쳤다고는 하지만 대우 사태 등으로 재연된 금융 경색과 부실 채권의 누적 등은 제2의 금융 구조 조정을 불가피한 국면으로 몰아가고 있다.

또 IMF 체제 이후 추진돼 온 기업 구조 조정도 큰 성과를 거둔 점은 부인할 수 없지만 진정한 의미에서 제대로 마무리된 것은 많지 않다. 빠른 경기 회복으로 인해 구조 조정의 당위성마저 약화되고 있어 문제다. 국민들이 선거 후의 경제를 걱정하는 이유는 그러한 구조적 문제 이외에 경제 여건 변화에 따른 악화 가능성 탓도 있다.

선거 때 풀린 돈이 물가 불안을 자극할 게 아닌가, 금융 구조 조정이 불가피하다면 금융 경색으로 인해 금리가 오르고 주식 시장의 위축과 기업 경영 성과의 악화로 작용할 우려는 없는가, 원화 가치 상승(환율 하락)이 지속되면 수출 부진으로 이어져 국제 수지 악화를 초래하는 것 아닌가, 정국 불안으로 국가 신용도 하락과 외국인 투자 자금의 이탈까지 겹치면 제2의 외환 위기로 이어질 가능성도 전혀 배제할 수 없다 등등이 의문의 초점이다. 총선 이후 당국이 유념해야 할 정책 과제들이기도 하다.

특히 국민들의 인플레 기대 심리는 꽤 고조돼 있는 상태다. 물론 많은 사람들이 관념적으로 생각하고 있듯이 선거를 치렀다고 해서 시중에 돈이 더 풀린 것은 아니다. 따라서 돈이 많이 늘어나 물가에 악영향을 줄 것이라고 판단하거나 당국의 통화 환수 조치가 뒤따를 것이라는 것은 성급한 추측에 불과하다.

같은 맥락에서 총선 후 금리 인상이 불가피할 것이라는 일부 견해도 신중하게 판단해야 할 문제다. 다만 총선 과정에서 뿌려진 돈은 그 소유 주체가 바뀌면서 소비 자금화할 가능성이 크고, 그로 인한 물가 압력의 소지가 없지 않다는 점은 신경을 곤두세워야 할 일이다.

그런 점에서 정부가 총선 이후에도 저금리 저물가의 종래 정책 기조를 유지하면서 금융 및 기업 구조 개혁을 완성해 나가는 데 정책의 최우선순위를 두겠다고 밝히고 있는 것은 지극히 당연한 귀결이 아닌가 싶다.

1 1992년은 유난히 많은 선거가 예정돼 있었다. 제14대 대통령 선거(12월 18일 실시), 제14대 국회의원 선거(4월 11일 실시), 그리고 광역자치단체장 및 기초자치단체장 선거가 상반기 중에 실시토록 돼 있었다. 이 가운데 자치단체장 선거는 뒤로 미뤄졌다. 대선에서는 김영삼 후보가 42.0%의 득표로 대통령에 당선됐고, 김대중 33.8%, 정주영 16%, 박찬종 6% 등의 득표율을 보였다. 14대 총선에서는 비례 대표를 포함 총 299명 정원에서 여당인 민자당이 149석을, 민주당이 97석을 차지했다.

2 주택 200만호 건설 정책은 노태우 대통령의 대선 공약 사업이라는 정치적 상황 속에서 정치적 요인에 의해 결정되고 무리하게 추진된 정책의 대표적인 사례라 할 만하다. 단기간에 목표 달성에 집착하다 보니 건자재 파동은 물론 인건비 상승 등 많은 부작용을 표출했었다.

3 명확한 개념은 정립된 것이 아니지만 일반적으로 국민 각계각층이 해당 주식을 골고루 분산 매수함으로써 대다수의 국민을 주주(株主)로 하는 주식이라고 말할 수 있다. 이는 국민들에게 주식을 분산·소유시킴으로써 기업에의 참여 의식을 높임과 동시에 기업 의욕을 북돋우고 기업이 획득한 이익을 분배하여 중하위 계층의 소득을 향상시켜 국민 경제 발전에 기여할 수 있다는 데 근거하고 있다. 그 같은 목적 달성을 위해서는 정책적 지원은 물론 대상 기업이 규모가 크고 경영 기반이 정착되어 있어 배당이 안정된 우량 기업이어야 한다. 이런 조건에 맞는 기업은 대체로 공기업이다. 일본은 1987년 2월 전신전화주식회사의 주식이 국민주로 보급되면서 도쿄증시 발전의 원동력이 됐다. 한국에서는 1988년 11월 1일부터 11일까지 청약을 받아 주식을 공급한 (주)포항종합제철의 주식이 최초의 국민주라고 볼 수 있고, 1989년 두 번째로 한국전력공사의 주식이 국민주로 보급되었다. 그 후 한국외환은행, 한국통신 등의 공기업 주식이 국민주 형태로 공급됐다.

4 1990년 여·야가 합의해 지방의회 의원 선거를 1991년 상반기 중에 실시하고, 그로부터 1년 이내에 지방자치단체장 선거를 실시한다는 데 합의하고, 그해 12월 국

회에서 관련법을 통과시켰다. 이 일정에 따라 지방광역 및 기초의회 의원 선거는 1991년 3월과 6월에 각각 실시했다. 그러나 당시 노태우 대통령은 1992년 1월 10일 연두 기자 회견을 통해 지방자치단체장 선거를 1~2년 미루겠다고 발표했다. 명분은 1년에 4차례의 선거를 실시하면 경제에 주름살을 주기 때문에 경제 회생이 전념하기 위해서라고 천명했다. 실제 경제는 최악의 국면을 보였다고 해도 과언이 아니었다. 그러나 보다 큰 요인은 12월의 대통령 선거에 악영향을 우려했던 것. 결국 지방자치단체장 선거는 4년 뒤인 1995년 6월 27일에야 치러져 지방자치 시대를 열었다.

5 현대그룹 정주영 회장이 제14대 대통령 선거에 나선 데 따른 것으로 실제 정 회장은 통일국민당을 창당해 1992년 12월 대선에 출마했었다.

6 재무부는 노태우 정부 임기 1년을 남겨 놓은 1992년 3월 19일, 한국노총이 추진해 온 노동 은행(가칭)을 내인가했다. 이에 따라 그해 11월 '평화은행' 이란 이름으로 자본금 3,000억 원의 근로자를 위한 은행이 출범했다. 그러나 평화은행은 당초의 우려대로 경영 성과를 내지 못한 채 2001년 12월 한빛은행(지금의 우리은행)에 은행 업무를 넘겨주고, 대신 한빛은행의 카드 사업 부문을 인수받아 신용 카드 회사로 탈바꿈했다. 이름은 '우리신용카드'. 그러나 이마저도 카드 대란으로 불리는 과잉 경쟁의 와중에서 오래 버티지 못한 채 2004년 3월 말 신용 카드 업무가 다시 우리은행에 합병됨에 따라 노동자 은행의 꿈은 산산조각 나고 말았다.

7 근로 소득세의 면세점을 낮춰 면제 대상을 늘리기보다, 저소득층도 조금은 세금 부담을 하는 것이 바람직하다는 주장. 내는 사람은 적은 금액이어서 부담이 없지만 대상자가 많아 국가적으로는 큰 금액이 되기 때문.

8 1992년 8월 9일 제25회 바르셀로나 올림픽에서 황영조 선수가 마라톤 우승.

9 1990년 1월 22일 당시의 민주정의당 대표 노태우 대통령과 민주당의 김영삼 총재, 민주공화당의 김종필 총재 등 3명이 9시간의 마라톤 회의 끝에 3당이 합당하기로 합의하고, 새로 창당된 정당이 민주자유당(민자당)이다. 1988년의 13대 총선에서 전두환 대통령을 탄생시킨 민주정의당이 과반 의석을 차지하지 못해 여소야대 정국이 계속됨에 따라 이를 극복하기 위해 3당이 합당하게 된 것. 그러나 이후 1995년 김영삼 대통령이 민자당을 신한국당으로 개명했고, 다음 대선 후보로 선출된 이회창 대표가 조순 씨가 참여하는 것을 계기로 1997년에 한나라당으로 당명을 바꿔 지금까지 그대로 사용하고 있다.

10 김영삼 대통령의 문민정부(1993. 2. ~ 1998. 2.)

11 제15대 대통령 선거. 야당인 새정치국민회의의 김대중 후보가 40.3%의 득표율로 당선되고, 당시 여당인 한나라당의 이회창 후보는 38.7%, 국민신당의 이인제 후보는 19.2%의 득표율을 보였다. 처음으로 선거에 의한 여야 정권 교체가 이뤄졌다.

12 제15대 대선에서 당선된 김대중 대통령 당선자.

13 1999년 6월 15일 일어난 연평도 근해의 남북한 간 교전 상황으로 '제1연평해전' 으로 명명. 제2연평해전은 월드컵 경기를 앞둔 2002년 6월 29일 북한의 기습 공격으로 '참수리호' 가 침몰하는 교전 상황을 말함.

14 김대중(金大中) 대통령 당선자는 취임 전인 1998년 2월 23일 국무총리에 김종필(金鍾泌) 자민련 총재를 지명하고 국회 인준을 요청했다. 그러나 야당이 된 신한국당이 인준을 거부했다. 따라서 '국민의정부' 는 현직 총리였던 고건(高建) 국무총리가 국무위원들을 제청하고 대통령이 임명하는 형식으로 출범했다. 김종필 국무총리는 서리로 임명돼 6개월이나 끌다가 그해 8월 말에 국회 인준을 받아 국무총리로 정식 임명됐다.

15 2000년 4월 13일에 치러진 제16대 국회의원 선거. 결과는 전체 의석 273석 가운데 당시 여당인 새천년민주당(민주당)이 전국구 포함 115석, 야당인 한나라당이 133석, 그리고 자유민주연합(자민련) 17석을 포함한 기타 정당이 35석으로 여소야대 국회가 탄생했다.

• 2부 •

'선택과 집중'의 재정 전략

재정이란 국가와 지방자치단체가 그 기능을 수행하기 위해 재화를 조달하고, 지출하고, 관리하는 계속적인 활동의 모든 것이다. 그런데 '국가' 나 '지방자치단체' 의 기능은 여러 가지 기준이 적용될 수 있고, 재정의 역할도 그 기준에 따라 달라지게 마련이다. 자유주의 시대에는 작은 정부를 지향하는 소극적 재정 정책이 바람직한 것으로 간주됐지만 1930년대 세계 대공황 이후 이른바 케인스 이론은 정부의 역할과 기능을 강조한 적극적 재정 정책이 주류를 이뤘다. 최근 들어서는 다시 작은 정부론이 고개를 내민 신자유주의가 득세하고 있지만 이 또한 거센 저항에 직면하고 있는 것이 사실이다.

이는 시대를 막론하고 재정의 역할과 기능은 과소평가될 수 없고, 경제 정책의 핵심 수단임은 부인할 수 없다.

한국 경제는 급속한 경제 성장을 달성해 오면서도 재정은 건실하게 운용해 왔다는 평가를 받았다. 그러다가 1997년 말 외환 위기 이후 경기 진작을 위한 적자 재정의 운용이 지속되면서 재정건전성이 속앓이를 하는 상황에 이르렀다.

2011년 새해 벽두에 국가 채무 급증 논란이 불거졌다. 2012년부터 적용하기로 한 국제통화기금(IMF)의 새로운 국가재정 통계 작성 기준을 적용해 본 결과, 나랏빚이 2009년 말 현재 359조 6,000억 원에서 476조 8,000억 원으로 100조 원 이상 늘어나고 GDP(국내총생산) 대비 국가채무비율도 종래의 33.8%에서 44.9%로 높아진다는 것이다.

지금까지 정부는 국가재정법에서 국가 채무를 "정부가 직접적인 상환의무를 부담하는 확정채무"로 한정했었다. 정부가 지급을 보증하는 간접 상환의무가 있는 정부지급보증채무나 공기업들의 채무, 국민연금 지급준비금 부족액과 같이 확정되지 않은 잠재적 채무 등은 아예 포함시키지 않았다.

과소평가 논란이 빚어진 것은 지극히 당연한 귀결이다. 정부는 지금까지 IMF가 1986에 발표한 GFSM(Government Finance Statistics Manual)을 적용해 왔다. 2001년 IMF가 새 기준을 발표한 이후 계속 적용을 검토하다가 노무현 정부 때 2012년부터 IMF의 GFSM2001을 사용하기로 확정했다.

한국의 재정건전성 문제는 다른 선진국들에 비해 훨씬 엄격한 잣대로 분석해 봐야 한다는 학자들의 주장에 귀를 기울일 필요가 있다. 우리 경제는 과도하게 대외의존적인 구조를 가지고 있어 외풍에 약하다. 경제 규모, 즉 재정 규모도 크지 않아 조그만 충격에도 흔들리기 쉽다. 국가채무비율의 상대적 수준이 높아지고 있을 뿐만 아니라 증가속도가 가파르다는 점은 유의하지 않으면 안 된다. 특히 국가 채무의 성격이 적자성 채무가 많고 그나마 공기업에 떠넘기는 위장이 많다는 점도 나랏빚을 따져보는 데 있어 감안해야 할 요소다.

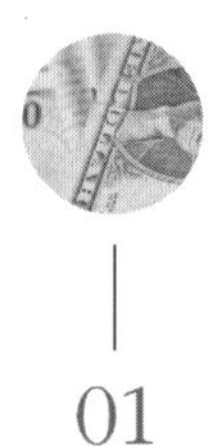

01
팽창 예산…
정부 자세가 더 문제다

1991. 9. 2.

내년도 정부 예산이 크게 늘어날 모양이다. 아직 여러 가지 조정 단계를 남겨 놓고 있기 때문에 단정하기는 이른 상황이지만 주무 당국인 경제 기획원이 제시한 안은 33조 5,048억 원[16]으로 짜여져 있다.

금년도 본예산 대비 24.2%가 늘어난 규모다. 증가율로 보아 지난 1981년 35.3% 이래 거의 10년 만에 가장 높은 증가율인 셈이다. '팽창 예산'이라는 우려와 지적을 받을 만도 하다.

그러나 따지고 보면 단순히 증가율이 높다거나 규모가 커졌다고 해서 무조건 부정적인 것만은 아니다. 고전적인 재정 이론으로 보면 '양출제 입量出制入'[17]이 원칙이다. 쓸 곳을 정하고 여기에 필요한 재원을 확보하기 위해 세율을 조정하는 등 세입을 맞추는 것이 순서라는 것이다. 이는 국민 복지 향상이나 경제 기반 확충을 위해 정부가 꼭 해야 할 사업이 있다면 세금을 더 거두어서라도 해야 된다는 얘기다.

현재 우리 경제는 사회 간접 시설의 부족이 가장 큰 애로 요인으로 꼽히고 있다. 또 경제력 집중과 부富의 편중 현상도 시정돼야 할 과제로 꼽힌다. 이런 것들은 모두 정부 재정이 담당해야 할 일들이다.

이렇게 보면 예산을 늘려 편성해야 할 긍정적인 측면이 있고 또 정부가 내세우고 있듯 최근 몇 년 동안 연간 3조 원이 넘는 세계 잉여금을 내고 있는 상황이고 보면 추가적인 국민 부담 없이 재원도 확보돼 있는 셈이다. 거둬들인 세금 범위 내에서 쓰기 때문에 물가에도 영향이 없다는 것이 정책 당국자들의 설명이고, 하등 '팽창 예산'이라고 우려해야 할 이유가 없다는 게 이들의 항변이다.

그러나 여기에서 좀 더 따져 볼 일이 있다. 현재보다 예산을 늘려 편성해야 한다는 결론은 현재의 예산 편성이 가장 효율적이고 필요 최소한의 규모를 유지하고 있다는 전제가 성립돼야 가능하다.

현재의 낭비 요인은 무시한 채 늘어나는 재정 수요 증대만을 반영해서 예산을 늘려야 한다는 주장은 아전인수我田引水 격이다. 또 특별 회계나 기금까지 포함한 넓은 의미의 재정(총재정 수지)은 아직도 적자를 면치 못하고 있다. 일반 회계만을 따져 균형 재정이기 때문에 물가에 영향이 없다고 하는 것도 눈 가리고 아웅 식이다.

거둬들인 세금稅金이 남아서 써야 되겠다는 발상도 언어도단이다. 적정한 세출 요인보다 세금이 더 걷히면 세율을 낮춰 덜 거둬야 할 것이다. 또 재정이 너무 팽창하면 민간이 활용할 재원이 그만큼 상대적으로 줄어든다는 병폐도 있다.

물론 정부가 얼마만큼 거두어 재정 사업을 해야 하느냐는 결정은 당시의 경제 구조나 체질 등을 따져 결정해야 할 문제다. 전체 경제나 국민 생활에 도움이 된다면 예산 증가율이나 규모가 큰 문제가 될 수 없다.

우선 현재의 우리 경제 상황을 보면 국제 수지 적자가 심화되고 물가 불안이 가시지 않고 있다. 긴급한 정부 사업이 산적해 있더라도 어느 정도 긴축을 해야 될 시점이라고 판단된다. 정부가 내년도 예산을 편성하면서 여기에 대한 우려와 걱정이 전혀 없는 것 같은 자세와 발상이 우선 너무 안이하다는 느낌을 갖는다.

팽창 예산의 큰 이유 중의 하나는 정부 기구의 무분별한 팽창에서 연유된다. 지금까지의 정부 행태를 보면 늘어나는 서비스 수요를 충족시키기 위해 기구를 늘릴 뿐 줄어들어야 할 기능에 걸맞은 기구 축소는 하지 않는 게 대부분이었다.

정부 기능의 합리화와 기구의 적정화가 예산 절감의 시발점이다. 정부가 편성한 예산을 국회가 심의하는 과정도 자신들의 이익이 아닌 국민의 이익을 대변할 수 있도록 돼야 하고 국회를 통과한 예산이라 하더라도 한 푼이라도 아껴 쓰려는 알뜰한 집행 자세가 중요하다.

사회 간접 시설 확충이 시급하다고 하면서 관련 예산은 오히려 줄이고 인건비 등을 크게 늘린 것은 뭔가 잘못돼 있다는 생각이 든다. 선거보다는 국민 생활을 걱정하는 정부가 됐으면 한다.

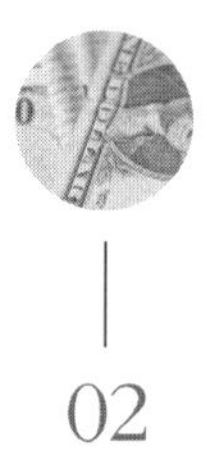

02
경제 정책 일관성 유지하라

1991. 12. 9.

내년도 경제 운용 계획[18]의 골격이 잡혀 가는 모양이다. '뚜렷한 방향도 세우지 못하고 표류하고 있다' 는 여론의 호된 질책 때문인지 최각규 부총리를 비롯한 경제 장관들은 주말인 7일 저녁 늦게까지 간담회를 갖고 새해 경제 운용 방향에 대해 심도 있게 논의했다고 한다.

연내 대폭 개각이 기정사실로 굳어져 있는 상황에서 내년도 경제 운용 계획을 논의하는 경제 장관들도 별로 신바람이 나지 않았을 것임은 분명하다. 차라리 새로운 경제팀이 들어선 연후에 계획을 짜고 책임 있게 집행하도록 하는 게 어떨까 하는 생각도 든다.

그러나 정부의 경제 운용 계획은 결코 단순한 전망에 그치는 것이 아니라 정책 의지가 포함된다. 민간 기업이 짜는 경영 계획의 주요 변수가 되고 소비자 행동의 가이드라인이 되기 때문에 하루빨리 정책 기조를 확정시키는 것도 필요하다.

또 장관이 바뀐다고 해서 경제 문제의 해답이 달라질 수도 없고 달라져서도 곤란하다는 점에서 빠른 결론을 기대하는 것이다. 지난 7일의 경제 장관 간담회에서 논의된 새해 경제 운용의 기본 방향은 성장을 낮춰 물가 안정과 국제 수지 방어에 정책의 우선순위를 두겠다는 것이었다고 한다. 너무도 당연한 귀결인 셈이다.

그동안 우리 경제에서 나타난 병폐와 애로 요인들을 짚어 본다면 달리 방도가 없기 때문이다. 극심한 자금난, 인력난, 수출 부진, 물가 상승 등 거의 모든 경제 불안이 소비 주도형의 내수 중심 과열 성장에서 비롯됐다는 논의는 그동안 수없이 이뤄져 왔었다. 그런데도 정부는 내년도 경제 운용 계획을 짜는 데 결론을 내리지 못하고 주춤거려 왔던 것도 사실이다.

많은 사람들이 이러한 정부의 태도를 내년에 치러질 4차례의 선거 때문이라고 믿고 있다. 암울한 전망과 고통을 수반하는 안정 위주의 정책 기조는 선거를 치러야 하는 여당에 결코 이로울 것이 없다는 경험적 사실에서 이 같은 분석이 나오고 있는 것이다. 정부의 경제 정책 기조가 선거라는 정치 행사의 상황 전개에 영향받아 본질이 외면당하지나 않을까 하는 걱정의 표현이라고도 보아야 할 것이다.

또 다른 측면에서 보면 올 들어 정부의 경제 정책이 유난히 심한 기복을 보였고 잘못된 판단과 안이한 대응이 많았던 데 대한 반사적 관심 제고로도 해석된다.

작년 이맘때 세웠던 금년도 경제 운용 계획을 들춰 보면 정부의 경제 운용이 얼마만큼 차질을 빚었는지는 쉽게 나타난다. 실질 경제 성장률 7%, 경상 수지 적자 30억 달러, 수출 695억 달러, 수입 765억 달러, 소비자 물가 상승률 8~9% 등으로 짜여졌었다. 그러나 실제의 결과는 엄청난 괴리를 보여 주고 있다.

경제 성장률은 9%에 육박하고 경상 수지 적자는 100억 달러에 달했다. 수출입 실적도 다 같이 연초 전망을 훨씬 넘어설 전망이다.

물론 계획 경제가 아닌 이상 목표대로 실행하기는 불가능한 일이다. 그러나 문제가 되는 것은 정부가 당초 설정했던 정책 우선순위가 뒤바뀌는 상황이 많았다는 사실이다. 장관이 바뀌었다고 기조가 변하고 경제 위기를 논하면서 기업 의욕에 찬물을 끼얹는 모순된 정책들이 거침없이 구사됐다. 근래에는 정책이 발표되고 며칠이 못 가 철회되는 오락가락하는 경우까지 빈번해져 불신감마저 증폭시키는 결과를 가져오고 있다.

이런저런 상황들이 내년도 우리 경제의 전망에 대해 걱정을 높여 주었고 정부의 대응 방향에 예년과는 다른 주목과 관심을 두고 있는 것이다. 어쨌든 정부가 내년도 경제 운용을 물가 안정과 국제 수지 개선을 위한 수출 촉진에 정책의 최우선순위를 부여키로 한 것은 다행스러운 일이다.

물론 기본 방향이 잘 설정됐다 해서 모든 것이 해결된 것은 아니다. 구체적인 실천 수단이 더 중요하다. 오는 23일께 최종적인 경제 운용 계획이 확정 발표될 예정으로 알려졌다. 기본 방향에 걸맞은 실효성 있는 정책 수단의 마련과 함께 정책의 일관성 있는 추진도 더욱 중요한 과제로 남는다.

내년은 4차례의 선거가 예정돼 있다. 경제 정책이 정치적 필요에 의해 상당히 변질될 우려도 크다. 극히 평범하고 당연한 일이면서도 구체적인 내용 못지않게 내년도 경제 운용의 성패成敗를 좌우할 과제가 이 같은 정책의 일관성 유지와 신뢰성 회복이라고 생각된다.

우수한 엘리트 관료들이 심사숙고해서 만든 경제 운용 계획이 차질 없이 일관되게 추진되기 위해서는 정치 바람을 막을 수 있는 강력한 경제팀을 기대해 본다.

03
정책 우선순위 가리자

1994. 1. 24.

얼마 전 우리나라 국민들의 경제적 고통 지수[19]가 크게 높아졌다는 분석 보고서가 나와 눈길을 끌었다. 내용인즉 지난해 국민들에게 고통을 주는 물가 상승률과 실업률이 얼마나 높았느냐를 지수화시켜 따져 본 결과 이 지수가 더 악화됐다는 것이다.

민간 연구 기관인 삼성경제연구소가 미국에서 사용되고 있는 모델을 토대로 국내 여건에 맞게 개량해서 산출해 낸 것이다. 이 지수가 관심을 끈 것은 그 내용이나 국내 최초의 시도였다는 아이디어의 참신성 때문만은 아니다. '고통'이라는 단어가 어딘지 모르게 근래의 경제 상황을 설명하는 데 꼭 필요한 말 같았고, 어쩌면 금년엔 이 말 한마디가 우리 경제 현실을 대변해 줄지도 모른다는 우려에서였다.

지난해 김영삼 정부가 출범하면서 가장 먼저 내건 구호가 '고통 분담'이었다. 최근의 우루과이라운드UR 협상 타결 때는 쌀 시장 개방이 불가피해지면서 농민들의 고통을 우리 국민들이 어떻게 나눠 갖느냐는 게 관심이었다.

연초 들어서는 고통의 대명사인 물가 동향이 심상치 않게 돌아가고 있다. 공공요금을 필두로 뛰기 시작한 물가는 공산품 가격의 편승 인상까지 겹쳐 한차례 야단법석을 떨었다. 이 와중에서 새 경제팀이 제시한 가격 자율화의 정책 방향이 며칠 못 가고 강력한 규제 쪽으로 급선회하는 난맥상까지 보여 주었다.

그럼에도 올해 물가 전망은 그 어느 때보다 불안하기 그지없다. 기본적으로 경제 회복 기미가 나타나고 있는 데다 시중에 돈은 많이 풀려 있고 외국 돈도 몰려들 것이라는 분석이 지배적이다. 그동안 억눌렀던 가격들이 자율화 바람을 타고 너도나도 인상 시기를 엿보고 있다. 주식 시장이 활황을 보이면서 그 뒤에는 부동산 투기로 연결되는 과거의 악순환이 재연되지 않을까 하는 우려까지 등장했다.

노사 문제는 어떤가. 벌써부터 산업 현장에는 긴장감이 감돌고 있다. 물가가 많이 올라 이를 보상받아야겠다는 근로자의 주장도 외면할 수 없는 상황이고, 다른 쪽에서 보면 세계적 무한 경쟁 시대를 맞아 국가 경쟁력을 높여야 하니 허리띠를 졸라매자는 당위성도 화급한 과제로 부각돼 있다. 올해도 상당한 고통이 이어질 것을 예고해 주는 것들이다.

이것뿐이 아니다. 각 부처가 발표한 올해 경제 정책을 보면 현기증이 날 정도다. 모든 것이 최우선 시책이고 좋은 것은 모두 다 해결하겠다는 식이다. 그것도 너도나도 세금을 더 많이 거둬서 문제를 해결하겠다는 식이니 국민들의 마음이 편할 리가 없다는 것은 쉽게 짐작이 가는 일이다.

예컨대 쌀 시장 개방으로 상처받은 농민들을 달래기 위해 농어촌특별

세를 10년간 15조 원을 걷겠다고 발표했다. 그것도 쓸 곳은 정하지도 않은 채 돈부터 거둬 놓고 보자는 식이니 납세자의 입장에서 보면 분통을 터트릴 만도 하다. 도로, 항만 등 사회 간접 시설soc 확충을 위해 지난해 이미 교통세를 신설한 뒤끝인 데다 환경세 신설 얘기도 흘러나오니 기가 찰 노릇이다.

국민 편익 시설 건설이나 생활 환경 개선에 필요한 재원은 세금이 기본이다. 세금을 거두는 것 자체가 나쁘다기보다는 문제만 생기면 특정 목적의 새로운 세금을 거두려 하는 행정 편의주의적 발상이 문제다. 대증 요법對症療法의 정책 구상이 가져오는 병폐이기도 하다. 여기에는 충분한 논의와 국민적 합의가 결여되게 마련이고 정책의 신뢰성을 저하시켜 정부 불신을 자초할 게 뻔하다.

이렇게 되면 고통을 덜어 주기 위한 시책이 국민들에게 더 큰 고통을 안겨 주는 아이러니를 가져온다는 것도 불문가지不問可知다.

올해도 고통 분담을 호소할 것인가.

최근의 경제 상황은 다소 호전되고 있다. 물가나 노사 문제 등은 이에 따른 반작용으로 볼 수도 있다. 또 경제를 다루는 정책은 빛과 그림자가 함께 나타나게 마련이다. 이것이 고통 분담의 논리적 배경을 이룬다. 그러나 한 가지 분명한 것은 이러한 양면성으로 인해 불가피하게 나타나는 총체적 고통을 최소화하는 것이 정부의 책임이자 역할이라는 점이다.

요즘 유행하는 '국제화', '세계화', '국가 경쟁력 강화', '규제 완화' 등 굵직한 과제를 놓고 갖가지 의견들이 제시되고 있다. 개중에는 서로 상충되는 시책들도 많다.

무엇이든 규제를 풀어 없애는 것만이 능사는 아니다. 자유방임이 선善일 수만은 없다. 외국 사람, 외국 제도를 흉내 내는 것이 국제화가 아닌 것도 분명하다. 국민들의 고통을 한꺼번에 그것도 단숨에 해결하겠다는 식은 곤란하다. 기대가 크면 실망도 크고, 따라서 고통도 더 커지는 법이다.

정책의 우선순위를 확고하게 설정하고 국민적 합의를 바탕으로 완급을 가려 차분하게 추진하는 것이 최선의 방법이다. 이것이 우리가 처한 경제 현실에서 국민의 총체적 고통을 극소화할 수 있는 지름길이라고 생각한다.

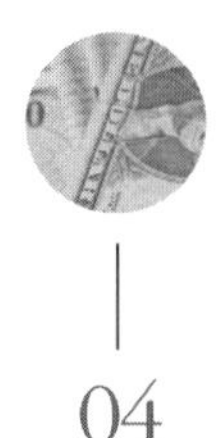

04
나랏빚 느는 건 잠깐이다

1999. 10. 1.

불과 2년 전까지만 해도 미국 경제의 최대 과제는 쌍둥이 적자였다. 막대한 재정 적자와 무역 적자의 지속이 그것이다. 물론 지금은 상황이 완전히 바뀌어 오히려 재정 흑자를 어떻게 처리하느냐를 놓고 민주, 공화 양당이 팽팽한 공방전을 벌이는 행복한 고민에 싸여 있다.[20]

논란의 초점은 앞으로 10년간 예상되는 약 1조 달러 규모의 재정 흑자를 어디다 쓰느냐는 것이다. 의회 다수당인 공화당은 더 걷힐 세금을 아예 납세자에게 돌려주는 감세를 단행해야 한다는 주장이고, 클린턴 대통령이 속해 있는 민주당은 그 재원으로 복지 지출을 늘려야 한다는 입장이다.

결국 공화당의 감세안 의결에 클린턴 대통령이 입법 거부권 행사로 맞서 논란은 원점으로 되돌려졌지만 경제학자들의 생각은 이들과는 또 다르다. 추정치에 불과한 재정 흑자를 놓고 의회에서 감세 논쟁을 벌이는 것은 무익한 정치 놀음의 전형이라고 꼬집으면서 남아도는 세수를 우선 공공 부채를 갚는 데 써야 한다고 역설한다.

재정이 지난해부터 흑자로 전환됐다고는 하지만 미국의 공공 부채는 여전히 엄청난 규모에 달하고 있기 때문이라는 설명이다. 사실 재정 운영을 어떻게 하느냐의 문제는 정도의 차이는 있지만 어느 나라나 안고 있는 숙제다. 그것도 재정 적자, 또는 누적된 국가 채무를 어떻게 관리하느냐가 대부분이다.

비록 미국이 재정 흑자 처리를 둘러싸고 논란을 벌이고 있다고는 하지만 기본적으로 쌓인 국가 채무의 관리를 어떻게 할 것인가에 대한 숙제에서 벗어난 것은 아니다.

미국의 국가 채무는 1995년 현재 약 3조 6천억 달러에 달한다. 지난 1980년 7천1백억 달러에 불과했던 것이 15년 만에 5배 가까이 불어났다. 이를 인구수로 나눈 1인당 국가 채무액을 따져 보면 약 1만 4천 달러, 우리 돈으로 1천6백여만 원에 이른다. 국가 경제의 부채 감당 능력을 가늠해 보는 국내 총생산GDP 대비 정부 부채 비율은 63%로 일본의 82.6%나 OECD 평균인 71.1%에 비해서는 낮지만 비교적 높은 편에 속한다.[21]

며칠 전 기획예산처가 발표한 우리나라의 국가 채무 현황을 보면 금년 말까지 1백11조 5천억 원에 이를 것으로 추산됐다. GDP 대비 비율은 23.1%, 국민 1인당 국가 채무 규모는 2백36만 원인 셈이다. 그러나 정부가 지급 보증한 채무액이 94조 4천억 원으로, 이것까지 합해 보면 사실상의 국가 빚은 2백조 원을 넘는다는 계산이 나온다.[22]

이 같은 정부 채무 규모는 통계상으로만 보면 매우 건전한 상태에 있고, 경제 규모에 비해 보더라도 이 정도의 적자는 충분히 감당할 수 있다는 해석이 가능하다. 실제로 그동안의 우리나라 재정은 어느 나라에 못지않게 건전하게 운영돼 왔고 그만큼 적자 문제는 심각하지 않았던 것도 사실이다.

그러나 선진국들과의 평면적 수치 비교만으로 적자 재정을 확대할 여력이 있다고 보는 것은 잘못이다. 우선 재정 기조의 장기적 변화와 거시 경제 상황, 특히 금융 시장의 역할과 기능 등을 동시에 검토해 보고 적정 여부를 가려봐야 하기 때문에 신중한 판단이 필요하다.

또 부채의 수준보다 증가율이나 그 내용이 더 중요하다는 점에서 더욱 그렇다. 우리의 국가 채무는 외환 위기 이후 불과 2년 만에 70%가 늘어났다. 더구나 앞으로 더욱 급속히 늘어날 여지가 많다는 점은 아무도 부인하지 않는다. 일단 적자가 발생하면 매년 누적적으로 불어나는 것이 재정의 일반적인 속성이다. 적자를 메우기 위해 또 빚을 내야 하는 악순환이 일어나기 때문이다.

또 우리의 현실은 정상적인 재정 운영을 한다 하더라도 경제가 발전하고 인구 구조가 노령화되면서 복지 지출에 대한 수요가 급격히 늘어날 수밖에 없다. 아직도 열악한 사회 간접 자본의 확충 수요는 여전하고, 길게는 통일 비용도 정부가 풀어야 할 과제다.

반면 세입을 늘리는 것은 쉽지가 않다. 세율 인상은 경제보다 정치사회적 파장이 더 큰 변수로 작용하기 때문이다. 역대 정부가 중장기 재정계획을 세울 때마다 조세 부담률을 대폭 높이겠다고 발표했지만 한 번도 당초 목표에 근접해 본 적이 없는 것도 그 때문이다.

따라서 정부의 정책 의지가 그야말로 단호하지 않으면 달성하기 어려운 것이 적자 재정의 탈피다. 그런 점에서 지난 1969년부터 1997년까지 거의 30년 가까이 적자를 보여 온 미국 재정이 흑자 기조로 되돌아섰다는 것은 엄청난 변화다.

그러나 그 이면에는 엄청난 고통이 뒤따랐음도 인식해야 할 필요가 있다. 쌓여 가는 나랏빚을 보면서 걱정이 앞서지 않는 국민은 없을 것이다. 다음 세대에 빚더미 국가를 물려주지 않기 위해서는 정부의 장기적인 비전과 확고한 시정 의지가 무엇보다 중요하다. 곧 본격화될 국회의 내년도 예산 심의도 그 같은 관점에서 국민들이 다소나마 마음을 놓을 수 있도록 철저하게 이뤄지기를 기대한다.

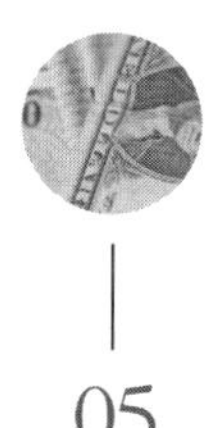

05
재정 적자의 또 다른 시각

2000. 1. 19.

빚을 걸머지는 살림살이를 했다면 결코 잘한 일은 아니다. 이는 개인이건 기업이건 마찬가지이고, 국가 재정이라고 예외일 수 없다. 한번 빚을 지게 되면 그 빚을 갚기 위해 또 빚을 내야 하는 상황이 벌어지기 십상이다. 빚이 눈덩이처럼 불어나면 종국에는 파산을 불러올 수도 있다.

우리 경제는 그동안 다른 나라에 비해 재정 적자가 상대적으로 적은 축에 속하는 비교적 건전한 재정을 운영해 왔다. 그러나 외환 위기 이후 극심한 경기 침체로 기업 도산과 그로 인한 실업 급증 등에 대처하기 위해 국채 발행이 늘어나면서 적자 재정으로 돌아서 경제 운용의 큰 부담으로 작용하고 있다. 오죽했으면 사사건건 부딪치기만 하는 여야가 재정 적자 감축과 균형 재정 달성을 위한 '재정건전화 특별법' 제정에는 한목소리를 내고 있겠는가.

그런데 미국의 경제학자 가운데 재정 적자가 경제에 해악을 끼친다는 주장이 난센스라고 단언하는 사람이 있다. 미국 경제학회 회장을 지낸 로버트 아이스너 노스웨스턴대 교수는 재정 적자 축소만이 능사가 아니라고 지적한다. 오히려 적자는 모든 사람들에게 좋은 것이라는 적극적인 해석을 곁들인다. 물론 여러 가지 전제와 미국 경제를 사례로 삼아 분석한 결과라는 점에서 자세한 설명 없이 결론만 적시함으로써 자칫 잘못 이해될 소지도 없지는 않지만 대충 이런 내용이다.

우선 주권 국가의 정부가 자국 통화로 진 부채를 갚지 못하겠다고 나자빠지는 일은 있을 수 없다. 필요하면 언제라도 법률에 근거해 국민들에게 세금을 부과할 수 있고, 아니면 돈을 찍어 내면 된다는 것이다. 물론 인플레 심화 등의 우려가 있지만 부채를 상환하지 못할 이유가 없다는 얘기다.

또 재정 적자가 누적되면 후손들에게 더 많은 부채를 넘겨주는 결과를 가져온다는 주장에 대해서도 염려할 바가 아니라고 지적한다. 물론 많은 부채를 다음 세대에 이월시키는 객관적 현상은 부인할 수 없다. 그런데 국가가 돈을 빌리기 위해 발행한 국고 증권이나 채권 등을 누가 소유하고 있는지를 따져 보면 얘기는 달라진다. 즉 후손들이 부채만 넘겨받는 것이 아니라 국가로부터 빚 받을 채권까지 넘겨받는다. 그렇게 보면 오히려 저축의 효과를 낼 수도 있어 그것이 반드시 나쁘다고만 할 수 없다는 것이다.

국가 부채가 많으면 그 이자 부담만도 엄청나게 많기 때문에 경제 운영에 큰 짐이 된다는 통상적 주장에 대해서도 견해가 다소 다르다. 재정의 이자 부담은 곧 국민들의 소득이고, 정부가 이자 부담을 하기 위해 세금을 더 걷는다 하더라도 그 소득으로 감당할 수 있다. 설령 정부에 돈을 빌려 주고 이자 소득을 올리는 주체가 연기금이나 금융 기관이라

하더라도 결국 기금 가입자나 예금 가입자들에게 환원되는 것이라고 본다면 국민들의 소득으로 귀착된다.

만성적인 재정 적자가 지속되면 인플레를 야기시킬 우려가 크다는 것도 경제학자들이 지적하는 병폐 가운데 하나지만 높은 수준의 고용을 유지하는 데 적자가 쓰인다면 이것 또한 부질없는 걱정이라고 지적한다. 다만 적자를 가장 생산적으로 쓰는 방법을 모색해야 할 것이라고 밝혔다.

외환 위기 이후 재정 적자가 늘고, 특히 공적 자금의 추가 투입과 경기 부양 실시 등으로 재정 적자 또는 국가 채무의 급증에 대한 우려가 높아지고 있다. 정부는 늦어도 오는 2003년 균형 재정을 달성하고 국채를 순상환하는 내용의 중기 재정 계획을 짜 놓고 있다. 실제로 지난해 정부는 당초 11조 원의 국채 발행을 계획했었으나 세수 증가로 3조 원에 그친 사실에 비춰 보면 힘겨운 과제도 아닐 것 같다.

불황기에는 적자 재정을 통해 민간 구매력과 총수요를 자극해 경기를 부양시키는 것이 바람직하다는 게 전통적인 케인스 경제학 이론이다. 대다수 경제 전문가들이 예측하고 있듯이 올 1/4분기가 경기 침체의 바닥이라고 한다면 재정의 역할도 평소와는 달라질 수밖에 없다. 다만 얼마나 효과적이고 생산적으로 집행하느냐가 관건이다.

국가 채무 누적과 적자 재정의 확대는 결코 바람직하지는 않지만 아이스너 교수의 접근 방법도 한 번쯤은 되새겨 볼 만하다.

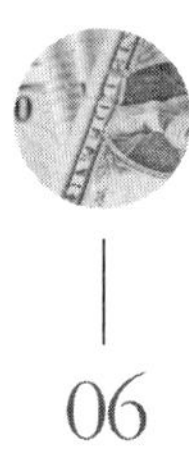

06
국가 채무 공방의 허와 실

2000. 3. 17.

국가 채무 규모를 둘러싼 여야의 공방이 뜨겁다. 한나라당이 국가 채무 규모가 4백조 원이 넘는다고 주장하고 나서자 민주당은 정부 통계를 들이대며 '말도 안 되는 부풀리기'라고 거센 역공을 퍼붓고 있는 중이다.[23] 우리 경제의 재정 적자가 심각한 수준에 이르러 이를 시정하기 위한 특단의 대책이 필요하다는 데 이의를 제기할 사람은 없다. 그러나 지금 정치권에서 벌어지고 있는 입씨름이 과연 재정 건전화에 얼마나 도움이 될지는 의문이다. 누가 옳고 그름을 떠나 누구를 위한 공방이고, 과연 생산적인가를 냉정하게 따져 볼 필요가 있다.

우선 양쪽이 들이대는 통계의 근거는 다를 게 없다. 다만 정부가 행한 여러 가지 경제 행위 가운데 어디까지를 국가 채무로 보느냐는 기준 설정이 다를 뿐이다. 한나라당은 중앙 정부와 지방 정부가 직접 빌려 쓴 1백11조 8천억 원에 금융 구조 조정 채권 등 정부가 지급 보증을 선 90조

2천억 원, 국민 연금 급여 등 잠재적 채무 1백86조 원, 그리고 앞으로 추가 부담이 예상되는 공적 자금 20~40조 원 등을 합쳐야 하기 때문에 국가 채무 규모는 최대 4백28조 원에 달한다는 주장이다.

이에 대해 정부와 여당은 중앙 정부와 지방 정부가 직접 빌려 쓴 채무만 국가 채무로 보는 것이 타당하고, 그 규모는 1백8조 원에 불과하다고 반박했다. 보증 채무나 국민 연금 등 잠재적 채무는 정부가 얼마를 부담해야 할지 확정되지 않은 상태인 데다 공적 자금의 추가 투입은 그 필요성 여부가 검토되지도 않은 사안이라는 설명이다.

국가 채무의 기준에는 논란이 있지만 국제적으로 통용되는 IMF 기준은 '국가가 차주로서 직접 상환 의무를 지며, 상환 금액이 확정된 채무' 라고 규정하고 있다. 이 기준에 따르면 우리의 국가 채무는 1백8조 원인 셈이다. 보증 채무를 계산에 넣는다 하더라도 한나라당 주장에는 다소 무리가 있다. 더구나 문제의 본질이 판단 기준인데도 채무 규모에만 논란의 초점이 모아지는 것은 바람직하지 않다.

최근의 국가 부채 급증은 IMF 사태로 불리는 외환 위기 극복 과정에서 생긴 것이다. 극심한 경기 침체를 극복하면서 강도 높은 구조 조정을 위해 불가피한 선택이었다는 사실은 일반적으로 공감대가 형성돼 있다. 때문에 정치적 책임을 따지자면 여야를 가릴 것 없이 어느 정당도 자유로운 처지가 아니다. 더구나 전 정권을 담당했던 한나라당이 IMF 극복 과정에서 늘어난 국가 채무를 총선 쟁점으로 제기해 입씨름을 벌이는 것이 적절한가에 대해 선뜻 이해하기 어려운 측면이 없지 않다.

지금은 부채 규모에 대한 공방보다 어떤 방법과 수단을 동원해 건전 재정으로 되돌릴 수 있느냐가 국가적 과제이자 국민들의 관심사다. 따라서 지금은 각 정당이 얼마나 실효성 있는 해법을 제시하고, 그것이 과연 적절한가에 논쟁의 초점이 맞춰지는 게 훨씬 생산적이다.

정책 공약에 재정 적자를 부추기는 선심 정책은 없는지, 국민들의 세금 부담은 적정한지, 정부가 제시한 채무 상환 계획은 제대로 이행될 수 있는지, 이런 것들에 대한 충분한 검토와 공방이 이뤄지는 게 바람직하다. 자칫 잘못된 기준으로 채무 규모가 부풀려진다면 국제 신인도에도 악영향을 미칠 우려가 없지 않다는 점도 유의할 대목이다.

미국 경제학회 회장을 지낸 바 있는 노스웨스턴대학의 로버트 아이스너Robert Eisner 교수와 같은 학자들은 재정 적자가 경제에 해악을 끼친다는 편견에 사로잡혀선 안 된다는 의견을 제시한다. 재정 적자 한 가지만 보면 좋지 못한 결과이지만 국민 경제 전체에는 득이 될 수 있다는 것이다. 경제 현상을 평가하는 데 있어서 '부분이 옳기 때문에 전체도 타당하다'는 이른바 '구성의 오류'를 범하지 말아야 한다는 얘기다.

이번 여야의 공방도 그런 측면은 없는지 한 번쯤 반성해 볼 일이다. 국가 경제나 가정 경제나, 빚이 많다는 것은 위험하다. 더구나 적자가 누적되면 국가 경제가 더욱 어려운 국면으로 빠져들 공산이 크다. 그런 점에서 우리 경제의 재정 건전화 목표는 더욱 확고히 다져져야 한다.

또 국민적 관심사인 재정 운용에 대해 정치권이 공방을 벌인 것도 환영할 만한 일이다. 다만 과거 지향적인 규모 시비에서 벗어나 미래 지향적인 정책 대안 제시에 치중해 주기를 바라는 것이 국민들의 진정한 기대다. 그러나 여야를 막론하고 한쪽으로는 건전 재정을 약속하면서 다른 한쪽으로는 세금을 깎아 주고 각종 예산 지원을 대폭 늘려 주겠다는 식의 모순된 공약을 남발하고 있는 정치 현실을 보면서 국가 부채에 대한 걱정은 말로만 떠드는 것 같다는 생각을 떨쳐 버릴 수 없다.

07
'선택과 집중'의 전략

2000. 9. 29.

지난 8월 발표된 '국민의정부 제2기 경제 운용 비전과 전략'은 '개혁과 도약'을 기본 목표로 '선택과 집중'을 추진 전략으로 제시했었다. 정책의 우선순위를 선택하고 그 순위에 따라 시급한 현안에 대해 정책 역량을 집중시켜 개혁의 가시적인 성과를 끌어내면서 도약의 발판을 구축하겠다는 의미다.

김대중 대통령의 임기 전반부인 국정 1기는 외환 위기라는 엄청난 충격을 극복하면서 경제 활성화를 꾀해야 하는 절박한 현실 때문에 개혁의 방향과 전략에 있어서 상당한 혼선이 야기됐던 것도 사실이다. 그런 점에서 비록 국민들의 주목을 받지는 못했지만 국정 2기의 경제 정책 추진 전략을 '선택과 집중'으로 설정한 것은 매우 적절했다.

그런데 요즘 내놓고 있는 경제 정책 내용을 보면 그 같은 기대가 초반부터 무너지고 있는 것 같아 걱정스럽다. 국정 2기 경제팀의 첫 작품이라 할 수 있는 2단계 금융 및 기업 구조 조정 추진 계획이 그 대표적 사례다. 정부가 부실 은행에 대해서는 공적 자금을 투입해 경영 정상화를 도모하고 금융 지주 회사 설립 등 금융 기관의 대형·겸업화를 추진하는 한편 금융 구조 조정과 표리 관계에 있는 부실기업의 조기 퇴출 등 기업 구조 조정을 가속화시키겠다는 것이 골자다.

우리 경제의 현실로 보아 금융 및 기업 구조 조정이 최우선 과제라는 점은 부인할 수 없고, 따라서 '선택'은 지극히 당연한 셈이다.

문세는 '집중'이다. 정부는 구체적인 방안과 추진 일정까지 제시했지만 너무 의욕적인 계획을 백화점 식으로 나열함으로써 과연 계획대로 해낼 수 있을지 의문이다. 벌써부터 금융계는 초긴장 상태에 돌입했다고 한다. 합병 또는 퇴출에 따른 금융 종사자들의 신분상 변화가 가장 민감한 문제일 터이지만 가뜩이나 경색돼 있는 금융 시장을 마비시키지나 않을지도 큰 관심사다.

기업 퇴출 등이 겹쳐 경기 위축을 가속화시킬 것이라는 우려도 결코 기우는 아니다. 현실적으로 이해 당사자들의 반발은 불을 보듯 뻔한 일이고, 민생 법안의 심의를 거부하는 등 국정의 당사자 역할을 포기한 정치권의 행태는 또 다른 거대한 장애물임에 틀림없다. 정부가 공적 자금 추가 투입의 합리화를 위해 지나치게 의욕적인 청사진을 제시한 게 아니냐는 의심을 받기에 충분하다. 더구나 연내에 2단계 금융 구조 조정을 마무리하겠다는 것은 과욕이다. 차라리 정책 목표를 줄이고 대신 정부 역량을 집중시키는 방법은 없는지 검토해 볼 필요가 있다.

만약 차질이 빚어진다면 정책 불신을 심화시킬 것은 불을 보듯 뻔하다. 그동안 경제 불안의 최대 걸림돌이 정책에 대한 불신이란 점을 감안해 볼 때 매우 위험스런 도박이라 해도 무리가 아닐 성싶다.

지금의 정부 정책에 있어서 '선택' 전략도 문제가 없는 것은 아니다. 예컨대 지난 26일 발표된 내년도 예산안은 복지 재정의 확충이 예년과 다르다면 다른 점이다. 기초생활보호법의 본격 시행에 따른 예산 지출 증가와 의료 보험 재정 지원 확대 등이 대표적 요인이다.

반면 성장 잠재력을 키우는 사회 간접 시설 확충 등은 동결되다시피 했다. 물론 외환 위기를 겪으면서 심화된 빈부 격차의 확대 등을 감안할 때 저소득층 지원 정책을 확충해야 할 필요성은 크다. 그렇다고 하더라도 우리 경제 능력으로 감내할 수 있는 범위 내에서 이뤄져야 한다는 점에서 우선순위의 재검토가 필요한 사안이다.

복지 병의 유발이라는 기본적인 문제 이외에도 이미 기초 생활 보장 대상자 선정 과정에서 나타나고 있듯이 복지 정책은 세금을 거두고 분배하는 과정에서 매우 높은 간접 비용을 수반한다.

반면 지원 규모는 상대적으로 영세하기 때문에 비효율을 수반하는 경우가 허다하다. 배보다 배꼽이 더 큰 정책이라면 문제다. 정부가 내세우고 있는 생산적 복지 정책을 실질적으로 구현할 수 있는 수단을 보완해야 할 것이다.

경제 정책은 항상 서로 다른 집단 간의 이해 상충을 유발하는 결과를 가져온다. 때문에 전 국민을 만족시키기는 어렵고, 선택과 집중의 문제로 풀어 갈 수밖에 없다. 특히 국민의정부 전반부 2년 반의 개혁 성과를 경제의 내실화와 국가 경쟁력 제고로 승화시키기 위해서는 선택과 집중 전략의 철저한 추진이 어느 때보다 절실하다.

08

임기 말 성적표 생각해 봤나

2005. 6. 28.

수도 이전 문제로 공방이 뜨겁게 달아오르더니 이제는 공공 기관 지방 이전을 놓고 전국이 몸살을 앓게 생겼다[24]. 부동산 투기 열풍이 온 나라로 번지지나 않을지 걱정이다. 그 뿐인가. 경기는 여전히 썰렁한데 국제 기름 값은 배럴당 60달러를 넘어서 연일 사상 최고치를 갈아 치우고 있으니 이만저만 심각한 일이 아니다.

그런데도 정부 반응은 신기하리 만큼 느긋하고 무덤덤하다. 별것 아니라는 건지, 아예 대응을 포기한 것인지 알 길이 없다. 그러는 사이 경제는 무기력증에 빠지고 서서히 침몰하는 양상이다. 성장률이 떨어져 일자리는 좀처럼 늘지 않고, 버팀목 역할을 해 오던 수출마저 증가율이 현저히 낮아지고 있다. 기업들은 채산성 악화 때문에 이익 내는 규모가 줄어들어 걱정이 태산이다. 이제 볼멘소리마저 더 이상 나오지 않는다. 목이 쉬어 목소리가 잠겨 버린 탓일까.

경제부총리는 이제 장기 침체 우려를 얘기하지만 경제 전문가들은 벌써 침체가 깊어졌다고 진단한다. 연구 기관들이 경제 전망을 발표할 때마다 성장률이 낮아지고 있으니 그럴 만도 하다.

우리 경제가 달성할 수 있는 성장 잠재력이 3%대로 낮아졌다는 분석도 나온다. 주식 시장은 종합 지수 1000선 부근을 맴돌기만 하고 있다. 한마디로 우리 경제가 총체적 무기력증에 빠진 양상이다.

정부가 제아무리 언제쯤부터 좋아질 것이라고 강변해도 아무도 믿지 않는 세상이다. 참여정부가 출범한 지 2년 반, 노무현 대통령의 임기가 절반을 지나가고 있다. 그렇지만 정책 방향이나 권력 핵심의 생각은 달라진 게 없어 보인다. 이념 논쟁에 성장과 분배 논란이 가세되면서 처음부터 기득권층으로 낙인찍어 놓았던 기업인들의 기氣 꺾기는 예나 지금이나 마찬가지다.

경제를 살리자고 '시장 친화'를 얘기하면 개혁주의자들의 반발이 용수철처럼 튀어 오른다. 정부와 여당, 그리고 청와대까지 고장 난 신호등처럼 아무 때나 제각각으로 방향 표시를 바꾼다. 뒤따르는 차들이 우왕좌왕하지 않는 게 오히려 이상한 일이다.

돈이 얼마가 들어가든, 공기업의 효율성이 낮아지든 말든, 그저 겉으로라도 지역 균형이 이뤄지기만 하면 공기업 지방 이전의 당위성이 성립된다는 건가. 경제 정책 하나만을 놓고 볼 일도 아니다. '우리끼리'에 동조하는 남북 문제, 하향 평준화의 결과만 가져온 교육 정책, 법질서가 유린당하는 사회 혼란의 방치, 도를 넘어선 낙하산 인사 등이 결국 불안과 불신의 씨앗 아닌가.

정말 이대로 가서는 안 된다. 말로만 경제 살리기에 올인할 것이 아니라 정책과 행동으로 보여 주어야 한다.

어떻게 하느냐의 방법은 이미 수많은 전문가들이 제시했다. 여러 가지 아이디어와 할 일들이 많지만 두 가지만 강조하고 싶다.

우선 기업 규제를 과감히 풀어야 한다. 경기 회복의 실마리는 기업들의 활발한 투자에서 찾을 수밖에 없다. 기업들의 여유 자금이 움직이지 않는 경기 회복은 처음부터 불가능한 전제다. 세계 시장을 향해 뛰어가기도 바쁜 마당에 출자 총액 규제 따위는 또 무슨 '딴죽 걸기' 인가. '분배' 를 앞세워 이 좁은 땅덩어리에서 대기업을 억눌러서 과연 무엇을 얻고자 하는지 본질적인 의문을 갖지 않을 수 없다. 그런 점에서 정치인들과 정책 당국자들이 돈 안 들이고도 가장 큰 효과를 거둘 수 있는 대책 가운데 으뜸이 규제 철폐가 아닌가 싶다.

다른 하나는 경제 정책의 사령탑을 확실히 해야 하는 문제다. 방향의 옳고 그름 이전에 경제부총리에게 주어진 권한까지 무력화시킬 정도인 청와대 주변이나 정치권의 불필요한 목소리는 과감히 차단해야 한다는 얘기다. 그것이 경제 정책 수립과 집행의 순리다. 청와대와 여당의 목소리가 너무 커 정책 혼선을 야기한 사례를 들자면 어디 한둘에 그칠 것인가.

이제 더 이상 시간이 없다.

09

세금 논란의 또 다른 측면

2005. 9. 27.

아마도 세금 내는 것을 좋아할 사람은 없을 것이다. 정부에 그냥 뜯긴다고 생각하는 것이 일반적이다. 실제 조세 부과는 정부 수입 증가보다 소비자의 후생은 물론 기업 등 공급자의 후생을 감소시키는 효과가 더 크다는 이른바 '경제적 순손실'[25]을 초래한다는 것이 경제학의 이론적 검증 결과다.

그러나 다른 한편으로 생각해 보자. 과연 정부가 빼앗아 가서 당국자들이 '꿀꺽' 해 버리고 마는 것인가. 그건 분명 아니다. 나라를 지키고, 산업 발전에 필요한 인프라를 구축하고, 취약 계층의 생활 안정을 돕는 등 국가와 국민을 위해 사용한다.

그렇다면 세금을 장려하고 최소한 거부감은 갖지 말아야 할 일이다. 다만 이는 세금을 꼭 필요한 만큼 공평한 방법으로 거둬들이고, 또 낭비 없이 가장 효율적으로 쓴다는 전제가 충족될 때 성립하는 얘기다.

올해 정기 국회에서 심의할 내년 세제 개편안을 둘러싸고 논란이 가열되고 있다. 정부가 소주와 LNG 등의 세율 인상안을 내놓자 여당인 열린우리당이 극력 반대하고 나선 것이다. 그렇지 않아도 경기 불황으로 살림살이가 어려운데 서민주庶民酒의 세금을 꼭 올려야 하겠느냐는 이유에서다. 물론 세금이라면 거부감부터 갖고 있는 일반 국민들의 여론도 이에 동조하리라는 것은 불문가지不問可知다. 진작부터 감세 정책을 주장해 온 한나라당은 말할 것도 없다.

그런데도 정부는 세율 인상 법안을 국회에 제출하겠다는 고집을 꺾지 않고 있다. 이유인즉 올해만 해도 4조 6,000억 원의 세수 결함이 생기고, 내년에는 더 많은 세수 부족이 예상되기 때문이란 설명이다. 참으로 딱한 노릇이 아닐 수 없다.

외환 위기 이후 우리 재정은 매년 적자에 시달리면서 그 규모가 눈덩이처럼 불어나고 있는 것이 현실이고 보면 세금을 더 거둬선 안 된다고 정부를 닦달할 일만도 아니기 때문이다. 어떻게 해야 할 것인가.

원론으로 돌아가 생각하면 정부 씀씀이를 대폭 줄이거나, 아니면 국민들의 동의를 받아 세금을 더 거두는 길밖에 달리 대안이 없다. 그러자면 불공평한 조세 징수는 없는지, 탈루 세금은 없는지부터 챙겨 보아야 한다. 또 지출에 낭비는 없는지도 점검해 보아야 한다. 이런 불합리를 먼저 시정하는 게 올바른 순서임에는 이론의 여지가 있을 수 없다.

그러나 정부 입장에서 보면 국민들이 요구하는 복지 수준이나 사업 규모는 감당하기 어려울 정도다. 그렇다고 마냥 빚을 내서 쓸 수도 없는 처지 아닌가. 한마디로 국민들의 욕구와 그에 걸맞은 세금 부담 용의가 조화를 이루지 못하고 엄청난 괴리 현상으로 나타나고 있다는 얘기다.

여기에는 여러 가지 요인이 있을 수 있지만 가장 큰 문제는 이를 부추기는 것이 바로 정치권이란 사실이다. 선거 때만 되면 표를 의식해 선심성 깎기 경쟁을 벌여 온 탓이다. 평소 때는 모른 척하다가도 선거 때만 되면 감세를 들고 나온다. 온갖 명목의 조세 감면 제도가 난립하고 있는 것도 입법 과정에서 이뤄진 정치적 타협의 산물임은 부인하기 어렵다. 그러다 보니 세제는 누더기가 되고, 유리 지갑 봉급생활자들만 '숨김없이 털리는' 양상이 빚어지고 있는 것이다.

정부와 집권 여당이 내년 세제 개편안을 놓고 갈등을 빚고, 야당은 득의만면한 표정으로 이를 관전하고 있는 것이 요즘의 정치 상황이라면 이는 뭔가 잘못된 것임에 틀림없다. 누가 옳고 그른가를 떠나 정부 불신, 정책 불신만 심화시킬 수밖에 없다는 것만으로도 그렇다.

사회 일각에서 소주 세율 인상안이 정부와 여당의 '짜고 치는 고스톱'이 아니냐는 의구심을 제기한 것도 그 때문이다. 짧게는 10월 재보선, 길게는 내년 지자체 선거 등을 앞두고 선심 효과 극대화를 위해 정부가 올리겠다고 으름장을 놓으면 여당은 깎아 주기 생색을 내는 각본에 따라 이뤄지고 있다는 것이다. 정말 정치 쇼가 아니길 바랄 뿐이다.

10
중구난방에 천방지축이면

2006. 2. 7.

언제 터질지 모르는 세금 폭탄 때문에 온 국민이 좌불안석이다. 정부는 세금을 올리고, 깎아 주던 것도 더 이상은 깎아 주지 않겠다고 한다. 그런가 하면 여당 정치인들은 말도 안 되는 소리라고 펄쩍 뛴다. 국정을 책임진 정부와 여당이 엇박자로 따로 놀고, 그래서 참여정부의 정책 컨트롤 타워가 아예 실종됐다는 소리까지 나온다.

실제로 노무현 대통령은 신년 연설에서 양극화 해소를 위한 조세 부담률 인상을 언급했지만 며칠 뒤 기자 회견에서는 장기적 관점에서 논의해 보자는 것이었다고 한발 물러섰다. 그런데 바로 다음 날 국세청은 116개 기업에 대한 세무 조사 계획을 발표했고, 뒤이어 재정경제부는 소주세 인상과 소수자 추가 소득 공제 철회 등 세금 공세 정책을 잇달아 거론했다. 그러자 여당인 열린우리당 지도부가 정부의 증세增稅 방안에 대해 '턱도 없는 소리'라고 일축하고 나섰다.

이 모양이니 국민들은 어느 장단에 춤을 춰야 할지 혼란에 빠질 수밖에. 여기에 야당은 한술 더 떠서 '감세안을 내놓겠다'고 공세에 나섰다. 한마디로 중구난방衆口難防이다.

입만 벌리면 국민을 위한다는 정책 당국자와 정치인들의 행태가 이러고 보면 정말 '가관可觀'이라는 표현이 걸맞다. 선거를 앞두고 표를 얻기 위한 고도의 기만극이 아닌지 의심해 보는 것도 그래서다.

세금을 더 거둬야 한다는 정부의 논리는 대충 이렇다. 외환 위기 이후 심화되어 온 양극화를 해소해야 한다. 게다가 저출산 · 고령화도 화급을 다투는 정책 과제로 떠올랐다. 문제를 풀려면 막대한 재원이 필요한데 돈이 모자란다. 그러니 세금을 더 거둘 수밖에 없다. 얼핏 생각하면 흠 잡을 데가 없는 논리다.

그러나 이는 정부 재정이 헛되게 새는 곳 없이 알뜰하게 쓰이고 있다는 것을 전제로 한다. 하지만 국민 어느 누구도 그렇지 않다고 생각한다. 솔직히 예산을 집행하는 담당 공무원들이 더 잘 아는 얘기다. 그러나 이런 본질적 문제에 앞서 증세를 둘러싼 혼란을 가져온 정부의 행태부터 따져 볼 필요가 있다.

예컨대 조세 감면 축소가 옳은 방향이라 하더라도 왜 맨 먼저 감면을 줄이는 대상으로 삼는 것이 하필이면 근로 소득자인가. 소수자 추가 소득 공제[26]는 비용 공제의 성격을 갖고 있다. 여러 가족이 함께 사는 것보다 소수 가족의 경우 한 사람당 생활비가 더 많이 드는 만큼 추가로 손비로 인정해 주자는 것이다. 이를 없애겠다는 얘기는 단독 가구나 맞벌이는 바람직하지 않으니 징벌적으로 세금을 더 내야 한다는 것과 다를 바 없다.

더욱 황당한 것은 이것도 저출산 대책이 아니냐고 궤변을 늘어놓고 있다. 반면 농어민, 영세 사업자 등의 조세 감면 제도는 그대로 둔다는 것이 정부 생각이라고 한다. 이 또한 이치에 맞는지 생각해 볼 필요가 있다.

사실 우리나라 세제는 너무나 복잡하다. 내가 내야 할 세금이 얼마인지 알려야 알 방법도 없다. 갖가지 감면 제도에 징벌적 중과세까지 난무하고 있는 탓이다. 목소리 큰 이익 집단, 표가 많은 사회 계층이 으름장을 놓으면 원칙도 없이 세금을 깎아 주다 보니 세제가 온통 누더기 상태다.

이를 바로잡는 일이 먼저다. 그럴 자신이 없으면 말도 꺼내지 말아야 하는 것 아닌가. 정부의 속내를 드러낸 것으로 볼 수 있는 조세연구원의 중장기 조세 개혁 방안도 새로운 게 없다. 몇 번씩 우려먹던 레퍼토리다.

문제는 언제나 그 결과가 봉급생활자들의 부담이 늘어나는 것으로 귀결됐다는 점이다. 아무리 용을 써도 빠져나갈 구멍이 없는 것이 '유리 지갑' 근로 소득자들이다. 국민들이 세금 얘기만 나오면 손사래부터 치는 것도 바로 그 때문이다. 어떤 원칙과 방법으로 재정을 확충하겠다는 구체적 방안도 없이 천방지축天方地軸으로 불쑥불쑥 내놓는 대책을 가지고 도대체 누구를 이해시키겠다는 것인가.

16 1992년도 일반 회계 세출 규모(결산 기준)는 33조 3,625억 원이었음. 2010년 세출 예산이 292조 8,000억 원이므로 18년 만에 약 9배 가까이 늘어난 셈.

17 쓸 돈을 가늠해 보고 세입을 결정하는 것. 국민들에게 꼭 필요한 사업은 세금을 더 거둬서라도 추진해야 한다는 것이 재정 원칙이다. 그러나 그동안 정부는 '양입제출(量入制出)'을 원칙으로 세금이 걷히는 범위 내에서 지출 예산을 편성해 왔다. 재정 팽창을 가급적 억제하기 위한 수단이었다.

18 1992년 노태우 정부 마지막 1년의 경제 운용 계획.

19 특정한 기간 동안 물가 상승률과 실업률을 합한 수치로 국민들이 피부로 느끼는 경제적 삶의 어려움을 계량화해 나타낸 것. 예컨대 물가 상승률이 8%이고 실업률이 7%라면 고통지수는 15가 된다. 수치가 높을수록 국민 생활의 고통이 크다는 것. 미국 브루킹스 연구소의 경제학자인 아서 오쿤(Arthur Okun)이 고안한 지표로 미국 기상대가 개발한 기상 용어인 불쾌지수를 경제학에서 빌려 만들었다.

20 근래 들어 미국의 재정 수지는 적자로 돌아서 사상 최대 규모를 기록했다. 〈월스트리트저널〉(2010. 4. 27.)에 따르면 미국의 향후 5년간 재정 적자는 총 5조 1,000억 달러에 달할 전망이다. 이미 2009 회계 연도의 예산 적자는 1조 4,000억 달러로 국내 총생산(GDP)의 9.9%에 달해 제2차 세계 대전 이후 가장 높은 수준을 기록했다. 2010 회계 연도 재정 적자 규모는 1조 6,000억 달러로 더 치솟으며 GDP 대비 10%를 넘길 것이라는 게 미 행정부의 추산이다. 이는 〈파이낸셜뉴스(FT)〉가 추산한 유로존(6.9%), 유럽연합(7.5%), 일본(8.9%)의 올 GDP 대비 재정 적자 전망보다 상당히 높은 수치다. 이러한 재정 적자 급증은 경기 침체와 금융 위기로 인해 경기 부양책과 실업 수당 등 각종 사회 보장 정책이 확대 집행된 데 따른 것이다.

21 미국 연방정부의 국가 채무는 12조 달러를 넘어섰으며, 향후 10년 내에 금융 위기 직전의 2배 수준인 GDP의 90% 이상에 달할 것이라는 분석도 있다.

22 우리나라의 국가 채무는 근래 들어 급증세를 보이고 있다. 2000년에 111조 4,000억

원, 2004년에 203조 1,000억 원, 2008년에 309조 원을 기록했고, 2009년에는 GDP의 35.6%인 366조 원, 2010년에는 390조 원대를 기록할 것으로 예상됐다.

23 국가 부채 규모 논란의 핵심은 정부가 지급을 보증한 채무나 잠재적 채무까지 포함하느냐의 문제다. 잠재적 채무란 정부가 직접적으로 빌려 쓰지는 않았지만 국민 연금의 적자나 공기업이 빌려 쓴 돈과 같이 자체적으로 해결하지 못하면 궁극적으로 정부가 책임질 수밖에 없는 그런 채무를 말한다. 그러나 부실 가능성만을 가지고 부채로 파악하는 것은 옳지 않다고 본다. 다만 정부는 국가 보증 채무나 공기업의 확정 채무 등에 대해서도 일정 기준을 넘으면 국가 부채에 포함시키는 국가 채무 통계 개편 작업을 2010년 연초부터 추진 중이어서 귀추가 주목된다.

24 노무현 대통령의 대선 공약인 '충청권에 행정수도 건설'의 실행을 위해 2003년 12월 29일 국회 본회의에서 당시 여당인 열린우리당 주도로 '신행정수도 건설 특별법'이 통과됐으나 2004년 10월 21일 헌법재판소는 이 법이 '위헌'이라고 결정을 내렸다. 그 후 정부는 2005년 3월 2일 '행정수도 건설' 대신 '행정중심복합도시 건설 특별법'을 통과시켜 건설을 추진해 왔으나 이명박 정부 들어 이를 수정하는 법안이 국회에 다시 제출돼 논란이 됐다. 노무현 정부는 행정수도 건설 이외에도 '국토 균형 발전'이란 명분으로 공공 기관의 지방 이전, 혁신도시 및 기업도시 건설 등을 추진하며 막대한 토지 보상비를 지급하여 부동산 시장이 출렁이게 했다.

25 조세를 부과하면 소비자 후생이나 공급자들의 후생(이익)이 줄어들 것은 너무도 당연하다. 우선 가계의 경우 세금이 부과되면 가처분 소득이 줄어들어 소비자 후생이 감소한다. 또 기업이나 생산품에 세금이 부과되면 상품 가격이 올라가고, 그렇게 되면 상품에 대한 수요와 공급이 줄어들게 된다. 이런 경제적 손실은 수요와 공급의 탄력성이 클수록 크게 나타난다.

26 소수자 추가 소득 공제란 본인을 포함해 부양 가족 공제 대상자가 2인 이하인 가구에 대해 1인일 경우 100만 원, 2인일 경우 50만 원을 기초 공제 이외에 추가로 소득에서 공제 받는 제도. 당초 산아 제한을 지원하기 위해 도입된 것이어서 출산 장려가 절실한 지금 상황에 비춰 보면 맞지 않는다. 따라서 정부가 주장한 대로 다자녀 가구에 추가 공제 혜택을 주는 것이 바람직하다. 다만 자녀를 낳고 싶어도 못 낳는 가구에 세금까지 더 매기는 게 옳은지는 좀 더 깊이 생각해 볼 일. 더구나 인적 공제가 돈을 벌기 위해 건강 유지 등 비용에 대한 보상이란 측면에서 보면 소수 가족의 1인당 비용은 다자녀보다 1인당 비용이 더 높을 수 있다. 어쨌든 소수자 추가 공제 제도는 2006년 말 세법 개정에서 폐지됐다.

• 3부 •

금융 시장의
알파와 오메가

금융이란 돈의 흐름이다. 돈을 필요로 하는 경제 주체와 돈을 공급해 줄 수 있는 경제 주체간의 거래가 어떤 식으로 이뤄지느냐 하는 것이 금융 거래의 본질이라 할 수 있다. 이때 돈을 가장 효과적으로 쓸 수 있는 사람에게 돈이 많이 공급되도록 하는 것이 전체 경제 시스템에 비춰볼 때 바람직하다.

문제는 이러한 결과를 가져오도록 하는 것이 그다지 쉽지 않다는 점이다. 돈의 흐름은 대내외의 수많은 요인들에 의해 영향을 받는다. 정부의 재정 금융 정책은 물론이고 중앙은행의 통화 정책, 그리고 교역 대상국들의 경제 정책이나 국제 금융 시장의 상황 변화 등이 모두 자금 흐름의 변동 요인이다. 그런 만큼 변화하는 양상이나 진로 등은 무척 복잡하고 중층적 상호 작용에 의해 이뤄지는 것이어서 자금 흐름의 맥을 짚어내기가 쉽지 않다.

더구나 근래의 금융 산업은 고전적인 자금의 중개 기능에 그치지 않고, 스스로 부가가치를 창출하고 덩치를 키워가는 투자 서비스 산업으로서의 역할과 기능이 더욱 중요시되는 과정을 거치고 있다.

물론 근래 들어 미국발 금융 위기의 여파로 종래의 금융 개방 시대가 규제 시대로 바뀌고 있는 것은 사실이다. 그렇다고 시장의 가격 기능이 무시되고 정부에 의한 관치 금융이 더 환영받게 될 것이란 전제는 가당치않다. 다만 국내외 환경 변화에 능동적으로 대처해야 할 과제들이 늘어났을 뿐이다.

특히 한국은 금융에 관한한 후진국의 면모를 벗어나지 못하고 있다. 국민소득 2만 달러를 넘기는 중진국의 길을 매끄럽게 닦아나가는 것은 금융이 좌우한다고 해도 과언이 아니다.

금융 시장을 지배하는 제도와 규제를 정비하고 감독 체계를 개편해서 금융 시스템의 효율성과 안정성을 확보하는 것이 무엇보다 선결돼야 할 과제다.

금융기관의 대형화와 겸업화를 통해 금융 산업 경쟁력을 강화하면서 동시에 국유 은행의 민영화 등을 서둘러 추진해야 할 것이다. 언제까지 지금과 같은 과도적 구조를 그대로 이어갈 것인가 함께 생각해 보자.

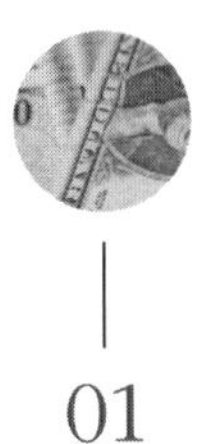

01
금융 시장 개방은 신중해야 한다

1991. 5. 27.

요즘 발표되는 경제 정책들을 보면 '느닷없이 불쑥불쑥 튀어나오는' 듯한 느낌을 받는다. 한차례 홍역을 치른 여신 관리 제도 개편이 그렇고 금리 자유화, 유가 인하 계획 등도 마찬가지였다.

국내 기업들이 자금난에 시달리면서 금융 비용 부담이 높아 곤욕을 치르고 있는 상황에서 금리 상승을 수반하는 금리 자유화의 본격 추진 발표는 어떤 이유로든 어색하게 받아들여진다. 과소비와 내수 과열을 걱정하고 있는 판국에 불쑥 내민 석유가 조기 인하 발표는 '아닌 밤중에 홍두깨' 격으로 밖에 볼 수 없다.

물론 이러한 시책들이 처음으로 거론되는 생소한 것들은 아니다. 그동안 수많은 논의가 진행돼 왔고 또 우리 경제가 가야만 하는 당연한 정책 방향임에도 틀림없다. 그럼에도 어설프고 낯설게 느껴지는 것은 현실 경제와의 괴리감 때문일 것이다.

최근 정부는 금융 시장 개방 계획을 미국 측에 전달했다.[27] 그동안 미국의 개방 압력이 꾸준히 가중돼 왔고 양국 간의 공식 채널인 금융정책 협의를 통해 의견을 교환토록 돼 있었기 때문에 이번 개방 계획에 대한 우리 측의 견해 표명 자체는 큰 문제가 되지 않는다.

그럼에도 예정된 개방 계획 제시에 대해 '아닌 밤중에 홍두깨' 격으로 어리둥절해지는 것은 시장 개방의 대상이 금융 시장인 데다 그 내용이 광범하고 급진적이라는 것 때문이다. 안방을 내준 금융 전산망 가입 허용이나 증권거래소 회원 가입 허용, 스와프 자금 한도 축소 중지 등 어느 것 하나 심각한 문제가 아닌 것이 없다.

더구나 최근의 국내외 경제 여건으로 보아 이미 약속된 자본 시장 개방을 포함한 금융 개방의 일정 연기 등이 강도 있게 제기되는 터여서 이 같은 느낌을 더욱 강하게 받는다.

금융 산업은 제조업이나 유통 산업 등과는 다르다. 하나의 독립된 사업이라기보다는 국민 경제 전체를 뒷받침하는 초석으로서의 기능을 한다. 말하자면 경제의 신경 조직인 셈이다.

신경망에 장애가 오면 몸 전체가 마비되듯이 무분별한 개방으로 금융 산업에 장애가 발생하면 국민 경제는 걷잡을 수 없는 혼란에 빠질 우려가 있다. 금융 산업의 국민 경제적 중요성이 아니라 하더라도 최근의 국내외 경제 여건은 오히려 금융 개방을 더디게 하는 쪽으로 변하고 있다. 계속되는 국제 수지 적자 폭의 확대나 극심한 증시 침체, 금융 기관들의 취약해진 경영 기반 등이 이런 것들이다. 국제 수지 흑자 기조가 정착되지 않거나 증시 및 금융 시장 규모 확충, 국내 금융 기관의 체질 강화 등이 전제되지 않을 경우 외국 자본의 국내 경제 교란 요인은 그만큼 커지게 된다.

최소한 최근의 경제 여건으로만 본다면 자본 시장 개방이나 금융 산업 개방은 연기돼야 할 형편이다.

그럼에도 개방을 추진할 수밖에 없는 것은 우리의 최대 수출 시장인 미국의 무역 보복 등 개방 압력이 크고 국제 사회에서의 신인도 등을 외면할 수 없기 때문일 것이다. 또 국내 금융 산업의 체질 강화를 가져오는 촉매제로서의 당위성도 큰 편이다.

그러나 이러한 당위성과 필요성은 인정된다 하더라도 현실 경제 여건의 변화를 감안해서 정책 방향을 잡아 나가는 것이 순리일 것이다.

사실상의 전면 개방으로 평가되는 이번 재무부의 대미 금융 개방 약속은 쉽게 납득이 되지 않는 상황이다. 혹평하기를 주저하지 않는 사람들은 "한국이 주권 국가인지를 모를 정도"라고 지적한다.

한 번쯤 버티어 보거나 난감한 표정을 지어 보이기는커녕 미국에 대해 한발 앞선 개방 약속의 호의를 베푼 데 대해 어리둥절할 뿐이다. 고도의 또 다른 전략이 숨겨진 것인지는 몰라도 최소한 겉으로 나타난 모습은 '느닷없이 불쑥 내민' 정책의 난맥상으로 보여진다.

물론 이러한 계획들이 당장 실행된다기보다는 양국의 민간 금융 기관 간의 협의를 거쳐 확정되거나 구체적인 방법론이 마련될 예정이지만 정책 기조에서부터 보다 신중한 접근이 아쉽다는 생각은 떨쳐 버릴 수 없다.

02
떨어진 금리, 정착이 더 중요

1992. 11. 2.

시중의 실세 금리가 급격히 떨어지면서 공금리 인하와 금리 자유화에 대한 논란이 제기되고 있다. 여기에서의 '공公금리'란 정책 당국에 의해 규제받고 있는 금리를 말한다. 공금리를 '사私금리'의 반대 개념이라고 보면 정확한 표현이 아니다. 재무부 등 금융 당국에서는 규제 금리라는 표현을 쓴다. 표현은 어찌 됐건 은행의 핵심 여수신 상품의 금리라고 보면 된다. 이러한 은행의 규제 금리 인하 여부가 논란을 빚고 있는 것은 시장의 실세 금리가 크게 떨어지면서 아예 금리 자유화를 조기에 실시[28] 하는 것이 어떻겠느냐는 의견이 대두되기 때문이다. 빈사 상태를 보이고 있는 산업의 경쟁력 회생을 위해서는 시중 실세 금리가 하향세를 보이는 것과 때를 같이해서 규제 금리를 내려 금리 하락을 가속시켜야 한다는 게 경제계를 주축으로 꾸준히 제기됐다.

그런가 하면 규제 금리를 내리게 되면 다소 좁혀진 실세 금리와의 격차가 다시 벌어져 예금 이탈이나 인플레 우려 등 여러 가지 부작용을 낳을 것이기 때문에 규제 금리 인하보다 아예 금리 자유화를 앞당겨 실시하는 것이 순서라는 공금리 인하 반대 주장도 거세게 나왔다. 경제기획원, 한은, 학계 등의 대체적인 의견이다. 찬반이 거세게 일던 당시 주무 부서인 재무부는 '인위적인 금리 인하'나 '성급한 금리 자유화' 모두가 바람직하지 않다는 중도적 입장을 취했었다. 물론 기획원, 한은, 재무부할 것 없이 모두 공식 의견은 아니고 대체적인 분위기를 전달한 수준에 불과한 것이긴 하지만 상당히 첨예한 대립 양상을 보여 온 것도 사실이다. 그러던 것이 최근 이용만李龍萬 재무부 장관이 '규제 금리 인하를 검토하겠다'고 공식으로 천명하면서 정부의 정책 방향은 규제 금리 인하쪽으로 가닥을 잡았다. 금융 시장에서는 빠르면 금주 중 단행될 것이라는 소문까지 나돌고 있다.

최근 본사[29]와 럭키금성경제연구소가 금융 관계자, 기업인, 연구 기관, 학계, 일반 국민 등 250명을 대상으로 실시한 설문 조사 결과에서도 전체의 65.7%가 '공금리 인하가 필요하다'고 응답한 것을 보면 옳은 방향으로 보아야 할 것 같다.

그러나 요즘의 금리 동향을 보면 공금리 인하 여부는 더 이상 논란거리로서 가치가 없어졌다. 시중 실세 금리가 공금리로 불리는 은행 규제금리 수준에 이미 접근해 버린 탓이다. 그대로 놔둬도 내리지 않을 수없는 형국이 돼 버렸다. '인위적인 인하 폐해'가 논란거리에서 빠져 버린 셈이다. 그렇다면 아예 자유화시켜 버리면 더 좋은 결과를 가져올 게아니냐는 얘기도 나올 수 있다. 결국 논란의 초점은 자유화의 조속 시행여부로 옮겨지는 셈이다.

우리 경제의 현실에서 우선적인 목표는 저금리의 정착이라고 보아야 한다. 그 다음이 금리 자유화일 것이다.

물론 금리 자유화가 금리 수준에만 영향을 미치는 것은 아니다. 금융 산업은 물론 국민 경제 전체에 크나큰 변화를 강요하게 된다. 금리가 자유화되면 금융 기관 간 경쟁이 심해지고 1, 2금융권 간의 판도 변화는 물론 기업들의 금융 이용 패턴이 바뀔 것이다. 또 금리가 자유롭게 결정되도록 하려면 금융 기관들이 조정된 자금을 자기 판단에 의해 운용할 수 있도록 통화 관리 제도도 함께 바뀌어야 한다. 금융 기관들의 경영 자율성도 보장돼야 한다.

이러한 것들이 금리 자유화가 성공적으로 이뤄지기 위해 먼저 해결되거나 아니면 최소한 함께 이뤄져야 하는 전제들이다. 우리의 금융 현실은 이러한 전제 조건들이 충족돼 있다고 볼 수는 없다.

현재의 금리 하락이 구조적으로 정착됐다고 보기도 어렵다. 현재의 실물 경제 위축과 투자 부진이 그대로 방치할 수 없는 수준이라고 한다면 투자 회복 등이 이뤄질 경우 금리 반등의 우려도 높다.

실제로 산업 생산 증가율이 지난 3/4분기 중 3년 만에 최저치를 기록하는 등 실물 경제 회생도 다급한 실정이다. 그렇다고 여건이 성숙되기만을 기다린다는 것도 말이 안 된다. 자유화 실시 여건도 예전보다 좋아진 상태다. 자금 배분이 시장 경쟁 원리에 의해 가장 효율적으로 이뤄지도록 하기 위해서는 금리 자유화는 시급한 과제임에 틀림없다. 금리 자유화를 앞당기기 위해 정부나 금융계는 물론 기업들도 보다 적극적인 자세를 가다듬어야 할 시점이다. 금리 자유화의 시행 시기를 앞당기기 위해서도 금리의 안정은 중요한 과제가 된다. 금리가 떨어진다고 좋아만 할 게 아니라 떨어진 금리를 어떻게 구조적으로 정착시키느냐에 더 머리를 싸매야 할 때인 것 같다.

03
낙관과 자만의 결과

1993. 9. 6.

"지금 진짜 고통받고 있는 사람은 20여 명에 불과할 것입니다", "3개월 정도만 지나면 안정될 것입니다". 금융 실명제[30]가 실시되고 1주일쯤 지난 어느 날 경제 정책을 책임지고 있는 각료 중의 한 사람이 의기양양하게 한 말이라고 한다. 국민들의 전폭적 지지를 받는 금융 실명제 실시를 주도적으로 했다 해서 내심 자랑스러워하는 일면도 보였다고 들린다. 이를 전해 듣는 순간 무척 당황하지 않을 수 없었다. 지나친 낙관樂觀과 자만自慢이라고 생각됐기 때문이다. 정치인도 아닌 경제 관료의 입에서 이런 애기가 나왔다는 데 더욱 한심하다는 느낌이 들었다. 실명제의 본질과 파급 효과를 잘 모르고 있거나 알았다면 베일에 가려진 뇌물 수수나 정치 자금 거래의 실체를 벗기는 것쯤으로 생각한 게 아니냐는 의구심도 든다.

많은 사람들의 걱정에도 불구하고 지금도 실명제에 대한 정부의 자세는 너무 낙관으로 일관하고 있어 큰 문제다.

그 이유는 간단하다. 실명제 실시로 인한 경제적 파급 영향은 아직 완전히 노출되지 않았다는 점이다. 현재 나타나고 있는 부작용들은 충격적 조치에 대한 놀라움과 장래에 대한 불안, 그리고 그로 인한 자금 흐름의 애로가 그 전부라고 해도 과언이 아니다. 돈의 흐름이 어떻게 변할 것인지, 기업의 생산 활동이나 소비자들의 행태 변화 등은 어떻게 나타날 것인지 등은 아직도 유보된 상태라고 보는 것이 옳다.

본격적인 파급 영향은 실명 전환 의무 기간이 끝나고 무엇을 어떻게 할 것이냐에 대한 경제 주체들의 판단이 서고 난 뒤부터라고 보아야 할 것이다. 또 그 판단은 하루 이틀에 이뤄지는 것도 아니다. 실명제 실시 이후 나타나는 정치, 경제, 사회 등 모든 분야의 변화를 조망하면서 서서히, 그것도 소리 없이 이뤄지게 될 공산이 크다. 이러한 장기적 파급 영향이 긍정적이냐, 부정적이냐에 따라 그 성패가 가름된다고 보면 정부의 성급한 낙관이 얼마나 위험스런 일인지 짐작할 수 있다.

그중에서도 돈의 흐름이 어떻게 변할 것이냐가 가장 큰 관심사일 수밖에 없다. 다행히 그동안 그늘에 숨어 있던 돈들이 기왕에 노출됐으니 떳떳하게 생산적인 투자에 나서겠다고 한다면 국민 경제 차원에서 최선의 선택이 될 것이다.

그러나 실명제 실시 그 자체만으로 이러한 최선의 선택이 이뤄지기를 기대하기는 어렵다. 돈이 그쪽으로 흐를 수 있는 여건을 조성해 주어야 한다. 돈이 건전하게 흐를 수 있는 여건이 마련되지 못하면 그 흐름은 엉뚱한 곳으로 길을 돌리게 될 것이다. 과거의 관행과 사고가 바뀌지 않은 과도기적 불안정한 경제 상황에서는 일종의 성취욕 같은 것이 손상당할 수도 있다. 편히 먹고 편히 살자는 무기력증도 나올 수 있다.

여기에 단기적으로 물가 불안 요인까지 도사리고 있다. 실명제 충격을 완화하기 위해서는 단기적으로 돈을 풀 수밖에 없고 이는 물가 불안 요인이 될 것은 뻔하다. 이런저런 일들이 한데 어우러지면 그 결과 또한 예측할 수 없는 방향으로 진행될 가능성도 크다. 유통 시장에서의 행태 변화나 또 다른 악성 지하 경제의 잉태 소지도 전혀 배제할 수 없는 걱정거리 중의 하나다.

바꿔 말하면 실명제 실시로 인해 새로운 경제 질서가 태동하리라는 것이다. 이것이 좋은 쪽이냐, 아니면 나쁜 쪽이냐 하는 것은 국민들의 애국심에 의해 결정되는 것도 아니고 정부의 규제나 단속에 의해 판가름 나는 것도 아니다. 경제 여건과 환경의 변화에 따라 자동 조절되는 것이다. 사정 차원의 과거 들추기보다는 돈의 흐름을 건전하게 유도하기 위한 여건 조성에 정부의 보다 진지하고 진취적인 자세가 아쉽다.

본질적인 금융 실명제는 아직 시행도 되지 않은 상태다. 거래 실명화는 초보적인 단계에 불과하다. 궁극적 목표인 금융소득종합과세제 실시가 남아 있다. 종합 과세가 시행되면 보다 큰 질서 변화가 나타날 것이다. 가야 할 길은 아직도 멀고 험난한 셈이다.

'더 이상의 추가 보완 대책은 없다.'

어찌 보면 강압적 분위기를 자아내게 하는 이러한 불필요한 말들이 어째서 고위 당국자들 입에서 오르내리는지 의아스럽다. 기왕에 가야 할 길이라면 좀 더 편안하게 그리고 조금이라도 빨리 갈 수 있는 길을 국민들과 함께 찾는 데 중지衆智를 모아야 할 것이다.

정책에 대한 자신自信과 자만自慢은 하늘과 땅 차이다. 자신감은 신뢰가 수반되지만 자만감에 차 있을 때는 의심과 방관만이 팽배해진다는 점을 되새겨 볼 필요가 있다.

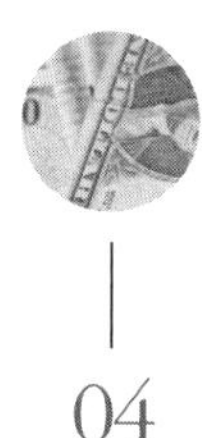

04
실명제 정착은 법보다 관행으로

1994. 8. 7.

"금융 실명제가 실시되지 않고는 이 땅의 부정부패를 원천적으로 봉쇄할 수 없습니다. 정치와 경제의 검은 유착을 단절할 수가 없습니다. 금융 실명제의 정착 없이는 이 땅에 진정한 분배 정의를 구현할 수가 없습니다. 우리 사회의 도덕성을 확립할 수가 없습니다."

이는 지난해 8월 12일 금융 실명제 시행에 관한 김영삼 대통령의 특별 담화의 한 구절이다. 금융 실명제 시행의 목적을 밝히는 대목이다.

지난 1년 동안 과연 이러한 목적 달성에 얼마만큼 다가섰는가. 여기에 대한 대답은 '아직 멀었다'로 나올 수밖에 없다. 1년이라는 짧은 기간에 이뤄질 일도 아니고 이룰 수도 없는 과제인 탓이다.

많은 우려와 걱정 속에 출범한 금융 실명제가 큰 부작용 없이 순항해 왔다는 데 대해서는 모든 사람들이 긍정적인 평가를 내리고 있다. 가장 걱정스러웠던 금융 시장의 혼란이나 주식 시장 붕괴, 부동산 투기 재연,

기업 도산 등 실물 경제 충격은 나타나지 않았다. 일부 사치성 소비재를 중심으로 한 과소비나 물가 불안, 중소기업의 자금난 등 부분적인 부작용이 나타나고 있지만 감내할 만한 수준으로 여겨진다.

그러면서도 실명제 정착의 성공 여부를 평가하기는 시기상조라고 입을 모으고 있다. 지난 1년간 시행된 것은 모든 금융 거래를 자기 이름으로 하도록 하는 거래 실명화에 머물렀을 뿐 금융 소득의 종합 과세를 통한 경제 정의 실현에는 아직 접근조차 못한 상태라는 얘기들이다. 오는 1996년에 발생되는 소득분부터 적용토록 돼 있는 금융 소득 종합 과세의 진행 과정을 보아야 성패 여부를 말할 수 있다는 것이다.

간단하게 생각하면 예금 이자나 배당 수입 등 금융 소득을 다른 소득과 합산해서 세금을 매기는 것이 그다지 어려운 일은 아니다. 전산 시스템만 완비되면 물리적인 작업은 사실 아무것도 아니다. 그럼에도 이를 걱정하는 것은 종합 과세로 인해 세금이 무거워지고 이로 인해 돈의 흐름이나 경제 행태가 바뀔 것이라는 걱정 때문이다.

예컨대 저축 이자에 대해 많은 세금을 떼면 저축이 줄어들게 된다. 저축이 줄면 투자 재원이 모자라게 되고 경제 발전에 필요한 산업 자금 동원이 어려워져 경제를 악화시킬 우려가 있다는 것이다. 이 같은 영향은 개인에게만 적용되는 것이 아니고 기업 행태에도 변화를 초래한다.

때문에 금융 소득 종합 과세에 따른 세제 개편이 어떤 식으로 진행되느냐가 실명제 자체의 성패를 가름한다고 보는 것이다. 이는 최소한 저축이나 기업 의욕을 감퇴시키지 말아야 한다는 명제命題를 얼마나 충족시켜 주느냐가 관건이다.

물론 이 밖에도 크고 작은 정책 손질과 제도 보완이 뒤따라야 할 것이다. 그러나 무엇보다 중요한 것은 금융 실명제에 대한 인식부터가 달라져야 할 것이다. 우리는 그동안 금융 실명제를 너무 정치적인 의미에 중점을 두어 왔다. 정경 유착을 단절시키고, 부정부패를 봉쇄하고, 도덕성을 회복하는 만병통치약으로 생각해 왔다. 정부도 그렇게 선전해 왔다. 그러나 실명제 시행에도 사채 시장은 아직도 상존하고 있고 모든 부정부패가 근절됐다고 볼 수는 없다.

하지만 이런 대목에 집착하면 금융 실명제의 본질이 가려질 우려가 있다. 금융 실명제는 어디까지나 경제의 건전한 성장과 발전을 뒷받침하기 위한 수단으로 인식돼야 한다. 정책 대안의 우선순위도 이 같은 기준에서 설정돼야 할 것이다.

또 모든 경제, 사회 현상을 법이나 제도로 근절시키는 것은 불가능하기도 하다. 법이나 제도보다는 모든 사람들의 의식이 더 많은 영향을 미친다. 실명으로 거래하는 것이 당연하고 벌어들인 데 걸맞은 세금을 내는 것이 당연하다는 생각이 일반화돼야 한다. 이러한 문화의 정착에는 사회 구성원 간의 신뢰가 전제돼야 함은 자명自明하다. 신뢰 구축의 기본은 정부 정책이나 법法이 누구에게나 공평하게 적용되고 성실 납세자가 상대적으로 불이익을 받지 않는다는 인식이 보편화되는 것이다.

대부분의 선진국들은 금융 실명제를 관행으로 정착시키고 있다. 법法으로 규제하고 감시하는 것은 일상적인 경제 활동이 아니라 마약 등 불법 거래에 따른 '돈세탁' 방지 등에 한정시키고 있다. 그만큼 법이나 제도의 집행이 공평하고 여기에 대한 신뢰가 쌓여 있다는 얘기도 된다.

국민은 정부 정책을 믿지 못해 따르기를 주저하고 정부는 기업이나 국민을 의심하는 불신의 벽이 존재하는 한 금융 실명제의 정착은 그만큼 늦어질 수밖에 없다는 얘기다.

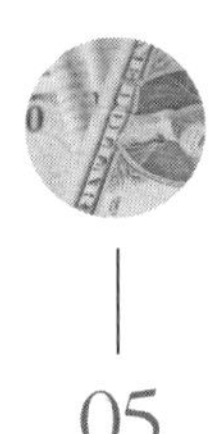

05
금개위가 먼저 해야 할 일

1997. 1. 22.

무척 답답한 요즘이다. 노동법 파문으로 파업 진통을 겪은 산업 현장이 서서히 제자리를 찾아가는 듯싶기는 하지만 아직도 그 여진은 계속되고 있다. 우리들 주변에는 일자리를 잃은 '고개 숙인 남자'들도 늘어만 간다. 경제를 살려야 한다는 걱정도 뒷전으로 밀려 버린 듯한 느낌이다.

OECD(경제 협력 개발 기구)에서는 우리나라의 개정 노동법이 청문회에 올려졌다. 노·사·정 대표가 참가해 회원국 대표들에게 서로 다른 입장을 '해명'해야 하는 처지에 놓였다. 이것 역시 무척 짜증나는 일임에 틀림없다. 다행히 여야 영수 회담이 열려 경색된 정국에 다소 숨통이 트일 것 같기는 하지만 아직도 넘어야 할 산은 겹겹으로 쌓여 있다. 어느 것 하나 시원하고 신나는 일이 없다.

22일에는 대통령 직속 자문 기구인 금융개혁위원회[31]가 발족한다. 박성용 전경련 부회장(금호그룹 명예회장)을 위원장으로 모두 31명으로 구성 돼 있다. 김영삼 대통령이 연두 기자 회견에서 밝힌 '수요자 중심의 금융 개혁'을 주도하게 된다. 소위 한국판 '빅뱅'을 추진하는 일이다.

그런데도 최근의 분위기 탓인지 그 중요성에 비해 이해 당사자들의 반응은 시큰둥하다. "잘되겠느냐"는 것이다. 빅뱅이라 이름 붙일 만큼 의 개혁에 대한 기대는 점차 멀어져 가는 듯하다.

한승수 부총리를 비롯한 정책 당국자들도 빅뱅 식 개혁은 없고 그동 안 재정경제원이 추진해 온 금융 개편안을 토대로 추진될 것이라는 견 해를 밝힌 바 있다. 벌써부터 개혁 의지가 퇴색된 게 아니냐는 의문을 제기하게 만든다. 갓 태어난 금개위의 활동 결과를 예단하는 것 자체가 다소 성급한 감이 있고 바람직한 것도 아니다. 또 짧은 기간에 엄청난 변화와 개혁을 기대하는 것 자체가 무리일 것이다.

그러나 가시적인 최소한의 성과라도 거두기 위해서는 구체적 대안 검 토에 앞서 짚고 넘어가야 할 몇 가지 과제들이 있다.

첫째는 개혁의 범위를 어디까지로 할 것이냐이다. 이것은 다분히 '개 혁'이라는 이름을 붙일 만큼 가시적인 변화를 가져올 수 있겠느냐는 의 문에 대한 해답을 주는 일이다. 김 대통령의 임기가 1년 남짓 남기는 했 지만 12월의 대통령 선거를 앞두고 실질적인 정책 개혁을 어떻게 추진 할 수 있겠느냐는 것은 대다수 사람들이 갖고 있는 의문이다. 소리만 요 란하고 되는 것은 하나도 없을 것이라는 부정적 시각이 주류를 이룬다.

그러나 한편에서는 그 반대의 걱정도 있다. 대통령의 임기가 얼마 남 지 않았다고 해서 할 일을 안 하는 것은 정책의 영속성 측면에서 직무 유기가 될 수 있다는 얘기다.

그런가 하면 임기 말이기 때문에 과감한 조치와 개혁이 가능할 것이라는 예상도 해 본다. 여기에서의 걱정은 무리수가 나오지 않을까 하는 것이다. 여지는 좁지만 대통령 선거와 관련해 정치적인 금융 개혁 조치가 나올지도 모른다는 생각이다.

이런 의문을 풀어 주는 것이 금개위가 할 일이라고 할지 모르지만 그건 아니라고 본다. 개혁위를 구상한 청와대가 분명하게 밝히고 넘어가야 할 일이다. 금융 개혁의 명확한 한계와 목표가 설정돼야만 이해 당사자들의 불필요한 불안과 동요를 방지할 수 있고 지나친 기대나 그 결과에 대한 실망도 줄일 수 있다. 개혁 추진에 대한 이해와 설득이 선행되지 못한다면 그 개혁은 실패할 수밖에 없다는 생각이다.

두 번째는 개혁의 목표와 방향 설정에 대한 것이다. 김 대통령은 수요자 중심의 금융 개혁이라는 표현을 썼다. 그냥 '금융 개혁'이 아니라 '수요자 중심'이라는 수식어가 붙어 있어 혼란스런 면이 있다. 금융 개혁의 필요성은 누구나 공감하고 있다. 그 당위성은 코앞에 닥친 금융 시장 전면 개방과 국내 금융 기관들의 비효율성에서 찾아야 한다.

국내 금융 기관들의 경쟁력은 외국 업체들에 비해 형편없이 뒤져 있다. 규모에서 밀리고 경영 기법도 뒤져 있다. 수익성도 떨어지는 상황이다 보니 수요자들에 대한 서비스도 엉망일 수밖에 없다.

이러한 경쟁력 약화의 원인을 찾아 고쳐 나가자는 것이 금융 개혁의 본질이다. 그중에서도 가장 큰 것은 역시 정부의 관여와 각종 규제에서 비롯된 것들이다. 때문에 금융 개혁의 목표는 금융 기관의 경쟁력 강화이고 그 수단은 자율과 책임 경영을 통해 이뤄 나가야 할 것이다. 경쟁력 강화의 첫째 요건은 수요자들에 대한 서비스의 질적 향상이고 이를 위해서는 합병·전환을 통한 대형화, 전문화의 구조 조정도 불가피하다는 귀결이 나온다.

여기에서 정부가 해야 할 일은 금융의 공공성과 기업성을 따져 지나친 규제를 풀고 창의적인 경영이 가능토록 여건을 조성해 주는 일이다. 어떤 형태로든 주인을 찾아 주어 책임 경영을 유도하는 것도 한 방편이 될 수 있어 논의 대상이 돼야 할 것이다.

그러나 경쟁력 강화의 궁극적인 추진 주체는 역시 금융 기관 자신들이다. 금리 인하를 통해 가격 경쟁력을 갖추는 일이나 금융 서비스의 질적 개선을 위한 노력은 스스로 해야 할 일이다. 경영 효율화를 위한 합병·전환이나 선신 경영 기법의 터득, 다양한 상품 개발 등이 이런 유에 속한다.

이렇게 보면 이번에 발족되는 금융개혁위원회는 구체안의 논의에 앞서 활동 범위와 목표를 보다 명확히 제시하는 것이 급선무다. 그래야만 이해 당사자들의 호응을 얻을 수 있고 실효성 있는 개혁이 가능할 것이라 믿는다. "그러면 그렇지, 별 수 있겠느냐"는 반응보다는 "생각보다 실속이 있었다"는 평가가 듣기에도 좋을 것이다.

06
돈 풍년이 들었다는데

1999. 4. 30.

초등학교 수업 시간에 선생님이 질문을 했다.

"한 사람이 삽 한 자루를 갖고 구덩이를 파는 데 10일이 걸린다고 한다. 그렇다면 10명이 삽 한 자루씩을 갖고 동시에 작업을 한다면 똑같은 구덩이를 파는 데 며칠이 걸릴까?"

제일 먼저 손을 번쩍 든 학생은 수학자의 아들이었다.

"하루입니다."

선생님은 학생들에게 다시 물었다. "정답이 맞습니까?"

그러자 한 학생이 이의를 제기했다.

"그 사람들 사정에 따라 다르겠지요."

다름 아닌 경제학자의 아들이었다.

물론 이 조크는 경제학자들이 여러 가지 전제와 가정을 내세워 허튼 소리를 잘하는 사람들로 묘사한 것 가운데 하나다. 그러나 경제학자의

아들이 제기한 이의는 과연 허튼소리에 불과한가.

보는 관점에 따라 다르겠지만 그렇지는 않다고 본다. 여기서 분명한 것은 경제 현상이란 수학 공식처럼 풀리는 문제가 아니라 주어진 상황과 여건 변화에 따라 그 답은 여러 가지로 달라진다는 점이다.

최근 들어 우리 경제의 진행 상황과 관련해 논란이 분분하다. 경제 지표는 호전된다는데 과연 경기 회복은 이뤄지고 있는가, 주가는 이렇게 급히 올라도 괜찮은 것인가, 실업자는 늘어나는데 어떻게 할 것인가, 물가 걱정은 당분간 접어 두어도 되는가, 수출이 어렵다는데 국제 수지는 적자로 돌아서는 게 아닌가…. 걱정거리는 한두 가지가 아니다. 그러나 가장 초미의 관심사는 시중에 돈이 넘쳐흐른다는 사실이다.

주식 시장에 쏟아져 들어오는 돈의 규모를 보면 어디서 나오는지 궁금할 따름이다. 주식 매수 대기 자금이라 할 수 있는 고객 예탁금은 연일 사상 최고치를 경신하면서 8조 5천억 원을 넘어섰다. 코스닥KOSDAQ 시장에서 3개사의 공모주를 청약하는 데 1조 원이 넘는 청약 증거금이 몰렸다. 증거금률이 10~20%였던 점을 감안하면 주식을 사는 데 10조 원 정도는 당장 동원할 수 있다는 해석도 가능하다.

주식 시장만 돈 풍년이 든 것은 아니다. 기업들이 은행 빚을 갚겠다고 하는데 은행들이 거부하는 사례가 많다고 한다. "우리 은행 돈은 계속 쓰고, 다른 은행에서 빌려 쓴 돈을 갚아라" 하고 종용한다고 하니 세상이 달라져도 많이 달라졌다는 느낌이다.

그런데도 요사이 '통화 증발'이니 '과잉 유동성'이니 하는 말은 찾아보기 힘들다. M2(총통화)다, M3(총유동성)다[32] 하는 통화 관리 지표의 증가율조차 들어본 지 오래다. 큰 의미는 없다고 하지만 3월 말의 총통화 증가율은 33.6%였다.

과거의 개념으로 보면 엄청나게 높은 수준이 아닐 수 없다. 예전 같았으면 경제학자들은 물론이고 정책 당국도 벌써 통화를 흡수해야 한다고 야단났을 법한 상황이다. 그런데도 별말이 없는 것은 그동안의 경기 침체가 얼마나 심각했는가를 설명해 주는 대목이다.

"돈을 풀어서라도 내수 경기를 살려야 한다"는 것이 정답이었고, 지금도 유효한 진단임에 틀림없다. 문제는 앞으로다. 돈 풍년의 가장 큰 요인은 외자 유입이다. 올 들어 외국인 주식 투자 자금의 순유입액만도 30억 달러에 달했다고 한다.

기업들의 외자 유치도 크게 늘어났다. 약간의 조정 국면은 있겠지만 주식 시장의 강세가 지속될 것이라는 전망이 설득력을 갖는 것도 이 때문이다. 그러나 증시가 돈 잔치로 끝나서는 안 된다. 증시로 몰려든 돈이 산업 자금으로 전환돼 설비 투자 등에 활용되고, 이를 바탕으로 생산 확대와 고용 증가로 이어지는 것이 바람직한 모습이다.

최근 들어 주식 시장에 돈이 몰리는 큰 이유 가운데 하나인 저금리도 궁극적인 목표는 다를 바 없다. 과연 그 같은 선순환이 이뤄질지는 아직 장담하기 이르다.

경기가 회복된다고 하더라도 무작정 좋아할 일만은 못 된다. 이것저것 걸리는 일들이 많다. 소비가 늘면 수입이 확대돼 국제 수지를 악화시킬 우려가 있다. 외자가 계속 쏟아져 들어오면 원화가 실제 가치 이상으로 과대평가될 소지도 없지 않다. 외화 유입 규모가 크다는 것은 갑작스런 철수 때 경제에 주는 충격 또한 심각하다는 것을 의미한다. 아직 돈 풍년을 걱정할 정도는 아니지만 통화 관리 장부에 쌓인 먼지를 털어 내고 한 번쯤 들여다볼 때가 된 것 같다.

07

금리 걱정할 때 아니다

1999. 5. 21.

나라 안팎의 금리 동향이 관심사로 등장했다. 미국의 연방준비제도이사회FRB는 지난 18일 당장 금리를 올리지는 않겠지만 통화 정책을 긴축 기조로 바꾸겠다는 결론을 내렸다고 한다. 멀지 않은 장래에 금리를 올리겠다는 것이나 다름없어 관심사다.

미국의 금리 인상이나 긴축 정책은 우리 경제에 좋지 않은 영향을 미친다는 것이 일반적인 견해다. 금리가 오르면 소비가 위축되고, 따라서 우리나라의 대미 수출이 타격을 입을 가능성이 크기 때문이다.

국내에서 논란을 빚었던 금리 문제[33]는 "정부가 금리 상승을 유도할 생각이 없다"는 결론이 내려졌다. 달리 표현하면 현행 금리 수준을 유지한다는 얘기다.

지난 17일 재정경제부와 한국은행, 그리고 금융감독위원회 고위 당국자들이 모여 그 같은 결론을 내린 데 이어 19일에는 김대중 대통령이 외신 기자와의 회견에서 "고금리 정책을 쓸 계획이 없다"고 못 박아 정부 입장을 확고히 했다.

이 같은 움직임을 감지해 국고채 등 장기 채권 금리도 그동안의 오름세가 주춤해지면서 안정을 되찾고 있다. 그러나 금리 논란은 잠복되었을 뿐 말끔히 해소됐다고 보기는 어렵다.

우리 경제는 그동안 금리를 낮추는 것이 숙원처럼 돼 있었다. 선진국들에 비해 터무니없이 높다든가, 그래서 우리 기업들이 다른 나라에 비해 높은 금융 비용을 부담하기 때문에 국제 경쟁력이 뒤떨어진다는 것 등이 늘 지적되던 과제였다.

그 같은 관점에서 본다면 금리가 너무 낮지 않느냐에 대한 요즘의 논란은 웬만한 경제 상식을 갖춘 사람들에게조차 무척 생소하다는 느낌을 준다.

더구나 은행들은 대출 수요가 없어 울상이라는 소식도 들린다. 은행이 이익을 남기기 위해서는 여유 자금을 대출해 주고 이자를 받아야 할 텐데 빌려 줄 곳이 마땅치 않아 자금을 운용하지 못하고 있다는 얘기다. 이런 상황에서는 금리가 떨어지는 게 당연하다.

그런데도 왜 금리 수준이 너무 낮아 올려야 한다는 주장이 대두되는가. 가장 일반적으로 지적되는 것이 기업 구조 조정 의지의 후퇴다. 주가가 뛰고 자금 사정이 호전되는가 하면 금융 비용도 줄어 과거의 기준으로는 퇴출돼야 할 기업들이 되살아날 여지가 커졌다는 것이다.

그러나 주어진 여건하에서 살아남을 수 있는 기업이 되살아나는 것을 잘못이라고 얘기하기는 힘들다. 다만 장기적인 관점에서 기업들이 경쟁력 향상에 노력하고, 특히 미래형 산업 구조로의 재편을 위한 동기 부여가 후퇴할 가능성은 인정할 수밖에 없다. 그런 점에서 지금은 금리 수준의 높고 낮음이 중요한 것이 아니라 경기 회복을 받아들이는 기업들의 자세가 관건이 아닌가 싶다.

낮은 금리와 경기 회복을 일시적인 위기 탈출의 방편으로 삼을 것이 아니라 오히려 철저한 구조 조정의 기회로 활용하려는 자세를 가다듬어야 할 것이다. 만약 경기 회복이 과거로의 회귀에 그친다면 '제2의 경제 위기'를 예약하는 것이나 다름없다. 저금리에 대한 보다 본질적인 걱정은 시중 유동성이 과잉이 아니냐는 의문이다.

소비 수요의 증가와 주가 상승 등이 기업들의 수익 제고와 투자 확대 등 실물 경제 활성화로 이어지지 못한다면 자칫 거품 현상에 그치고 말 것이라는 우려다. 과연 우리 경제가 물가를 걱정할 만큼 경기 회복이 빠르게 이뤄지고 있느냐에 대해서는 이론異論이 없지 않다.

아직도 유휴 설비가 많은 것이 현실이기 때문에 설령 돈의 흐름이 빨라진다 하더라도 물가를 자극할 정도는 아니라는 주장이다. 이런 판단 기준을 놓고 보면 최근의 저금리에 대한 걱정, 또는 금리 인상의 주장은 아직은 빠른 감이 있다.

정부가 인위적인 개입을 하지 않겠다는 입장을 정리한 것도 그 같은 판단에서라고 믿는다. 저금리 유지로 소비 수요 자극은 물론 증시 활성화를 지속시켜 기업들이 유상 증자 등을 통해 재무 구조를 개선할 수 있게 되기를 기대한다는 얘기다. 그 같은 정부의 정책적 판단은 최소한 증시에 악재는 아니라고 해석해 볼 수 있겠다.

그러나 주가에 영향을 미칠 만한 재료는 금리보다 물량 공급의 확대다. 연말까지 30조~40조 원의 증자 수요가 예정돼 있다는 것은 시장으로서 버티기 힘든 수준이 아닌가 싶다. 증자 물량을 인위적으로 조정할 수단은 마땅치 않지만 어떤 형식으로든 대책이 강구돼야 할 시점이다.

예컨대 무리한 기업 부채 비율 축소 요구에 대한 재검토 등도 하나의 대안이 될 수 있다.

기업의 부채 경영 병폐는 마땅히 시정돼야 하지만 수단과 방법은 합리화시킬 필요가 있다. 부채 비율 축소를 위해 물량 공급이 늘고, 그로 인해 주식 시장이 침체된다면 교각살우의 우愚를 범하는 것이나 다름없을 것이다.

주식 투자자의 입장에서 금리 동향보다 물량 공급 추이에 관심을 가져야 할 때인 것 같다.

08

5년 후의 금융 산업

1999. 9. 3.

오는 2003년의 한국 금융 산업은 어떤 모습으로 변해 있을까. 2003년이 특별한 의미가 있어서가 아니라 5년 뒤를 생각해 보자는 것이다. 과연 정부가 지향하는 바대로 국제 경쟁력을 갖춘 고부가가치 산업으로 탈바꿈할 수 있을 것인가, 또 정부와 은행 그리고 기업은 어떤 관계로 재정립되고, 금융 회사들 간의 업무 영역과 경쟁 체제는 지금과 무엇이 달라질 것인가.

요즘의 금융 및 기업 구조 조정 진행 과정을 지켜보는 대다수 국민들은 그 같은 의문을 가질 수밖에 없다.

부실 금융 기관에 대한 정부의 행정 조치가 법 절차의 하자로 법원으로부터 제동이 걸리는가 하면, 수개월을 끌어 온 은행에 대한 외국 자본 유치 협상이 원점으로 되돌아가 결국 국유화의 길을 걷게 됐다는 정부 발표도 있었다. 대우그룹의 유동성 위기가 표면화되면서 금융 시장은 물론 산업 현장에도 불안감이 감돌고 있다.

한편에서는 투신의 구조 조정이 빨라지는 게 아니냐는 소리도 나온다. 한마디로 혼란스럽다는 느낌을 준다. 물론 금융이건 기업이건 부실 채권을 조속히 정리하고 우량 은행, 건전 기업으로 새 출발해야 하는 구조 조정의 당위성에 대해 누구도 부인하지는 않는다. 또 빠른 수습을 위해 정부 공적 자금의 투입 불가피성도 어느 정도 양해된 사항임에 틀림없다.

문제는 그 이후다. 예컨대 공적 자금 투입으로 국유화된 은행의 진로는 어떤 과정을 거쳐 이익을 남기는 금융 회사로 변해 갈까. 정부는 건전한 은행으로 바꿔 놓은 뒤 정부 지분을 비싼 값으로 민간에게 팔아넘기겠다는 것이다.

단순 명쾌한 해법이기는 하지만 과연 누가 살 것인가를 생각해 보면 그렇게 쉽게 풀릴 일만은 아닌 것 같다. 정부는 산업 자본의 금융 지배를 막겠다고 했다. 은행의 동일인 지분 한도는 4%로 제한하고 있다. 대기업 그룹에 대해서는 제2금융권의 투자 회사들까지도 소유를 억제하겠다는 방침을 밝혔다.

그렇다면 순수한 금융 자본 형성이 미흡한 우리 경제의 현실에서 지배 주주도 인정하지 않고, 산업 자본의 참여도 배제한다면 어떻게 될까. 국민 기업 형태의 주인 없는 회사가 되는 셈이다.

그동안 우리 금융 산업이 낙후됐던 큰 원인 중 하나는 자율과 책임 경영의 결여라는 지적이 많았다. 때문에 책임 소재를 명확히 하기 위해 은행도 주인을 찾아 주어야 한다는 논의가 제기됐고, 어느 정도 공감대가 형성됐었다.

지금의 정책 방향은 반대다. 이익을 내는 금융 회사가 아니라 공익 우선의 '금융 기관'으로 탈바꿈시키려는 것과 다를 바 없다. 더구나 자칫 잘못되면 그토록 죄악시해 온 '관치 금융'의 뿌리를 더욱 튼튼하게 키우는 결과를 가져오는 것은 아닌지 걱정스럽다. 그런가 하면 외국인의 금융 산업 참여는 아무런 제약이 없다. 동일인 지분 한도는 물론이고 금융 자본이냐, 산업 자본이냐를 따지지 않는다.

물론 외국 자본 참여로 첨단 경영 기법의 이전과 국내 금융 기관의 경영 혁신을 유도할 수 있다는 긍정적 측면이 없지 않다. 그러나 만약 핵심 금융 회사 내다수가 외국 자본의 수중에 들어갔다고 가정해 보자. 국내 기업들의 경영 정보는 외국인들에게 샅샅이 공개될 우려가 있다. 외국 자본을 배척할 이유는 없지만 그렇다고 결과적으로 국내 기업들의 손발을 묶어 놓는 역차별 또한 옳지 않다. 당장 불거진 부실 채권 정리 등 현안의 해결이 무엇보다 시급하다는 점은 인정하지만 그럴수록 장기적인 비전과 발전 방향을 확고히 정립하고 미래를 내다보는 섬세한 전략의 구사가 필요하다.

단기적인 개혁의 성과를 보여 주기 위해 허둥대다 보면 잘못된 결과를 초래할 수 있다. 더구나 그 같은 조급함이 경제 논리가 아닌 정치, 사회적 판단에 영향을 받는다면 어떤 결과를 가져올지는 짐작하기 어렵지 않다. 외국 자본 유치가 어려워졌다 해서 외국인 전문가를 은행장으로 영입하겠다는 식의 잔꾀를 생각하기보다 지금까지 추진해 온 금융 구조 조정의 성과와 잘못을 되돌아보고 신뢰할 만한 장기 플랜을 구체화시켜야 한다. 국민의 혈세인 공적 자금의 투입을 헛되게 하지 않기 위해서도 서둘러야 할 과제다.

사실 금융 구조 조정이 혼란스럽게 비쳐지는 것도 따지고 보면 구조 조정 이후의 금융 산업에 대한 확고한 비전이 결여된 탓이 아닌가 싶다.

정책의 지향점이 분명치 않으면 원칙이 흔들리고 기준과 잣대가 들쭉날쭉일 수밖에 없다. 또 정책 불신은 쌓여만 갈 것이다.

국유화된 은행의 조속한 민영화 방안은 무엇이고, 민영화 이후의 책임 경영 체제 확립을 위한 제도 개선 방안은 무엇인지, 구조 조정 이후의 은행과 기업 간의 관계는 어떤 식으로 발전할지 등에 대한 분명한 입장 정리가 필요하다. 어차피 상당수 은행의 국유화가 이뤄진 마당에 그 같은 문제는 시장이 결정할 과제라고 말하는 것은 정부의 책임 회피에 불과하다.

09
성숙 사회로 가려면

2000. 2. 9.

오스트리아의 경제학자 뵘 바베르크Eugen von Böhm Bawerk[34]는 금리가 한 국가의 문화 수준을 반영하는데 사회의 지성과 도덕력이 크면 클수록 금리가 낮아진다고 지적한 바 있다. 그는 자본 대여의 대가인 이자利子가 발생하는 것은 시차에 근거한다는 이른바 시차설을 주장한 학자다. 모든 재화는 자기 손 안에 있을 때 가장 확실성이 있고 또한 유리하다는 관점에서 자본을 대여하는 것은 일정 기간 후에 되돌려 받는다 하더라도 가치가 떨어져 그만큼 보상을 받아야 한다는 것이다.

시장 금리의 움직임이 그 나라의 정치·경제적인 체온을 나타내는 그래프라고 주장한 것도 같은 맥락에서 이해할 수 있을 것 같다. 지성과 도덕력이 높은 성숙된 사회일수록 시간의 흐름에 따른 자본 가치의 하락이 작아지기 때문에 이자도 상대적으로 낮은 수준을 유지할 수 있는 게 아니냐는 분석이 가능하다.

최근 들어 우리나라 시장 금리가 급격히 떨어지는 추세를 보이고 있다. 3년 만기 국고채 수익률은 연 5.2%로 사상 최저 수준을 기록했다. 은행들은 앞 다퉈 금리를 내리는 추세다. 고금리와 그로 인한 기업의 고비용 구조를 시정하는 것이 우리 경제의 숙원이었음은 새삼스럽게 설명할 필요조차 없다.

때문에 수치로 나타난 은행 금리 수준 하나만 놓고 본다면 반겨야 할 일이다. 그런데 요즘의 금리 하락 추세를 보면서 기대는커녕 불안감만 가중되는 것은 무엇 때문인가. 그 이유는 금리 하락 원인을 분석해 보면 쉽게 이해할 수 있다. 바람직한 저금리 구조는 금융 기능이 정상적으로 작동되는 가운데 기업 활동이 왕성하면서도 높은 수익력을 바탕으로 외부 자금 조달의 필요성이 줄어드는 과정을 겪으면서 정착돼 가는 것이어야 한다. 그럼에도 우리의 현실은 전혀 딴판이다.

금융 구조 조정의 와중에서 은행은 은행대로, 투신과 증권사들은 그들대로 몸 사리기에 안간힘을 쓰고 있고, 경기 침체가 그 같은 현상을 부채질하는 양상이다. 기업 입장에서 은행 돈 빌리기는 하늘의 별따기인 데다 주식과 채권 시장마저 침체돼 시장에서 직접 조달하는 길마저 봉쇄당하고 있다. 한마디로 금융 시스템이 제대로 작동되지 못하고 있는 셈이다. 거래가 이뤄지는 것이라곤 위험 부담이 전혀 없는 국공채나 일부 우량 기업들이 발행한 회사채에 국한되고 있다. 그러니 통계에 잡히는 금리는 낮아질 수밖에 없는 실정이고 보면 정상적인 현상으로 이해하기는 어렵다. 한마디로 금융과 실물 경제의 부조화가 경제 전체를 어렵게 만드는 악순환이 반복되고 있는 것이다.

따라서 지금 다급한 일은 그 같은 악순환 고리의 단절이다. 고강도 처방으로 볼 수 있는 회사채 신속 인수 제도 등이 그 같은 차원의 고육책이다. 금융통화위원회가 8일 금리를 내린 것도 같은 맥락이다. 궁극적인 의미를 따지자면 은행들의 금리 인하를 유도, 여유 자금의 은행 유입을 봉쇄함으로써 소비 촉진이나 증권 시장으로 자금의 발길을 돌리기 위한 것이다.

실물 경제의 극심한 침체를 고려하면 불가피한 선택으로 이해하고 싶다. 주식 시장이 되살아나고 소비가 늘면 경제 상황을 선순환으로 돌릴 수 있을 것이란 기대도 섞여 있음은 물론이다. 그 같은 정책 목표가 주어졌다면 이번 금통위의 콜금리 인하 폭이 미흡한 게 아니냐는 생각이 든다. 그런데 금리 인하가 물가 불안과 구조 조정에 어떤 파장을 몰고 올 것인가는 여전히 숙제로 남아 있다. 당장 물가 불안을 부추길 것이란 걱정은 크지 않다. 그러나 국제 유가 상승과 환율 상승 등으로 이미 비용 상승 압박이 대두되어 있는 터에 금리의 자금 수급 조절 기능이 회복되고 실물 경기가 다소 살아난다면 결코 낙관할 수는 없다.

저금리에 물가까지 상승한다면 과거의 차입 경영 패턴을 부활시킬 우려도 있다. 기업 구조 조정 역시 지연될 소지가 없지 않다. 다만 기업들이 얼마나 단호한 의지로 구조 조정에 임하느냐가 성패를 가를 것이다. 저금리 기조의 정착도 결국 물가와 구조 조정이 얼마나 성공적으로 추진되느냐에 달려 있다.

금리 변화는 물가와 통화에만 영향을 주는 것은 아니다. 저축과 투자, 환율과 무역, 소득 분배 등 경제 전반에 큰 변화를 몰고 온다. 경제 활성화를 도모하기 위한 금통위의 책임과 역할은 이제부터가 막중하다.

10
구권 교환 사기 사건

2000. 5. 12.

옛날 어느 왕국에 일반인들로부터 존경받는 예언자가 있었는데 그는 줄곧 잘못된 정치를 비판했다. 그러자 왕은 참다못해 그 예언자를 죽이기로 작정하고 잡아들였다. 그러고 나서 "무엇이든 예언을 해 보라"고 명령하면서 "만약 너의 예언이 들어맞으면 그리스도가 그랬던 것처럼 십자가에 못 박히게 하고, 들어맞지 않으면 교수형에 처하겠다"고 말했다. 예언자는 한참 생각한 끝에 "나는 교수형을 당할 것이다"고 예언했다. 덕분에 예언자는 목숨을 건질 수 있었다고 한다.

예언이 맞다고 십자가에 매달려면 먼저 교수형에 처해야 되는데 그렇게 되면 "틀리면 교수형에 처하겠다"는 약속을 어기는 결과가 되기 때문에 살려 줄 수밖에 없었다는 얘기다. 아무리 생각해도 절묘한 대답이다.

요즘의 우리 경제, 특히 금융 시장이 안고 있는 여러 가지 난제들을 검토해 보면 답답하기 그지없다. 묘수는 없을까. 고대 왕국의 예언자에 관한 에피소드가 생각나는 것도 그 때문이다.

단적인 예로 우리 경제의 최대 과제로 대두돼 있는 금융 구조 조정만 해도 그렇다. IMF 관리 체제 이후 은행을 포함한 많은 금융 기관들이 문을 닫았고, 그 과정에서 수십 조 원의 공적 자금을 이미 쏟아 부었다. 그런데도 금융 부실은 여전히 남아 있고, 이를 털어 낸 뒤 정상적인 경영이 가능토록 하려면 아직도 40조 원이 넘는 공적 자금이 더 필요하다고 한다.

물론 대우그룹 부실이라는 사건이 발생한 탓도 있긴 하지만 부담이 늘어나는 국민들로서는 갑갑하기 이를 데 없다. 또 앞으로 40조 원만 투입하면 정말 국제 경쟁력을 갖춘 건전한 금융 기관으로 부활할지에 대해서도 그동안의 경험으로 보아 확신을 갖기가 어렵다는 데 더욱 문제가 있다.

그렇다고 두고 볼 일만도 아님은 분명하다. 공적 자금의 조달 방안을 놓고 견해들이 분분하다. 정책 당국자들의 복안도 현재로서는 분명하지 못한 것 같다. 그러는 사이 부실은 더욱 커지고 해법 또한 모호해지는 형국이다. 더구나 은행의 합병 대형화 등 금융가에 태풍을 몰고 올 굵직한 숙제들이 이미 던져진 상태다.

정부 정책의 확실한 방향 제시와 원칙의 천명이 절실한 때가 아닌가 싶다. 물론 지지부진한 구조 조정을 정책 탓으로 돌릴 수만은 없는 일이다. 최근에 문제가 된 구권 화폐 사기 사건[35]은 무척 흥미롭다.

지난 1980년대와 1990년대에 걸쳐 두 차례나 거액 어음 사기 사건으로 세상을 떠들썩하게 만들었던 장영자 씨가 이번 사건에 연루돼 있다는 것도 그렇지만 법적으로 통용에 아무런 지장이 없는 구권 화폐(수년 전에 발행된 화폐)를 신권으로 바꿔 주는 것을 미끼로 한 사기 행각이 어떻게 가능했고, 수십 억 원에 달하는 구권은 과연 존재하는 것인지 등 상상조차 하기 어려운 일들이 실제로 벌어지고 있어서다.

그런데 이해할 수 없는 일은 은행원들이 개입돼 있다는 사실이다. 수사가 진행 중이어서 확실한 진상은 알 수 없지만 수표를 발행한 것만은 틀림없는 것 같다. 출처를 밝히기 어려운 검은 돈의 거래가 아직도 지하 경제를 주름잡고 있기 때문에 은행원이 낀 이 같은 사기 행각이 이뤄질 수 있었을 것이라고 믿을 수밖에 없고, 이것이 우리 금융의 현실을 보여 준 것은 아닌지에 생각이 미치면 참으로 허탈한 심정을 떨쳐 버릴 길이 없다.

금융 기관의 역할과 기능이 무엇인가를 되돌아보게 하는 사건이 아닌가 싶다. 우리 경제의 사활이 걸린 구조 조정 과정에서 과연 금융 기관 스스로 최선을 다하고 있는가에 대해 반성해 볼 필요가 있다.

구조 조정의 핵심 과제는 대우 문제를 신속히 매듭짓는 일이다. 우여곡절 끝에 어렵사리 마련됐던 대우 계열사들의 워크아웃 계획이 이런저런 이유로 지연되고 있지만 채권자인 금융 기관들의 비협조도 큰 요인 가운데 하나라고 한다.

개별 금융 기관들이 목전의 이해에 집착한 나머지 워크아웃 스케줄을 뒤흔들고 기업 정상화를 지연시키는 결과를 가져온다면 손해 보는 것은 채권자 자신들이라는 점을 되새겨 보아야 한다. 지표상으로 나타난 현재의 우리 경제 모습은 꽤 좋은 편이다. 경기 과열이 우려될 정도의 높은 성장을 유지하고 있고, 물가도 아직은 불안 기미가 엿보이지 않는다.

국제 수지 흑자 규모가 다소 줄고 있어 걱정이지만 노력하기에 따라서는 능히 극복할 수 있는 저력이 충분하다. 문제는 금융 부문이다. 구권 교환 사기 사건에 가담할 정도의 정신 자세라면 미래를 기대하기는 어렵다. 멕시코처럼 IMF 지원 3년 후 다시 위기 상황에 빠지는 IMF 3

년차 증후군'을 경험할 수 있다는 우려가 제기되는 것도 다름 아닌 금융 구조 조정의 차질을 염두에 둔 경고다.

발전 전략을 가다듬고 구조 조정을 신속하고 철저하게 추진하는 것이 무엇보다 시급하다. 궁지를 탈출한 예언자의 묘수를 찾기는 쉽지 않겠지만 찾으려는 노력을 게을리해선 안 된다.

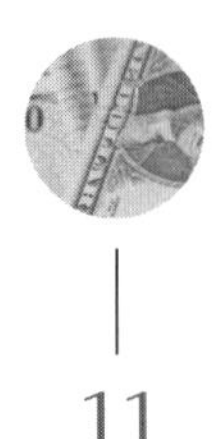

11
국민이 얻은 것과 잃은 것

2000. 7. 14.

금융 총파업이 협상에 의해 정부나 노조가 다 같이 얻은 것이 많은 '윈윈 게임'으로 끝났다는 게 대체적인 평가이고 보면 천만다행이 아닐 수 없다. 정부는 금융 구조 조정에 대해 은행원들을 충분히 납득시켜 명시적인 동의를 얻어 냈다는 설명이고, 노조는 정부의 관치를 차단하고 자율 경영의 틀을 확고히 했다는 점을 전과로 꼽는다.

그렇다면 납세자이자 금융 기관 고객인 국민의 입장에서는 어떤가. 국가 경제의 혼란과 고객들의 금융 이용 불편을 최소화했다는 점에서 박수를 보내는 데 인색할 이유는 없다. 그러나 이번 정부와 노조 간의 합의가 장기적으로 어떤 결과를 가져올지는 좀 더 시간을 갖고 지켜보아야 할 듯싶다.

국민들의 가장 큰 관심은 역시 금융 산업 구조 조정이 앞으로 어떤 속도, 어느 방향으로 진행될 것인가이다. 정부와 금융 노조 간의 합의문에 나타난 금융 구조 조정의 원칙은 대충 이렇게 정리할 수 있다.

6월 말 기준으로 경영 정상화가 어려운 은행이나 공적 자금 투입 은행 등은 오는 9월 말까지 자체 경영 정상화 계획을 받아 객관적 평가를 거치고, 독자 생존이 불가능하다고 판단된 은행에 대해서는 공적 자금 투입과 금융 지주 회사 자회사 편입 등의 방법으로 정상화를 추진하겠다는 것이다.

여기서 두 가지 의문이 생긴다. 하나는 금융 지주 회사를 통한 구조 조정이 얼마나 실효를 거둘 것인가이고, 다른 하나는 공적 자금의 투입이 늘어날 경우 그 자금은 어떻게 조성할 것인가의 문제이다.

정부가 국회에 제출한 금융지주회사법은 제도로서는 여러 가지 장점이 많다. 금융 겸업화 추세에 알맞은 조직 형태로 자회사의 전문성 유지와 상호 경쟁을 통해 시너지 효과를 거둘 수 있고, 정보 기술 투자 등을 공동으로 수행함으로써 자회사의 중복 투자를 배제할 수 있다. 대형화의 이점도 누릴 수 있다.

그러나 우리가 당면하고 있는 금융 현실에 비추어 구조 조정의 수단으로서 과연 적절한가에 대해서는 좀 더 신중히 생각해 볼 필요가 있다. 특히 이번 정부와 금융 노조 간의 합의 내용을 함께 고려하면 더욱 그런 의구심을 가질 수밖에 없다.

금융 지주 회사와 여기에 편입되는 자회사가 경쟁력을 갖추기 위해서는 중복 과잉 투자나 조직의 정비가 전제돼야 한다. 그런데도 이번 합의문에는 금융 기관의 조직 및 인원 감축 등은 노사 간의 단체 협약을 존중하겠다고 못 박았다. 그런가 하면 공적 자금이 투입된 은행 등 정부가 대주주인 은행에 대해서는 정부가 주도적으로 구조 조정을 추진하겠다고 하면서도 정부 주도의 강제적 합병은 없다고 밝히고 있어 혼란스럽다.

만약 일부 공적 자금 투입 은행을 금융 지주 회사로 묶을 경우 지주 회사의 지분도 정부가 대주주일 수밖에 없다면 "관치를 안 하겠다"는 이번 약속과 어떻게 조화시킬 것이며, 지주 회사로 묶으면 지금과 무엇이 달라지는지도 쉽게 납득하기 어렵다.

이번 노정 합의로 지주 회사로 편입되는 은행들의 국제결제은행BIS 자기자본비율 10%를 맞춰 주기 위해서는 상당한 규모의 공적 자금 추가 투입이 불가피하다고 한다. 부담이 늘어나는 것도 문제이지만 이미 바닥 난 재원을 어떻게 조달할지도 국민들의 관심사가 아닐 수 없다. 자칫 잘 못하면 국민 부담은 부담대로 늘어나면서 금융 구조 조정은 형식에 그치 는 바람직스럽지 못한 결과를 초래하는 것은 아닌지 걱정스럽다.

철저한 구조 조정을 위해 지주 회사 설립, 공적 자금 조달, 예금 보장 한도 등 여러 가지 사항들에 대해 좀 더 설득력 있는 정부의 구체적 청 사진 제시가 필요하다.

한 가지 더 짚어 볼 과제는 파업을 담보로 한 산별 노조와 정부가 직 접 협상을 벌인 것이 과연 올바른 대응이었는가 하는 점이다. 물론 형식 은 노사정위 활동의 일환으로 참여한 것이고, 합의 발표도 노사정위 의 결 사항으로 처리했기 때문에 문제될 것은 없는 듯싶어 보인다.

그러나 정부가 밝혔듯이 관치 문제나 지주회사법 제정, 예금 보장 한 도 등 정책적 사안은 노동 쟁의의 대상이 아니다. 정부가 금융 노조의 파업을 명백한 불법이라고 규정하면서도 사실상 노사 '협상'에 나선 것 은 이해하기 힘들고, 좋지 않은 선례를 남긴 것이어서 뒷맛이 개운치 않 다. 구조 조정도 그렇거니와 집단 행동에 대한 대응도 원칙에 충실해야 한다. 사족을 달자면 머리 깎고, 붉은 머리띠 두르고, 깃발이 나부끼는 노조의 시위 문화도 바뀌어야 한다.

지난 12일 자로 발행돼 팩스로 전달된 금융 노조 유인물의 한 구절을 보자.

"자본과 권력이 노동자 계급을 억압하고 착취하는 세상이 온존하는 한 총파업 깃발은 우리들의 눈앞에서 계속 펄럭이지 않으면 안 될 것이다."

꼭 그렇게 표현할 수밖에 없는 것인가.

27 한국이 1986년부터 저금리, 저환율, 저유가의 '3저 호황'으로 인해 3년간 국제 수지 흑자를 기록하고 특히 대미 무역 수지 흑자도 확대됐다. 미국은 한국을 '제2의 일본'으로 만들어서는 안 된다고 판단하고 '한미금융정책회의'를 열어 금융 시장 개방 문제를 논의하자고 제안했고, 우리 정부는 이를 받아들여 1990~1991년에 걸쳐 4차례의 회의를 열었다. "미국의 금융 시장 개방 압력은 잘 짜여진 작전에 따라 금융 정책 전반에 걸쳐 계속 밀려오는 파도였다."(강만수 당시 국제금융국장, 《현장에서 본 한국경제 30년》, p329)

28 미국의 금융 시장 개방 압력에 따라 정부는 1991년 11월 금리 자유화 조치를 발표했다. ① 제1단계(1991년 11월)에서 은행 당좌 대월 은행 CD금리 등 일부 단기 여·수신 금리 및 3년 이상 장기 거치식 수신 금리 ② 제2단계(1992년 하반기~1993년 중 실시)에서 1·2금융권 여신 금리 및 1·2금융권 2년 이상 장기 수신 금리, 그리고 2년 미만 회사채 및 2년 이상 금융채 금리 ③ 제3단계(1994~1996년 중)는 금리 자유화의 사실상 마무리 단계로 요구불 예금을 제외한 1·2금융권 2년 미만 수신 금리, 2년 미만 금융채 ④ 제4단계는 1997년 이후 장기 과제로 추진하되 요구불 예금과 모든 채권 금리를 자유화한다는 내용이었다.

29 한국경제신문사

30 김영삼 정부 출범 초기인 1993년 8월 12일 대통령 긴급 명령권(금융실명거래 및 비밀보장에 관한 긴급재정경제명령) 발동으로 모든 금융 기관과의 거래는 '실지명의' 사용 의무를 부여하는 금융 실명제 전격 실시. 금융 실명제의 변천사를 보면 1961년 '예금·적금 등의 비밀보호에 관한 법률' 제정으로 비실명주의가 허용됐으나 전두환 대통령 시절인 1982년 5월 이철희·장영자 어음 사기 사건을 계기로 그해 7월 이른바 '7·3조치'를 통해 1983년 7월 1일부터 실명제를 전면 실시한다고 발표. 그러나 재계 등의 반대에 부딪혀 그해 12월 금융 실명 거래에 관한 법률 제정 시행 시기를 1986년 1월 1일 이후 대통령령이 정하는 날로 규정하여 사실상 제도

시행을 무기 연기. 또 노태우 대통령 취임 직후인 1988년 7월에 금융 실명제를 1991년에 전면 실시한다고 발표하고 이듬해 4월 2년 시한으로 금융 실명 거래 실시 준비단을 발족시켰으나, 1990년 4월 4일 실명제 실시 유보를 발표하고 준비단을 해체했다. 이러한 우여곡절을 겪은 것은 실명제를 실시할 경우 재계의 불법 지하 자금 등이 수면 위로 떠오르는 것 등에 대한 걱정이 컸던 것.

31 당시의 김영삼 대통령이 연두 기자 회견에서 대통령 직속의 금융개혁위원회를 설치, 금융 개혁 방안을 강구하겠다고 밝힌 뒤 1997년 1월 22일 박성용 전경련 부회장(전 금호그룹 회장, 2005년 작고)을 위원장으로, 김병주 서강대 교수를 부위원장으로 하는 총 31명의 위원으로 발족. 금개위가 마련한 개혁안의 골자는 ① 한은법을 중앙은행법으로 바꾸고, 그동안 재무부 장관이 겸임해 오던 금융통화위원회 의장을 한은 총재가 맡도록 바꾸고 ② 금융감독위원회 및 금융감독원(은행감독원, 증권감독원, 보험감독원 그리고 신용관리기금을 통합) 설치 ③ 예금보험공사 설치 등이다. 금융감독위원회는 이명박 정부 들어 금융위원회로 바뀌면서 감독 업무뿐만 아니라 금융 정책 전반을 관장하는 기구로 바뀌어 사실상의 금융부로 발전됐다. 이러한 개혁안은 당초 6월 임시국회에서 입법을 완료하려 했으나 한은법 등을 둘러싼 공방으로 입법 마무리는 1997년 12월 29일 본회의에서 처리됐다.

32 시중에 풀린 돈(통화량)의 개념은 여러 가지가 있을 수 있다. 현찰뿐만 아니라 수표도 있고, 경우에 따라서는 유가 증권도 포함할 수 있다. 유가 증권은 환금성이 있기 때문이다. 통화량을 측정하는 데 있어서 어느 범위까지를 '통화'에 포함시키느냐에 따라 통화량의 수준이나 증가율이 크게 다를 수 있고, 그에 적절한 통화 정책도 달라질 수 있다. 우선 현금 통화와 요구불 예금(예금 통화)의 합계를 '통화(M1)'라고 하는데 가장 좁은 범위의 통화량이다. 이 M1에 저축성 예금(준통화)을 더한 것을 '총통화(M2)', 그리고 M2에 비통화 금융 기관 예수금, 금융 채권 발행액, 상업 어음 매출액, 양도성 예금 증서 발행액을 합한 것을 '총유동성(M3)'이라고 한다.

33 당시 정기 예금 금리와 실세 금리의 대표 격인 3년 만기 회사채 금리는 연 7% 안팎에 머물렀다. 외환 위기 직후 20%를 넘나든 데 비하면 초저금리인 셈이다.

34 오스트리아의 경제학자. 칼 멩거의 후계자로서, 오스트리아학파의 대표적인 인물이다. 주요 저서로는 《경제적 재가치의 기초 이론》(1886년)이 있다.

35 1982년 사채 자금 3천6백여억 원을 변칙 조달해 부도를 낸 혐의로 구속됐던 장영자 씨가 구권 화폐를 신권으로 바꿔 주면 거액을 주겠다며 은행과 사채업자를 상대로 1백94억 원의 사기를 친 사건. 장 씨는 이 사건으로 세 번째 감옥에 수감됐다.

• 4부 •

기업, 기업가 정신 그리고 사회적 책임

우리에게 기업은 무엇인가? 여러 가지 측면에서 얘기할 수 있을 것이다. 부가가치를 만드는 생산 조직이고 국부 축적의 원천이다. 기업에 몸담고 있는 사람에게는 일자리를 만들어 주고 소득을 창출해 주는 조직이다. 사회적으로 보면 현장 훈련을 통해 인재를 키우는 역할도 한다. 그뿐인가. 국민들의 삶의 질을 향상시키고 경제적 안정을 통해 정치적 민주주의 발전의 기틀을 다지는 역할을 수행한다. 한마디로 국기(國基)를 다지고 국력 융성을 도모하는 원동력이라 할 만하다.

"기업은 자본주의를 움직이는 엔진이고, 이윤은 엔진을 작동시키는 연료"라는 말이 있다. 시장 경제의 기업은 사적 이윤을 추구하지만 그것은 '보이지 않는 손'에 이끌려 결과적으로 사회적 필요를 충족시키는 과정으로 귀결된다. 사회직 필요를 더 잘 충족시킬수록 기업 이윤은 그만큼 더 커진다는 말과 다르지 않다.

정리하면 '가장 많은 이윤을 얻은 기업이 사회적 필요를 가장 잘 충족시킨 것'이라는 논리가 성립한다. 돈을 많이 버는 기업이 사회적으로도 존경받는 기업이 되어야 하는 당위성도 여기에 있다.

그렇다면 수단과 방법을 가리지 않고 이윤을 많이 내는 것이 미덕인가.

물론 '아니다'. 가짜를 진짜라고 속여 비싼 값에 팔거나 결함이 있는 물건을 완벽한 물건인양 속이고 팔아넘기는 행위 등은 남에게 피해를 주고 자신의 이익을 도모하는 악덕 행위이다. 또 사용자의 압도적 우위를 내세워 저임금과 부당 노동 행위를 강요하는 것은 근로자를 착취하여 이익을 취하는 것이고, 생산 과정에서 발생한 폐수나 오염 물질을 무단 배출하는 행위, 내야 할 세금을 내지 않는 행동 등도 부당 이득을 취하는 것이어서 사회적 필요를 충족시키는 것이 아니라 파괴하는 행위이다.

여기에서 기업의 사회적 책임이나 지켜야 할 최소한의 규범이 있음을 알 수 있다.

기업은 기본적으로 경제적인 기구이므로 그 일차적인 책임은 사업을 잘해서 일자리를 창출하고, 세금도 제대로 납부하는 것이지만 인간이 사회적 존재이듯이 기업도 사회 내의 조직이므로 그 조직이 영속하기 위해서는 사회의 요구 사항을 실행하여 사회 구성원들에게 정당성을 확보하여야 한다.

이윤을 창출하고 자원의 효율적 배분과 고용 창출 등을 통해 사회 발전에 기여하는 경제적 책임이 최우선이고, 보통 사람들처럼 법을 지켜야 하는 법적 책임, 법적으로는 책임이 없지만 공정한 행위를 해야 하는 윤리적 책임, 그리고 법적으로나 윤리적으로 책임이 없음에도 사회와 삶의 질 향상을 위해 기부 등으로 사회에 기여하는 박애적 책임이다. 이를 규정하고 있는 것이 유엔의 글로벌컴팩트와 국제표준화기구가 정한 ISO260000이다.

01
이상과 현실

1991. 3. 11.

이상理想과 현실現實은 항상 괴리가 있게 마련이다. 우리가 일상생활을 하면서 항상 고민하고 당황해 하는 경우도 상당 부분은 이러한 이상과 현실의 차이에서 생겨난다고 생각된다.

경제 정책도 마찬가지다. 이상을 추구하다 보면 현실성에 문제가 생기고 현실에 집착하다 보면 발전 계기가 사라진다. 이상과 현실의 조화가 바람직한 셈이다.

지향하는 방향은 이상을 좇되 이를 실천하기 위한 수단은 현실의 바탕 위에서 강구되는 것이 바람직하다.

최근 재무부가 발표한 여신 관리 제도 개편[36] 방안에 대해 논란이 계속되고 있는 것도 상당 부분은 이러한 이상과 현실 사이의 갈등이 아닌가 싶다.

원론적으로 보면 기업에 대한 여신 관리 규제는 마땅히 철폐되어야 한다. 자유 시장 경제 체제에서 정부가 기업 경영에 간섭하는 것 자체가 소망스러운 것이 못 되고 더구나 하나의 독립된 산업으로 발전해 나가야 할 상업 금융을 그 수단으로 이용하는 것 자체도 잘못이다.

창의적인 기업 경영 저해 등 교과서적인 지적은 고사하고라도 금융을 통한 산업 규제의 과정에서 갖가지 비리와 파행이 이뤄지는 원인이 된다.

그동안 관치 금융官治金融의 병폐가 수없이 지적돼 온 것도 이러한 이유에서일 것이다. 바람직한 것은 금융 기관과 기업의 자율 경영에 맡기는 것이다. 그럼에도 금융 규제의 당위성이 만만치 않게 지적되고 있는 것은 우리 경제의 현실 때문이다.

기업의 문어발 식 경영 확장이나 이로 인한 경제력 집중의 심화, 금융 편중, 그리고 비업무용 부동산의 과다 보유나 대기업의 중소기업 영역 잠식 등이 흔히 얘기되는 병폐들이다. 말하자면 경제 활동에 있어서 강자强者의 논리가 꽤 깊어져 있다는 얘기다.

여기에서 대기업에 대한 규제의 당위성과 명분이 제기돼 왔고 정부는 원론적인 면에서 '변칙'이라고 볼 수 있는 여신 관리 제도라는 것을 만들어 운용하고 있는 것이다.

정부는 경제 활동에 있어서 공정 경쟁이 이뤄질 수 있도록 일정한 룰(규칙)을 세우고 이를 집행함으로써 심판자 내지 감시자의 역할을 하게 된다. 여기에서 중요한 것은 만들어진 룰이 객관 타당성을 지녀야 하고 또 이를 실천하는 수단은 많은 사람들이 지킬 수 있는 범위 내에서 강구돼야 할 것이다. 현실 경제를 도외시한 정책은 탁상공론卓上空論에 불과하다.

재무부가 발표한 여신 관리 제도 개편 방안에 대해 논란이 그치질 않고 있다. 대기업에 대한 금융 특혜를 심화시키는 것이라는 지적이 있는가 하면 경제계는 금융을 통한 기업 지배 내지 재계 개편 의도가 숨어 있다고 아우성이다. 어느 일각에서도 썩 잘한 일이라는 얘기는 들리지 않는다.

'기업 성장의 족쇄 역할을 해 온 여신 규제를 완화해서 제조업의 경쟁력을 강화하고 또 전문화시켜 세계 유수 기업과 경쟁해 나갈 수 있도록 하겠다' 는 바람직한 정책 방향에도 불구하고 이 같은 논란이 계속되는 것은 실천 수단에서의 비현실성 내지 부작용 때문이라고 여겨진다.

이번 여신 관리 제도 개편의 특징은 종래의 포괄적 규제에서 선별적 지원으로 바뀐 것이라 볼 수 있다. 구체적으로는 주력 기업을 선정해서 이들 기업에 대해 여신 규제를 배제해 주겠다는 것이다. 여기에서 정부의 생색 아닌 생색도 문제려니와 구체적인 실행 방법에 많은 문제점이 제기되고 있다.

갈수록 복잡다기해지는 경영 환경을 무시한 채 2~3개의 주력 기업만을 선정한다는 것 자체도 우스운 얘기지만 실제로 기업 그룹 내에 비슷한 기업들이 여러 개 있는 상황에서 2~3개 기업만을 꼽는다는 것은 불가능하다는 얘기들이다.

설령 비슷한 기업끼리 통합을 해서 주력 기업으로 성장시켜 나가면 되지 않겠느냐는 얘기도 있을 수 있다. 이렇게 될 경우 국내 기업끼리 동일한 업종을 선택해서 피나는 경쟁을 유발, 자칫 과당 경쟁의 국민 경제적 낭비가 우려되고 또 서로 다른 업종을 선택한다면 국내 산업은 온통 독과점 업체들로 메워지게 될 공산도 크다.

더구나 여신 관리 제도(금융 지원)라는 수단으로 이러한 정책 목표의 달성이 실효성 있게 추진될지도 의문이다. 돈의 꼬리표가 붙어 있지 않은 바에야 주력 기업에만 돈이 집중되라는 법은 없다.

비주력 기업으로 돈이 흘러 들어가는 것을 막기 위해 그룹별로 종합적인 자금 관리를 하겠다는 것도 문제가 있다. 다소 과장된 표현이 될지는 몰라도 기업의 경리 장부를 정부가 관리하겠다는 얘기다. 이 부문에 관한 한 언어의 유희가 아니면 탁상공론에 불과하다는 생각이 든다.

금융金融은 자율화自律化돼야 한다.

여신관리제도 태동의 배경인 편중 여신이나 부실 대출의 원인도 따지고 보면 자율 경영의 제약에서 비롯된 면도 크다. 경제력 집중의 완화나 업종 전문화를 위한 산업 정책은 별도의 수단을 강구할 수 있다. 독점 금지 및 공정 거래 제도의 엄격한 운용 등이 한 예가 될 것이다.

기업의 과다한 비업무용 토지 보유나 부동산 투기는 토지 공개념의 확대나 보유 과세의 강화 등으로 대체할 수 있다.

국제 경쟁력 강화를 위한 업종 전문화가 필요하다면 주력 기업 지원이라는 선별적 형태보다는 일정 기준에 의한 업종 전문화가 이뤄지는 기업 그룹에 대해서는 금융 인센티브를 부여하는 포괄적이고 사후적인 지원 방식을 택하는 것도 하나의 아이디어가 아닌가 생각된다.

경제는 결코 하루아침에 개혁될 수 없는 것이며 부단한 진화론적 발전 과정을 거치면서 그 뿌리를 내려가는 것이다. 경제 정책도 현실 경제의 기초 위에서 유효한 수단을 강구해 나가야 할 것이다.

지금 우리 경제에서 무엇보다 중요한 것은 정책의 신뢰성 회복이다. 신뢰성의 회복은 객관타당성을 지니면서 실효성 있는 수단의 강구와 집행이 무엇보다 중요하다고 본다.

신뢰성을 먹칠하는 또 하나의 이유는 행정 편의주의적 발상, 손쉬운 방법의 동원 등이다. 행여나 이번 여신 관리 제도 개편도 이런 부분은 없는지 다시 한 번 생각해 보고 신중한 결론이 필요하다.

02
'신산업 정책' 구상, 베일 벗어야

1992. 4. 27.

정부가 마련 중인 신산업 정책新産業政策[37]에 대한 재계의 우려와 궁금증이 날이 갈수록 증폭돼 가는 것 같다. 소위 재계로 불리는 대기업 그룹을 약화시키기 위한 모종의 대책이 마련되고 있는 게 아니냐는 의구심을 자아내고 있다.

급기야 대한상의는 지난 23일 '최근 경제 동향과 정책 대응 방향에 대한 업계 의견'을 통해 '기업 진단과 관련하여 어떤 특별한 조치를 계획하고 있다면 이를 일단 재검토하고 그 시기 선택을 달리할 필요가 있다'고 공식 건의하기에 이르렀다. 경제가 어렵고 특히 국내 기업의 경쟁력 배양이 시급한 시점에서 대기업 규제 정책은 바람직하지 못하다는 호소인 셈이다.

그런데도 정부는 아직까지 한마디 말도 없다. 정체불명인 채로 베일에 가려 있다. 세상에 이런 일도 있을까 싶을 정도다. 어디에서 비롯됐는지조차 애매모호하다. 소문으로는 지난 연초 최각규崔珏圭 부총리가 어느 경제 단체 초청 간담회에서 급격한 국내외 경제 여건 변화에 알맞은 새로운 산업 정책이 필요하다고 언급한 데서 비롯된 것이라고 한다. 한편에서는 그 발상의 진원지가 청와대라는 설도 나돈다.

진원지가 어디건 간에 정부 차원의 발상임에는 틀림없다. 주도적으로 추진하고 있는 경제기획원 실무진들은 재계가 긴장할 만큼 획기적인 특별 대책은 아니라고 해명하고 있다. 7차 경제개발 5개년 계획에서 제시된 여러 가지 대對 기업 정책의 실천 계획 정도에 불과해 신경 쓸 게 못 된다고도 한다.

그러면서도 경제기획원은 한국개발연구원KDI 등에 경제력 집중 완화나 소유와 경영의 분리 등을 주요 내용으로 하는 연구 과제를 부여했고 연구 진행 과정을 협의 감독하는 데 분주한 모습이다. 연구 기관들이 추진하고 있는 과제는 부실기업 처리, 전문 독립 경영 체제 유도, 상호 지급 보증 축소, 정책 금융 운용 실태와 대책, 기술 개발 제도의 개선, 기업 경영의 효율화 등 한결같이 경제 체질 강화에 필수적인 과제들이다. 이렇게 보면 상당 부분 작업이 구체화되고 있음도 확인되고 있다.

신산업 정책을 둘러싼 갖가지 우려와 불안이 여기에서 싹튼다. 겉으로 드러내지 않고 물밑에서 진행시키는 저의가 의심받고 있는 것이다. 정부가 경제 정책을 검토하면서 왜 이 같은 형태를 보이는지 도무지 이해가 안 가는 대목이다. '큰일을 저지르기 위한 것이 아니라면 굳이 물밑에서 진행시킬 이유가 없다'는 재계의 주장도 일리가 있다.

흔히 제아무리 좋은 정책이라도 결정 과정이 제대로 이뤄지지 않으면 효과를 발휘하기가 어렵다고 얘기한다. 오히려 불신만 키워 갈 뿐이다. 정책 결정 과정이 충실해지면 여론이 올바르게 수렴되고 이해 당사자들의 설득도 자연스럽게 이뤄진다.

정책이 철저히 감춰진 채 진행되고 있어 적지 않은 부작용도 있다. 상공부 등 일부 관련 부처에서는 어떤 내용이 담길지 몰라 거론되고 있는 과제들에 대한 별도의 자료 수집과 논리 개발을 서두르고 있다고 한다. 재계는 재계대로 정책 방향을 점치느라 정력을 허비하고 있다. 크나큰 국력의 낭비임에 틀림없다.

우리 경제는 지금 갖가지 어려움에 직면해 있다. 중국에 밀리고 대만에 뒤쳐지면서 외국인들의 비웃음거리가 되고 있기도 하다.

모든 경제 주체들이 힘을 합쳐 총력전을 펼쳐도 힘겨운 상황에 처해 있다. 요사이 정부와의 틈새가 벌어지고 대기업들 간에도 갈등이 깊어진다는 걱정들이 많다. 적전분열을 보이고 있는 것이 오늘의 경제 상황인 것 같다.

경제계의 공식적인 건의에도 묵묵부답으로 일관하는 정부의 태도는 분명 옳지가 않다. 신산업 정책이 어떤 내용이든 간에 하루빨리 정책 구상의 방향과 과제 등을 공개하고 광범위한 논의 과정을 거쳐야 할 것이다.

밀실 정책의 부작용이나 폐해는 과거에도 수없이 경험해 왔다. 사실 이미 착수된 신산업 정책은 그 추진 여부에서부터 공론에 부쳐졌어야 옳았을 것이다. 행여 현재 진행 중인 소위 신산업 정책이 '재벌'에 대해 부정적 시각이 많은 일부 국민들의 정서에 영합하려는 것이라면 큰일이다. 대통령 선거를 앞둔 인기 관리 차원의 수단으로 활용하려는 속셈이라면 더욱 위험스런 발상이랄 수밖에 없다.

03
기업들은 불안하다

1993. 6. 20.

미국 클린턴 대통령의 인기가 곤두박질치면서 그의 혼란스런 정책에 대한 비판이 쏟아지고 있다. 인기 급락의 요인은 여러 가지가 지적되고 있지만 방향 감각을 상실한 경제 정책이 첫손가락에 꼽힌다.

'레이저 빔이 아니라 30W짜리 백열등으로 경제 문제를 다루고 있다.'

이는 선거 기간 중 경제 문제 해결에 레이저 빔처럼 초점을 맞추겠다고 공언한 클린턴 대통령의 약속이 지켜지지 않고 있음을 비꼬는 말이다. 의회의 반대로 무산된 경기 부양책을 비롯해 의회에서 난도질당하고 있는 재정 적자 감축안이나 최저 임금 인상안의 연기 등이 대표적인 실패작으로 드러나 있다.

특히 재계로부터의 인기는 최악의 상황을 보이고 있다. 오히려 갈수록 불편한 관계가 형성돼 가는 형국이다. 유력 경영 전문지인 〈포춘 Fortune〉 지誌 조사에 따르면 미국 내 500대 기업 최고 경영자CEO를 대상으로 실시한 여론 조사에서 겨우 14%만이 클린턴 대통령의 경제 정책을 지지한 것으로 나타났다.

한 달 남짓 차이를 두고 취임한 우리나라의 김영삼金泳三 대통령은 어떤가. 높은 인기를 누리고 있다.

최근 공보처가 미디어리서치사에 의뢰해 조사, 발표한 '신경제[38] 정책 추진에 관한 전문가 의견 조사' 결과는 10명 중 9명 이상인 92%가 신경제 정책을 지지한 것으로 나타났다. 대학교수, 대기업, 중소기업, 금융 기관 등 4개 부문의 간부 50명씩 모두 200명의 전문가들을 대상으로 조사한 것이다.

한마디로 대단한 지지율이다. 그러나 액면 그대로 받아들이기에는 어딘지 허전한 감이 든다. 이 조사의 설문 내용은 대부분 구체화된 정책의 결과보다는 신경제 구상이 담고 있는 정책 추진 방향에 대한 것들이 많다.

바람직한 방향 제시에 반대할 사람은 드물다. 또 구체적인 정책의 성과를 평가한다는 것은 불가능하다. 출범 4개월이 채 못 되는 기간에 가시적인 성과나 열매를 기대하는 것 자체가 무리이기 때문이다. 그러나 신경제 계획을 수립하고 추진하는 과정을 보면 '90% 이상의 지지'는 오해의 소지를 낳게 한다.

'신경제'가 어떤 것인지조차 아직도 잘 모르는 사람들이 대부분이다. 개념적이고 수사적인 뜻이 아니라 피부에 와 닿는 구체적인 실체가 잡히지 않는다는 것이다. 그런데도 '개혁'이라는 단어를 앞세워 신경제 정책의 수립 과정은 상당히 요란스럽기까지 하다. 그러면서도 가닥이 잡히지 않는 혼선을 자아내고 있는 것이다. 충분한 검토 없이 불쑥 내밀었다가 철회하는가 하면, 현실과는 동떨어진 이상론을 제시하기도 했다. 정책 상호 간의 조화와 균형이 맞지 않는 것들도 많다. 주력업종제

도입, 무노동 부분임금제, 기업 분할 및 투자회수명령제 도입, 은행 대출금 출자 전환, 부도처리유예제 도입 등이 대표적인 것들이다.

정부는 검토하겠다고 했다가 철회하면 그만이다. 그러나 기업들엔 그 후유증이 남는다. '언젠가는 또 들고 나오겠지….'

기업들에는 현란한 신경제 5개년 계획[39]이 아니라 당장 금년 하반기의 경제 정책 운용이 어떻게 될지가 가장 궁금한 상황이다. 그런데도 현재의 경제팀은 하반기 계획보다 5개년 계획 만들기에 여념이 없다. 최근에는 노사 분규가 확대일로에 있다. 그토록 강조됐던 고통 분담의 논리는 실종돼 버렸다. 국민 각계각층에 대한 설득과 이해의 노력도 미진했다고 본다.

사정司正 한파의 와중에서 움츠러들 대로 움츠러든 기업들은 불안하고 당황스럽다고 한다. 여기에 '하반기 중 기업 사정司正' 얘기가 나오고 있다. 이에 대해 정부 고위 당국자는 '지금은 경제 회생이 중요한 만큼 경제에 찬물을 끼얹는 과잉 사정司正은 하지 않겠다' 고 밝혔다.

그런데 '신경제에 동참하는 기업은 하반기 중 실시될 기업 사정에서 배려하겠다' 고 한 말은 또 무슨 얘기인가. 투자를 촉진해 보려는 아이디어로 생각된다. 뒤집어 생각하면 동참하지 않으면 매섭게 몰아치겠다는 뜻인가. 갈피를 잡지 못해 불안해하는 기업들에 보다 명쾌한 신경제의 방향을 제시해 주는 것이 급선무다. 성장, 물가, 국제 수지 등 거시 경제 정책 목표가 아니라 기업에 대한 미시 정책의 명쾌한 방향을 제시해 줘야 한다. 이는 진정한 경제 회생의 실마리가 되고 김영삼 정부가 경제 정책에 있어서도 정상의 인기를 계속 누릴 수 있는 필요충분조건의 하나라고 생각된다.

04
'공기업 민영화' 뼈대부터 세우자

1994. 5. 30.

공기업 민영화에 대한 논란이 분분하다. 한국비료韓國肥料 공매를 둘러싼 입찰 잡음이 공기업 민영화의 효율적 추진 여부로까지 번지고 있는 형국이다.

사실 한국비료의 공매 유찰은 정부 탓만은 아니다. 이미 공표된 '일반 경쟁 입찰' 방식을 통해 '예정된 날짜'에 집행했을 따름이다. 그런데도 1차 공매는 무산되고 크나큰 후유증을 낳고 있다. 이미 30% 이상씩 지분을 확보하고 있는 삼성三星과 동부東部그룹의 '변칙 불참'이 그 촉매 역할을 한 것이다. '나한테 돌아올 것 같지 않으니까 불참하겠다'고 선언한 동부그룹이나 '여론이 나빠 강행하지 않겠다'는 삼성그룹도 결코 떳떳한 명분은 아닌 것 같다.

'재계가 이전투구泥田鬪狗를 하고 있다'는 국민들의 평가를 받을 만했다고 본다. 그러나 이러한 과열 경쟁만이 '한비 사건'이 일어나게 된 배경의 전부는 아니라고 본다. 문제의 발단은 과열 경쟁에 있었다 하더라도 파문이 커지고 공격의 화살이 민영화 정책 자체에 쏟아지는 것은 정부의 책임도 크다.

물론 정부로서도 할 말이 없는 것은 아니다. 여러 차례의 관계 부처 회의와 전문가 의견 등을 수렴해 지난해 말 공기업 민영화 및 기능 조정 방안을 마련했고 이에 따른 원칙과 계획에 따라 일관되게 추진하고 있다는 항변이다.

그러나 많은 사람들은 종합적이고 체계적인 추진 계획이 없다거나 확고한 원칙의 제시가 부족하다고 느끼고 있다.

단기간 내에 실적을 높이기 위해 손쉬운 것부터 서둘러 덤비고 있다는 인상도 받고 있다. 재정 확보를 생각해 가장 경쟁적인 방법을 택하다 보니 과열 경쟁을 불러일으키고 그래서 추진 방법 자체에 문제가 있다는 생각이 든다.

결국 이러한 생각과 느낌은 정책에 대한 불신不信으로 발전돼 가는 양상이다. 많은 사람들이 정부의 공기업 민영화 방안이 종합적인 틀을 갖추지 못하고 성급하게 추진되고 있다고 느끼는 것은 정부가 맡아야 할 분야와 민간이 맡아야 할 사업에 대한 명백한 개념 정립이 안 되고 있는 데서 연유한다.

예컨대 사회 간접 시설soc의 확충에 있어서 정부가 맡아야 할 기능과 역할이 어느 선까지이고 민간이 담당해도 될 분야는 어떤 것인지도 정립되지 않은 채 무조건 민자民資를 유치해야겠다고 나서는 것이 하나의 예가 될 것이다. 여기에서 특혜 시비가 나오고, 어떤 것이 공공재公共財인지에 대한 혼란이 싹트고 있다.

보다 구체적으로는 공기업 민영화에 이어서 대표적 공기업에 대한 대처 방안이 뒤로 미뤄져 있는 탓도 있다. 국민주 방식으로 일부 민영화돼 있다는 한전韓電, 포철浦鐵을 비롯, 거대 기업인 한국중공업韓國重工業 등에 대한 청사진이 제시되지 않고 있거나 뒤로 미뤄져 있다. 이들에 대한 민영화 여부나 방법론 등에 대한 논의가 뒤로 미뤄진 채 입장 정립이 이뤄지지 않고 있는 것도 종합 계획 결여라는 느낌을 주게 하는 한 요인이 된다. 이에 대한 청사진의 제시가 정책 불신을 해소하는 방안 중의 하나일 것이다.

그러나 무엇보다 중요한 것은 정부가 추진하려고 하는 민영화가 당초의 목표대로 일관되게 추진될 수 있겠느냐는 의구심이다.

정부가 발표한 공기업 민영화의 정책 방향은 '주인 있는 민영화' [40]였다. 그러나 실행 과정에서는 갖가지 제약을 부여하고 있다. 대기업 참여 배제 논란이 그 대표적인 것이다. 국민 정서에 반하는 경제력 집중을 막기 위한 것이라는 설명이다. 특혜 시비에 휘말리기 싫다는 이유도 있는 것 같다.

그러나 대기업을 완전히 배제하고 민영화를 시도하는 것은 비현실적일 뿐만 아니라 자칫 비능률을 가져오기 십상이다. 앞으로 추진될 민영화 과정에서 이에 대한 시비가 계속 그치지 않을 것으로 본다면 민영화 계획 자체에 상당한 차질이 빚어지지 않을까 자못 우려된다.

참여의 원천적 봉쇄보다는 대기업 참여에 따라 나타날 수 있는 부작용을 예방하는 대안을 찾아야 할 것이다. 현행 독점 금지 및 공정 거래에 관한 법률은 경제력 집중 완화를 제1의 목적으로 운용되고 있다. 대기업 참여 허용 대신 공정거래법에 의한 규제를 강화하는 것도 대안 중의 하나가 된다. 만약 현행의 법 규정이 미흡하다면 그 내용을 강화시키는 것이 순서일 것이다.

대기업 참여 논란보다는 민영화 이후 어떻게 유효한 시장 경쟁 체제가 작동될 수 있도록 하느냐가 더 중요할 수도 있다. 소유권만 바뀐다고 해서 효율성이 높아지는 것은 아니다. 여기에는 해외 경쟁의 도입이 유효한 수단의 하나로 꼽히고 있다.

공기업은 독과점 구조를 가지고 있는 것이 일반적이다. 민영화 이후에도 이러한 독과점 체제가 불가피하다고 할 경우 공공의 이익을 위해 정부가 무슨 일을 해야 할 것이냐에 대한 진지한 검토가 선행됐어야 마땅하다.

결코 민영화만이 능사는 아니다. 더구나 재정 수입 등을 겨냥해 단기적인 처방으로 서둘러 처리할 일도 아니다. 급변하는 경제 환경에 맞게 정부 기능을 재정립하고 여기에 부합되는 공기업 민영화의 골간부터 세워 나가는 것이 순서라고 생각된다.

05

경제 정책의 난기류

1994. 12. 18.

세상이 어지럽게 돌아가고 있는 느낌이다. 정부 조직 개편에 따른 공직 사회의 찬바람은 요즘의 계절 한파가 무색할 지경이다.

'세계화[41] 총리'가 새로 임명되고 정부 조직 개편에 따른 감원도 구체화될 전망이어서 어수선한 공직 사회는 갈수록 얼어붙을 것 같다. 스산한 연말 분위기까지 겹쳐 행정 공백의 틈바구니는 갈수록 커질 수밖에 없는 형국이다. 여기에서 오는 정책 단절의 피해는 누구에게 돌아오는 것인가. 두말할 필요도 없이 국민들이다.

그러나 요즘 같아서는 차라리 단절에 의한 '무책無策이 상책上策'이라는 생각도 해 본다. 경제 정책이 원칙 없이 표류하면서 생기는 혼란과 불신을 더 이상 크게 만들지는 않을 것이라는 생각에서다.

부정적 견해를 보여 오던 정부가 얼마 전 삼성그룹의 승용차 산업 진출[42]을 허용, 여기서 생긴 정책의 난기류가 경제계에 회오리바람을 일으키더니 국회는 소주 시장 점유율을 규제하겠다고 나서 또 한차례 돌풍을 몰고 왔다. 상품의 시장 점유율을 법으로 규제하겠다는 기상천외한 발상은 어디서 나왔는지 도무지 이해가 가지 않는다.

지난 16일에는 현대자동차가 내년 1/4분기 중에 발행하겠다고 신청한 해외 증권 발행을 무산시켰다. 형식은 발행을 주선키로 한 주간사 증권 회사인 현대증권이 신청 자체를 철회한 것이다. 이유는 해외 증권 발행 시장의 여건이 악화된 탓이라고 밝혔다.

그러나 증권업계에서는 성치적 이유로 인해 당국의 철회 종용이 있었던 것으로 인식하고 있다. 현대자동차의 해외 증권 발행은 지난 2/4분기 중에도 신청했으나 당시에 주간사 회사를 맡았던 대우증권이 주간사를 포기함에 따라 무산된 적이 있다. 이것 역시 당국의 종용에 의한 것이었다는 게 정설이다. 상식적으로 이해가 되지 않는 대목이다.

그동안 현대자동차의 해외 증권DR[43] 발행 허용 여부는 재계의 큰 관심사였다. 지난번 대통령 선거를 계기로 만들어진 김영삼 정부와 현대 그룹과의 불편한 관계[44]가 언제 청산되느냐의 신호탄으로 볼 수 있기 때문이다. 또 최근에 와서는 세계화 구상과 관련, 규제 완화를 주축으로 하는 새로운 산업 정책의 실체를 읽을 수 있는 단서라고 생각한 탓에 더욱 관심을 끌어왔다.

그러나 결과는 달라진 게 없고 정책 운용에 있어서는 오히려 뒷걸음질하는 양상을 보였다.

민간 기업의 자금 조달에까지 정부가 간섭해야 하느냐는 원론적 문제 제기가 있을 수 있고 현대자동차의 해외 증권 발행이 정권적 차원에서 다뤄져야 할 만한 중대 사안인가 하는 소박한 의문도 든다.

그러나 가장 큰 걱정은 정책의 기준을 정치적 판단에 따라 자의적이고 선별적으로 적용할 때 국민이나 기업들이 믿고 따를 수 있겠느냐는 점이다. 여기에서 생기는 국민 경제적 손실은 어떻게 누구에게 보상받아야 하는가.

특별한 하자가 없는 한 신고하면 받아 주도록 돼 있는 기술 도입 신고서가 어째서 자꾸 반려돼 왔고 또 당연히 받아 주어야 할 것을 받아 주면서 거창한 세계화의 논리로 생색을 내는 것인지 알다가도 모를 일이다. 삼성그룹이 승용차 사업에 참여하는 것이 바람직하냐의 문제는 별개로 검토돼야 할 성질의 것이다.

많은 사람들이 세계화 구상에 대해 혼란을 느끼고 회의적 반응을 보이고 있는 것도 따지고 보면 이러한 일관성 없는 정책 잣대와 자의적인 집행이 그 배경을 이룬다고 본다. 세계화에 앞서 국내의 정치, 경제, 사회 제도가 개선되고 성숙돼야 하지 않겠느냐는 생각들이다.

세계화의 포문 격인 정부 조직 개편은 이런 점에서 무척 큰 의미를 지니고 있다. 바람직한 방향이었다고 한다면 김 대통령의 취임 초기에 단행되었으면 하는 아쉬움은 크다. 그러나 이를 계기로 정부의 규제 완화와 일관성 있는 정부 수단의 강구, 객관적이고 공정한 집행 등이 이뤄질 것을 기대해 본다.

자본주의 최대 걸작품이라고 하는 주식 시장의 주가를 정부가 조종할 수 있다고 생각하는 우매한 사고방식들도 날려 보내야 마땅하다.

우리가 지향하는 '작지만 강력한 정부'는 국민이나 기업들에 군림하는 완력 정부가 아니라 국민이나 기업을 보호하고 밀어주는 힘센 정부라고 믿는다.

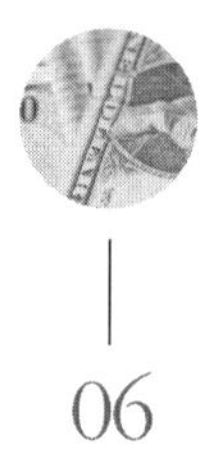

06
기업 규제도 구속수사 하자

1995. 11. 19.

"수치, 허탈, 착잡, 참담…."

우리나라 대통령을 지낸 노태우 씨가 구속[45]되던 날 시민들의 표정을 묘사한 말들이다.

엄청난 뇌물을 거두고 그 돈으로 보통 사람들도 낯부끄러워해야 할 사채놀이와 부동산 투기를 했다는 믿기지 않은 현실 앞에서 치욕스런 역사를 어떻게 감당해야 할지 걱정스런 모습들이었다.

그나마 이것으로 끝이었으면 좋으련만 그렇지 못하는 현실이 더욱 안타깝기만 하다. 언제 어디까지 갈지 모르는 혼란스런 모습에 고개를 가로저어 보지만 이 정도로 덮어 두자고 할 수도 없는 오늘의 상황은 서민들 가슴을 짓누르기에 충분하다. 정치권 소용돌이는 쉽게 가라앉지 않을 것 같고 가뜩이나 어려워지는 경제에 찬물을 끼얹어 놓았으니 싸늘하게 식어가는 경제 체온에 추워지는 것은 백성들뿐이라는 생각이 든다.

전화위복의 계기로 삼자는 적극적인 대안 제시도 나오고 있지만 과연 어떤 식으로 풀어 나가야 할지 막막하기만 하다. 그다지 떳떳하다고 느껴지지 않는 정치권의 이전투구泥田鬪狗는 국민들의 눈에 곱게 비칠 턱이 없다. 아무리 대통령의 권위 앞에 꼼짝할 수 없었다고 하더라도 엄청난 액수의 돈을 기업 외부로 유출시킨 기업들의 책임도 자숙하는 모습 하나로 모든 걸 끝낼 수는 없을 것이다.

정부의 반응은 어떤가. 잽싸게 대응책을 마련하겠다고 나섰다. '정경 유착 근절 방안'이라고 이름 붙였다. 대기업 소유주가 경영을 마음대로 할 수 없도록 규제와 견제 장치를 마련하겠다는 것이다. 여기에는 정부 스스로 실효성이 없다 해서 철회한 외부 이사제, 사외 감사제 등이 포함돼 있다. 좋지 않은 의미에서의 정경 유착은 단절돼야 마땅하고 잘못된 대기업들의 경영 행태도 고쳐져야 한다.

그러나 그 방법에 있어서 정부 규제를 통한 인위적인 방법으로 해결하는 것이 바람직한가는 다시 생각해 볼 일이다. '비리는 규제를 먹고 산다'고 했다. 규제하는 수단이 많아지고 힘이 세지면 그만큼 로비가 성행하고 비리도 극성을 부리게 마련이다. 이번 사건을 두고 사람뿐만 아니라 '법과 제도도 구속수사 해야 한다'는 얘기가 나오는 것도 그런 맥락에서일 것이다.

기업 규제를 과감하게 풀어 비리 발생의 근원을 봉쇄하는 것이 근본적인 처방인 셈이다. 지금 우리에게 필요한 것은 자유 시장 경제 체제의 기본 방향과 질서를 보다 확고히 하고 이 같은 방향에서 정경 유착이나 비리 척결의 해법을 찾아야 한다.

시장 경제의 핵심은 경쟁을 통한 효율이다. 기업 상호 간에 경쟁을 통해 견제가 이뤄지도록 하고, 성과에 대한 제재는 소비자와 국민들이 선택하도록 하는 것이 바람직하다. 흔히 최고의 선善으로 논의되는 소유와 경영의 분리가 과연 한국적 현실에서 얼마만큼 타당한가, 이의 실현을 위해서는 어떤 방법이 유효한가도 깊이 생각해야 될 문제들이다. 가진 자에 대한 맹목적 불신, 이를 이용한 정부의 인기 영합적인 경제 정책 등은 경계해야 할 대상이다.

한 가지 덧붙인다면 자본주의 발전의 원동력인 기업 의욕을 꺾는 어떠한 조치도 신중에 신중을 기해야 한다. 우리 경제는 내리막길에 들어서 있다는 게 전문가들의 진단이다. 자칫 이번 사건을 계기로 급속 하강이 이뤄지는 게 아니냐는 우려마서 제기되고 있다. 치열한 국제 경쟁에서 땅에 떨어진 국가-기업-한국 경제의 이미지는 우리에게 어려움을 더욱 가중 시킬 것으로 예상되고 있다. 비리 척결의 결연한 의지도 초미의 관심사이기는 하지만 급격한 경제 위축도 걱정해야 할 대목이다.

경제계, 특히 대기업 그룹들은 사회적 책임의 재정립과 함께 중소기업 지원 등을 통한 경제 회생의 노력을 더욱 가다듬어야 할 것이다. 경제는 그 주체가 되는 기업이 스스로 선택하고 그 결과에 대해 전적인 책임을 지도록 해야 한다.

정부를 포함한 정치는 이를 끌어 주고 밀어주는 봉사의 기능을 하는 것이 자본주의 본연의 속성이다. 굳이 이름 붙이자면 좋은 의미의 정경 유착이다. 이는 갈수록 팽배해지는 정치에 대한 불신과 냉소를 씻을 수 있는 길이라고도 생각된다.

07
경제 역전승의 전제

1997. 10. 1.

지난 일요일 일본 도쿄에서 열린 월드컵 축구 예선[46] 한일전에서의 승리는 꽤 시간이 지났는데도 그 열기가 식지 않고 있다. 후반 들어 선제골을 허용하고 일본에 끌려가던 우리 팀이 경기 종료 8분여를 남겨 놓고 두 골을 성공시켜 역전승으로 마감한 것은 아무리 생각해도 짜릿한 감동을 느끼지 않을 수 없다. 그 후 TV 화면을 통해 똑같은 장면이 수없이 반복되었지만 지금 다시 보아도 싫증이 나지 않는 것은 그러한 역전승의 묘미 때문일 것이다.

위기에 처한 한국 경제도 그러한 역전승을 거둘 여지는 없는 것인가. 결론부터 말하자면 충분히 가능하고 또 그렇게 해야만 하는 절대적 명제임은 두말할 나위가 없다. 우리 경제는 지금 한일 축구에서 후반 20분께 일본에 선제골을 허용한 후 종료 8분여를 남겨 두고 동점 골을 넣기까지 약 17분여의 불안하고 답답한 상황에 비유될 수 있다.

연초의 한보철강 부도를 비롯해 기아 사태에 이르기까지 잇따른 대기업의 도산과 그로 인한 금융 불안이라는 선제골을 상대방에게 허용한 한국 경제는 그야말로 답답한 형국이다. 때문에 기아 사태의 해결이라는 동점 골이 화급을 다투는 일이고, 내친 김에 기업 구조 조정을 통한 경쟁력 회복의 결승 골로 승리를 거머쥐어야 하는 절박한 상황에 처해 있다.

다만 축구와 경제가 다른 것은 축구팀이 감독, 코치 등 지도부와 그라운드를 누비는 선수들이 한마음으로 뭉쳐 제 몫을 충실히 한 데 반해 경제팀은 그렇지 못하다는 점이다. 국가 경제의 근본을 흔들고 있는 기아 문제의 해결에 감독, 코치라 할 수 있는 정부와 채권 금융단의 역할은 미흡하기 짝이 없다. 선수들이 알아서 잘하라는 시장 경제 논리만을 내세우는가 하면, 이제는 선수 탓이라고 책임 전가마저 서슴지 않는다. 애초부터 후반 승부라는 확고한 목표를 갖고 적절한 선수 교체 등 성공적인 전략을 구사한 축구 대표팀에 비해 보면 너무 한심하다는 생각이 든다. 기아의 화의 신청에 대한 동의 여부를 둘러싸고 감독과 코치 간에 손발이 안 맞는 상황까지 나타났다.

그렇다고 일선에서 뛰는 기아그룹의 선수들은 어떠한가. 감독, 코치의 작전 지시도 무시한 채 주장 선수를 중심으로 제멋대로다. 선제 골을 내준 참담한 상황을 초래한 것은 선수 자신들인데도 반성은커녕 더 많은 지원을 안 해 준다며 목청만 높이고 있을 뿐이다. 공격과 수비의 핵심 역할을 맡고 있는 노조는 파업을 하겠다고 한다. 과연 누구를 위한 파업이고, 무슨 이득을 얻을 수 있는가 냉정하게 생각해 보아야 한다.

이래 가지고는 역전승을 기대하기란 어림도 없는 일이다. 정부와 채권 금융단은 물론 기아그룹의 경영진과 종업원들도 냉정을 되찾고 차분한 모습으로 해법을 찾는 데 머리를 맞대야 할 것이다. 기아 문제는 결코 한 기업, 한 그룹의 문제에 그치는 것이 아니라 수많은 협력업체와 금융 기관, 나아가서는 국민 경제의 사활이 걸린 과제라 해도 과언이 아니다. 국민의 입장에서 기아의 경영권과 정부의 자존심 따위는 중요하지 않다. 당면한 금융 불안을 해소하고 협력업체의 연쇄 도산으로 야기될 혼란을 막는 것이 급선무다.

그런 점에서 정부와 채권 금융단은 보다 빠른 전략 선택과 보완책을 확실히 할 필요가 있다. 기아 종사자들도 경영권 확보 투쟁보다 기아라는 기업을 살아남게 하는 실체적 대안이 무엇인가를 먼저 생각하고 보다 적절한 선택을 해야 할 것이다. 많은 사람들은 화의和議 절차를 밟든, 법정 관리에 들어가든, 이대로는 기아가 살아남기 힘들다는 판단을 하고 있음도 한 번쯤 되새겨 볼 만하다.

더 이상 머뭇거릴 여유는 없다. 29일 부도 유예 협약 적용이 끝난 기아그룹에 대해 채권 금융단은 법정 관리 신청을 권유했다. 그렇지만 기아 스스로 신청하지 않는 한 채권단이 일방적으로 법정 관리를 신청하지는 않기로 했다고 한다.

어떠한 진전이 있었는가를 생각해 보자. 한마디로 허송세월이었다. 오히려 사태만 악화시켰을 따름이다. 국가 경제의 대외 신인도 하락에 금융 불안과 주가 폭락, 협력업체 부도, 그리고 정부 정책에 대한 불신 증폭 등 보이지 않는 악영향까지 감안하면 그 손실은 이만저만이 아니다. 그 핵심 요인은 정부의 경제 상황에 대한 위기의식 부족 때문이다.

통계청의 발표대로 각종 경제 지표가 호전 기미를 보인다면 이를 앞당기기 위해서도 더욱 대책을 서두를 필요가 있다. 축구와 마찬가지로 경제도 동점 골이 터져야 결승 골도 나올 수 있다. 한 차례의 슛으로 두

골을 넣어 승리할 방법은 없다. 열린 시장 경제로 가기 위한 '21세기 국가 과제'를 실천하는 결승 골에 앞서 기아 사태 파장을 수습하는 동점 골이 우선되어야 함은 당연하다.

때마침 개천절을 맞아 비자금 사건 등으로 법적 제재를 받았던 경제인들에 대한 특별 사면 및 복권이 이뤄진다고 한다. '경제 역전승'을 위한 힘찬 응원이 되리라 생각된다. 축구 대표팀의 승리를 거울삼아 이제는 경제팀도 감독, 코치, 선수들의 협력과 분발이 절실히 필요한 때이다.

08
빅딜의 정치경제학

1998. 2. 4.

'대기업 구조 조정은 기업 자율에 맡긴다.' 말도 많은 대기업 그룹의 대규모의 사업 교환, 소위 '빅딜'에 대한 차기 정권[47]의 공식 입장이다. 그동안 중구난방으로 한마디씩 오가던 혼란스런 모습이 정리돼 다행이다. 그러나 재계는 아직도 '뭐가 뭔지 모르겠다'는 반응이다.

비록 공식 발표는 아니더라도 새 정권의 정책 주도 그룹이 '기업 간 빅딜이 과감히 일어나야 한다', '시간이 없다', '국민이 감동할 만한 수준이어야 한다', '아끼는 기업이라도 내놓아야 한다'는 등의 발언을 쏟아 냈던 것은 엄연한 사실이다. 때문에 '공식적으로 요구한 적이 없다'는 한마디로 모든 것을 원점으로 되돌리기에는 불충분하다는 생각이 든다.

그룹 간 대형 사업 교환이라는 이른바 빅딜은 대기업들끼리 경쟁력 있는 사업을 한곳에 집중시키자는 것이다. 그룹별 업종 전문화를 통해 한정된 경영 역량을 여러 분야에 분산시킬 게 아니라 주력 핵심 업종 부문으로 집중시켜 국제 경쟁력을 갖춘 세계적 기업으로 거듭나는 계기를 마련하자는 것이 의도하는 바다.

사실 우리나라 대기업들의 방만한 투자와 문어발식 기업 확장의 병폐는 어느 정도 인정하지 않을 수 없다. 그것이 정책의 잘못이든 기업인의 책임이든 현실적으로 과잉 중복 투자도 존재한다. 그런 점에서 빅딜의 필요성과 기본 방향에 대해 이의를 제기하는 사람은 많지 않을 것이다.

그러나 시금까시의 진행 과정을 지켜보면서 소리가 요란했던 것은 정권이 바뀔 때마다 대두된 재벌 길들이기의 정치적 행사이거나 아니면 정부에 의한 인위적 대기업 개편의 시도로 인식할 수밖에 없는 그런 의구심을 불러일으킨 탓이다.

정부 기능은 시장 경제가 제대로 작동하는 데 필요한 경기 규칙을 만들고 이를 어기지 않도록 감시하는 데 그쳐야 한다. 빅딜이 꼭 필요하다면 그렇게 하지 않고는 배길 수 없도록 하는 제도적 장치를 만들어 유도하는 것이 올바른 해법일 것이다.

새 정부의 정책 골격을 만들고 있는 비상경제대책위는 이미 기업 구조 조정 촉진을 위한 각종 법률 개정안을 마련해 이번 임시 국회에 제출키로 했다. 그것으로 충분하다. 상호 빚 보증을 조기에 해소하고 결합재무제표를 작성토록 의무화시키는가 하면, 지배 주주의 경영 책임 강화와 소액 주주의 감시 기능을 강화키로 했다. 여기에 금융 기능이 정상화되고 내부 거래를 차단시키는 등 경영 투명성 확보를 위한 장치가 마련된다면 구조 조정을 빨리 추진하기 위해 몸 달아 할 쪽은 정부가 아니라 오히려 기업일 것이다.

빅딜 구상은 개념적으로는 그럴듯하다. 그러나 실행 과정은 여간 복잡하지 않고 현실적으로 쉽게 매듭짓기 어려운 과제다. 준비 없는 빅딜은 가뜩이나 어려운 산업 현장의 고통을 키우고 혼란을 가중시킬 우려가 크다.

또 빅딜을 통한 업종 전문화 시책 자체가 꼭 바람직한 것인가도 깊이 생각해 볼 필요가 있다. 영위 업종을 그룹별로 전문화시키자는 얘기는 분야별로 독과점적 지위를 부여하자는 얘기나 다름없다. 경쟁이 줄어들면 기업의 경쟁력 수준이 높아지는 것이 아니라 하향 평준화될 우려가 있다. 또 기업의 대형화가 필연적으로 수반될 것이다. 그런데 오늘의 기업 환경은 정보화의 진전으로 대형화 메리트가 급속히 줄고 있는 추세다. 빅딜이 시대 조류에 역행하는 측면은 없는지 한 번쯤 따져 보아야 한다.

김대중金大中 대통령 당선자는 민주적 시장 경제를 새 정부 경제 정책의 새로운 기본 틀로 제시했다. 지난해 3월 출간된 그의 저서 《김대중의 21세기 시민 경제 이야기》는 민주적 시장 경제를 이렇게 정의하고 있다.

'경제 영역에서 군사문화적인 관치 경제의 잔재를 말끔히 씻어 내고 민주주의 원리와 원칙에 입각한 경제 제도와 관행을 정착시켜 진정한 시장 경제 질서를 확립하는 것을 뜻한다. 민주적 시장 경제에선 권력의 분산을 통한 분권화, 법치주의, 시민의 자율성 보장과 참여 확대를 기초로 하여 사유 재산권, 계약의 자유, 그리고 자기 책임 원칙이 유기적으로 관철되는 것을 전제로 한다. 나아가 복잡한 경제 과정이 가격 기구에 의해 원활히 제어될 수 있도록 화폐 가치의 안정성과 경쟁 질서 실현을 위한 대내외 시장의 개방이 보장되어야 하며 모든 경제 정책의 항상성恒常性이 견지되어야 한다.'

매우 어렵고 복잡하다. 그러나 경제 운영에 정치적 민주주의적 원리

원칙을 적용하자는 것이고, 권위주의적 관치 경제를 청산하겠다는 의미로 요약된다.

새삼스레 민주적 시장 경제의 정의를 규명해 본 것은 요즘 최대 관심사로 돼 있는 대기업 그룹의 구조 조정 추진이 그러한 차기 정부의 새 경제 패러다임과 상충되는 게 아닌가 하는 의문이 들어서다. 6일로 예정된 김 당선자와 30대 그룹 기업 총수들과의 회동에서 그에 대한 해답이 나올 수 있을 것 같다. 뿐만 아니라 지금은 기업 의욕을 북돋울 시점이지 결코 쥐어짜거나 희생을 강요할 때는 아니다. 그런 점에서 지대한 관심을 끈다.

문어발식 몸집 불리기, 과도한 차입 의존 경영, 정경 유착 등 그동안 제기되는 소위 재벌의 존재 양식과 경영 구조에 대한 반성 및 개혁은 이 시점에서 필수적으로 거쳐야 할 과정이다. 그러나 그것은 국민을 감동시키기 위한 것이어서도 안 되고 자기가 아끼는 기업을 내놓아야 하는 그런 감성적 잣대가 적용되어서는 더욱 곤란하다. 어디까지나 김 당선자의 경제 이념인 민주적 시장 경제의 원칙하에서 당면한 위기 극복의 수단이어야 하고, 그 방법 또한 현실에 바탕을 둔 것이어야 한다.

09
벤처를 보는 갖가지 시각

2000. 3. 31.

최근의 벤처 열풍에 대해 말들이 많다.[48] 세계화·정보화 시대를 맞아 경제의 패러다임이 바뀌는 과정으로 '열풍은 계속돼야 한다'는 예찬론이 있는가 하면 '거품이 많이 끼어 있어 걱정스럽다'는 신중론도 만만치 않다. 우선 벤처 기업으로 포장된 수많은 신생 기업들의 내용이 과연 충실한가를 부정적 시각의 출발점으로 삼고 있다.

코스닥 시장에 등록된 벤처 기업들 가운데 수익 전망이 불투명한데도 정보화 관련 기업 또는 신기술 사업으로 포장된 소위 '무늬만 벤처'인 기업들이 상당수에 달한다고 보는 것이다. 벤처 붐을 타고 옥석이 가려지지 않은 채 진짜 벤처 기업들과 뒤섞여 이들 기업의 주가가 천정부지로 뛰는 것은 뭔가 잘못된 것임에 틀림없다. 더구나 수익 전망이 불투명한 벤처 기업들의 경우 언젠가 탈락의 비운을 맞을 것은 불을 보듯 뻔한데 그럴 경우 사회적 혼란에 빠질 가능성도 제기된다.

문제는 여기에 그치지 않고 상대적으로 기존 제조업의 몰락을 부추길 우려가 있다는 점도 부정적 시각의 한 축을 이룬다. 시중의 한정된 재원이 벤처 쪽으로 몰리다 보니 기존 산업의 자금 사정은 어려워질 수밖에 없고, 그러다 보면 상대적으로 생필품 산업은 물론 수출 산업의 성장에 막대한 지장이 초래되는 것 아니냐는 의문도 증폭되고 있다. 한마디로 자원 배분이 왜곡될 여지가 크다는 지적이다.

아무리 정보 통신 기술이 발달하고 온 세상이 인터넷으로 뒤덮여도 의식주를 외면할 수 없기 때문에 제조업을 홀대해선 안 된다는 감징 섞인 얘기까지 나온다. 또 벤처 열풍으로 인재들이 너도나도 벤처 쪽으로 몰리면서 직장인들의 가치관이 바뀌고 임금 체계와 인력 수급에 급격한 변화를 가져오고 있는 것도 같은 맥락에서 우려되는 점이다.

반면 코스닥 열풍이 바람직하다는 시각의 논리는 이렇다. 인터넷 혁명으로 세계 경제의 패러다임이 바뀌고 있는 현상에 비춰 보면 지극히 당연하고 신흥 벤처 기업의 부상은 경제 체질 개선에 도움을 줄 뿐만 아니라 대기업과 중소기업과의 균형 발전을 가져올 것이라는 얘기다. 특히 신기술을 바탕으로 하는 벤처 기업들로 자금이 몰려들면서 기술 개발을 촉진시키고, 이는 경제 활력소로 작용해 성장을 가속화시키면서 고용을 증대시키는 선순환 과정을 겪게 된다.

기술력이 다소 미약한 벤처 기업이라도 코스닥 상장을 통해 넉넉한 자금이 확보되면 이를 기술 개발에 쏟아 부어 경쟁력 높은 기업으로 재탄생할 수 있다는 것이다. 일반인들이 걱정하는 코스닥 등록 기업의 대량 도산은 기우에 불과하다는 주장도 그래서 나온다. 소득 분배나 기술 개발 촉진을 위해서도 긍정적 효과가 크다고 주장한다. 벤처 창업이 전문 기술 인력들에 의해 주도되고, 이들이 새로운 부자로 등장

함에 따라 기존의 경제력 집중이 분산될 뿐만 아니라 기술 개발 의욕을 부추길 수 있다는 것이다. 벤처 기업을 둘러싼 논란의 초점을 정리해 보면 어느 쪽 주장이 분명하게 틀렸다고 말하기는 어렵다.

다만 '코스닥 열풍'과 '벤처 기업 열풍'에 대한 가치를 동일시하거나 혼동하면서 여러 가지 오해들이 생기고 있다. 신기술을 바탕으로 한 벤처 기업들이 각광을 받는 벤처 열풍은 계속돼야 한다. 경제에 새로운 활력을 불어 넣는 벤처의 순기능은 아무리 강조해도 지나치지 않다.

문제는 코스닥이다. 기업 내용에 상관없이 벤처라는 옷만 입혀 놓으면 주가가 천정부지로 뛰고, 아무리 미래 가치로 평가한다 하더라도 지나치게 높은 주가가 형성되는 것은 문제가 있다. 기업 내용이 투자자들에게 제대로 알려지지 않은 상태에서 소위 '묻지마 투자'가 훗날 엄청난 부작용을 수반할 것이라는 점은 비판론자건 예찬론자건 함께하는 인식이다. 따라서 머니 게임의 양상을 불식시키고 기업 내용을 투자자들에게 충실히 알려 주는 것이 시장 정상화의 유효한 대책이다.

벤처 열풍에 대한 부정적 시각의 또 다른 측면은 정보 산업이 벤처 기업의 전부인 양 이해되고 있는 데 따른 것이 아닌가 싶다. 우후죽순처럼 생겨나고 있는 정보화 기업들이 모조리 살아남기는 어렵기 때문이다. 더구나 지금까지 중소기업청 등에 등록된 벤처 기업의 70%가 제조업이라는 사실을 잘 모르는 사람들은 오해와 편견을 갖기에 충분하다.

지난 27일 서울 삼성동의 인터컨티넨탈호텔에서는 벤처업계 주최로 대기업 관계자들이 참석한 가운데 상호 협력 방안에 관해 의견을 교환했다고 한다. 대립이 아닌 상호 보완 관계로 발전시키면서 공생 모델을 함께 가꿔 나가는 새로운 계기가 되길 기대한다.

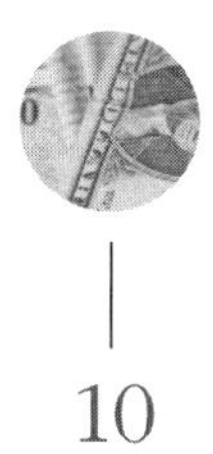

10
기업 구조 조정의 조건들

2000. 10. 13.

경제에 관심이 있는 사람이면 누구나 '철저하고 신속한' 구조 조정을 통해 우리 경제가 다시 태어나야 한다고 입을 모은다. 그래서 정부는 연말까지 금융과 기업의 구조 조정을 마무리하겠다고 소매를 걷어붙였다. 빚이 많은 부실기업은 퇴출시키고, 금융 기관에 대해서는 공적 자금을 투입해 부실 채권을 털어내 건실한 은행으로 다시 태어나도록 한다는 것이다.

은행들은 정부가 제시한 기준에 따라 죽일 기업과 살릴 기업을 가리느라 애를 먹고 있다는 소식도 들린다. 금융 기관이건 기업이건 철저한 구조 조정을 하지 않으면 살아남기 어렵다는 데 이론이 있을 수는 없다. 그러나 현실적인 제약이 너무나 많아 생각만큼 쉽게 이뤄질 수 있는 일이 아니라는 것 또한 분명하다.

그런 점에서 기업 구조 조정에 대한 국민들의 기대와 주문이 지나치게 큰 것은 아닌지 함께 생각해 볼 일이다.

부실기업 퇴출은 회사의 파산을 의미한다. 실직자가 늘고, 소득이 줄어들 것이다. 이는 비단 해당 기업에 국한되는 것이 아니라 그 여파가 거래 기업 등으로 번져 나갈 것은 뻔하다. 그것도 몇 개의 기업이 아니라 수십 개, 또는 수백여 개가 넘는 기업들이 일시에 도산하는 비운을 맞는다면 보통 심각한 문제가 아님은 자세한 설명이 필요치 않다.

더욱 염려스러운 것은 국내 경기가 하강 곡선을 그리고 있어 경제 불안을 증폭시키지 않을까 하는 점이다. 부실기업이 정리되면 그 여파로 또 다른 부실기업이 생기지 않으리란 보장도 없다. 이는 내일을 위해 고통을 참을 수밖에 없지 않느냐는 논리로 설명이 가능하다. 그러나 그 같은 논리가 통하기 위해서는 고통 분담에 대한 이해 당사자들 간의 합의가 전제돼야만 한다.

예컨대 일자리를 잃는 근로자들로서는 황당한 일이 아닐 수 없다. 노동계의 반발은 불을 보듯 뻔하다. 경제가 불안해지고 실업자가 늘어나면 정부나 정치권도 편할 수는 없다. 특히 여당의 입장에서는 심기가 불편해지기 십상이다.

따라서 다음과 같은 몇 가지 점을 분명히 해 두지 않으면 구조 조정 또는 부실기업 퇴출 작업은 실패작으로 끝날 가능성이 크다.

우선 정부는 어느 정도의 실업과 경기 충격을 감내할 수 있는가에 대한 한계를 분명히 설정해 두어야 한다. 그에 대한 불가피성을 국민들에게 충분히 설득시켜야 한다. 또 여당이건 야당이건 정치권은 그 같은 불가피성을 충분히 이해하고 지원해 주는 결단을 내려 줘야 한다. 결과만을 놓고 대안 없는 비판으로 무차별적인 공격을 가하게 되면 정부 정책은 흔들릴 수밖에 없다.

근로자 또는 국민들도 어느 정도 고통 분담에 대한 필요성을 인정해야 한다. 그런데 과연 그 같은 국민적 공감대가 형성돼 있는가. 전혀 그렇지 않은 것 같아 걱정스럽다. 정부가 추진하고 있는 부실기업 정리의 방법론이 과연 적절했는가에 대해서도 반성의 여지가 없지 않다. 연말까지라는 시한을 설정한 것, 부실 판정 기준을 제시한 것, 그리고 조금은 떠들썩하게 추진하는 것 등에서 그런 의문이 남는다. 기업 구조 조정은 한 번으로 끝날 일이 아니다.

기술이 발전하고 산업 구조가 변화하면서 지속적이고 꾸준히 이뤄질 수밖에 없는 사안이다. 연말까지는 너무 짧은 기간이다. 기업을 벌을 주고, 정부의 힘을 과시하기 위한 것이 아니라면 그렇게 떠들썩하게 추진할 일도 아니다. 원론대로라면 부실기업 퇴출은 채권자인 은행이 알아서 할 일이다. 부실 판정의 기준은 동일한 기업이라 하더라도 은행마다 다를 수 있어야 한다.

정부가 해결해야 할 다급한 현안은 금융 구조 조정을 포함한 금융 정상화 조치다. 경제의 체온을 느낄 수 있는 주식 시장은 싸늘하기만 하다. 주가는 이미 연초에 비해 반 토막 난 상태다. 성장, 물가, 국제 수지 등 거시 경제 지표도 어느 것 하나 낙관할 수 없는 것이 오늘의 현실이다. 미국을 비롯한 세계 경제의 불투명한 행보도 눈여겨보아야 할 일이다. 금융 기관들에 공적 자금을 투입하고 부실기업을 정리하고 나면 모든 게 잘 풀릴 것으로 낙관해선 안 된다. 경제 실상에 대해 국민들을 좀 더 적극적으로 설득하고 그 바탕 위에서 그야말로 종합적이고 정교한 정책 대응이 어느 때보다 절실한 시점이다.

11
구조 조정의 본질

2001. 3. 9.

얼마 전 경제 정책을 다루는 당국자의 입에서 이런 얘기가 불쑥 튀어나왔다.

"이젠 구조 조정이란 단어를 듣기도 싫고, 말하기도 싫다."

사적인 모임이었던 만큼 솔직한 심정을 그대로 쏟아 낸 것에 불과하지만 경제 정책의 실무를 진두지휘하는 당국자라는 입장을 고려한다면 여러 가지 해석이 나올 법한 말이다. 구조 조정의 어려움을 강조한 것으로 볼 수도 있고, 이만하면 구조 조정이 마무리된 것 아니냐는 뜻으로 해석할 여지도 없지 않다. 그러나 그 말의 정책적 의미를 논외로 한다면 한 가지 확인할 수 있었던 것은 '구조 조정'이 많은 사람들에게 부정적 의미로 받아들여지고 있다는 사실이 아닌가 싶다.

외환 위기 이후 지금까지 가장 많이 사용된 단어를 꼽으라면 단연 구조 조정일 것이다. 그런데 지금까지 우리에게는 구조 조정이 본래의 의

미와는 달리 감원·해고를 필두로 해서 부실기업을 없애고 사업을 줄이는 것으로 이해되고 있는 것이 현실이다. 물론 대다수 국민들이 진정한 의미를 전혀 몰라서 그렇게 받아들이는 것만은 아니다. 위기 극복을 위해 당장 코앞에 닥친 응급조치와 그로 인해 밀어닥친 여러 가지 고통이 워낙 컸기 때문에 깊이 생각할 겨를조차 없었을 것이다.

그러나 그것만으로는 설명이 충분치 못하다. 다른 이유를 찾아보기 위해서는 구조 조정의 본래 의미를 짚어 보는 것도 한 방법이다. 구조 조정을 기업 입장에서 보면 위기 돌파의 응급수단이라기보다 국내외 경제 환경의 변화에 적응하면서 국제 경쟁력을 갖춘 기업으로 변신해 가는 상시적 혁신 과정이다. 또 정부가 취하는 구조 조정 정책 역시 장기적으로 지속 가능한 성장의 조건을 마련하기 위한 중기 정책 또는 제도 개혁 프로그램이라는 게 세계은행 등이 규정한 내용이다.

이를 토대로 판단해 본다면 두 가지 관점에서 그 이유를 짚어 볼 수 있다. 하나는 구조 조정을 너무 조급하게 서두른 것은 아닌가 하는 점이다. 대기업 부채 비율 축소나 빅딜로 불린 사업 구조 조정에서 그 같은 의문을 가져볼 수 있다. 특히 시한을 설정해 구조 조정을 밀어붙인 것은 무리였다는 평가다.

다른 하나는 추진 방법에서 지나치게 정부 주도의 재단이 이뤄지지 않았느냐는 점이다. 구조 조정이란 말만 들어도 놀라고 겁부터 먹는 부정적 이미지를 심어 주게 된 결정적 요인이 여기에 있다고 본다. 물론 이 같은 지적이 새삼스러운 것은 아니지만 정부가 금융, 기업, 공공, 노동 등 4대 부문 개혁에 대한 큰 틀의 마무리를 했다고 발표했기 때문에 되새겨 보고자 하는 것이다. 정부가 제시한 자율과 책임이라는 상시 구조 조정의 원칙이 결코 퇴색되지 않기를 기대하는 뜻에서다. 물론 자율을 바탕으로 한 구조 조정이 성공을 거두려면 기업 등 경제 주체들의 비장한 각오와 결단이 필요하다.

구조 조정에 따른 고통을 분담하기 위해서는 사회적 합의도 뒷받침돼야 한다. 예컨대 구조 조정 과정에서 일자리가 줄어드는 것을 최소화하려면 임금 삭감의 고통도 감내할 수 있어야 한다. 그러나 무엇보다 중요한 것은 정책 의지다. 자율에 맡기다 보면 구조 조정이 더뎌질 수도 있다. 그렇더라도 정부가 직접 나서기보다 시장 기능을 살리고, 유인책을 강화하는 자세를 고수하는 게 현명하다. 타율에 의한 질서 개편은 언젠가 와해될 가능성이 크다는 점을 고려한다면 더욱 그렇다.

다만 자율 개혁의 추진에 앞서 정부는 해야 할 일과 하지 말아야 할 일을 보다 분명하게 제시해야 한다. 이는 정책 일관성 유지의 최대 관건이기도 하다. 아직도 우리 경제의 구조 조정이 미진하다는 것은 누구나 공감하고 있다. 구조 조정이 제대로 이뤄지지 못하면 우리 경제의 앞날이 밝지 못하다는 데에도 이론은 없다. 또 우리가 안고 있는 문제점이 무엇이고 어떻게 고쳐 나가야 할지에 대한 정답을 모르는 바도 아니다.

그러나 지금과 같이 듣기도 싫고 말하기도 싫은 수단과 방법을 동원한 구조 조정이라면 크게 달라지기를 기대하는 것 자체가 무리다. 진정한 구조 조정은 소리 없는 변혁의 과정이고, 쉼 없이 지속적으로 이뤄지는 것이어야 한다. 귀담아 듣지도 않고 말로만 떠들 때는 지났다.

구조 조정의 진정한 의미를 처음부터 다시 생각해 보자는 것도 그런 뜻에서다.

12

기업 지배 구조, 정답은 없다

2005. 7. 19.

신자유주의[49]에 대해 비판적 입장에 있는 학자들의 말을 빌리자면 우리 경제의 최대 핵심 과제인 설비 투자의 부진은 금융 자본을 위한 시스템이라 할 수 있는 신자유주의 체제하에서 주주 자본주의가 초래한 부작용에 지나지 않는다는 것이다. 무분별한 외국 자본의 국내 자본 시장 진출, 그로 인한 고배당 압력, 그리고 수익 우선의 금융 시스템 등이 빚어낸 결과라는 얘기다.

기업 이익이 늘어나도 투자하기보다는 배당과 경영권 방어에 우선순위를 두고 있고, 은행은 생산을 돕는 기업 금융보다 소비를 돕는 소매 금융에 치중하고 있으니 성장은 정체되고 경제의 양극화만 심화되고 있다는 주장이다.

지난 2년여 동안 SK그룹과 경영권 분쟁을 벌였던 소버린[50] 자산운용이 ㈜SK 지분을 모두 매각할 예정이란 소식에 접하고 보면 신자유주의에 대한 이들의 그러한 비판이 전혀 일리가 없지도 않은 것 같다. 더구나 소버린은 2년여 만에 투자 원금의 몇 배에 달하는 8,000억 원에 가까운 배당과 주식 시세 차익을 챙길 것이라고 하니 뒷맛이 개운치는 않다. 경영권 분쟁이 결국은 주가를 올려 시세 차익을 남기기 위한 고도의 인질극이 아니었느냐는 의구심도 그래서 더한지 모른다.

그러나 결과론이긴 하지만 투명 경영의 중요성과 함께 외국 자본의 적대적 경영권 탈취 가능성 등에 대한 경각심을 우리에게 일깨워 줬다는 것은 그나마 다행이 아닌가 싶다. 돌이켜 보면 소버린은 많은 한국 사람들에게 부정적 이미지로 다가왔다. '우리 편'인 국내 기업 SK와 경영권 분쟁을 벌인 외국 자본이란 사실 하나만으로도 그런 인상을 심어 줄 만했다. 하지만 외국 자본이라는 이유로, 특히 시세 차익을 많이 남겼다는 이유로 흘겨보아야 할 이유는 전혀 없다. 따지고 보면 문제는 바로 우리 자신들에게 있기 때문이다.

소버린과 SK 간의 경영권 분쟁이 증명하듯 국내 기업에 대한 외국인들의 적대적 인수·합병M&A 가능성이 큰데도 이에 대한 정책적 대비책은 찾아보기 힘들었던 게 사실이다. 오히려 대기업 집단이라는 이유로 출자 제한과 계열 금융사들에 대한 의결권 제한 등 대기업의 지배 구조가 비판의 대상이 돼 왔다. 소유 지분이 많으면 많은 대로 문제가 되고, 적으면 적은 대로 문제가 된다.

소수의 지분으로 대기업 집단 전체를 지배하는 것은 왜곡된 현상이라고 지적한다. 엊그제 공정거래위원회가 발표한 '대기업 집단 소유 지배 구조에 관한 정보 공개'에서 보면 정책 당국은 '의결권 승수'[51]라는 다소 생소한 용어까지 동원하면서 이 점을 강조했다. 대기업 총수들이 실제 가지고 있는 주식 지분에 비해 계열사나 친인척 등을 동원해 실제 의

결권을 행사할 수 있는 전체 소유 지분을 계산해 보면 몇 배나 많다는 것이다.

의결권 승수라는 것이 학문적으론 그럴듯해 보일지 몰라도 이것이 좋은 기업과 나쁜 기업을 분류하는 데 있어서 실증적으로 얼마나 타당한 기준인지는 의문이다. 소유와 지배의 괴리도가 큰 기업이 괄목할 만한 성과를 내기도 하고, 그렇지 않은 기업이 망하기도 하는 것이 엄연한 현실이고 보면 특히 그렇다.

선진국 클럽이라는 OECD가 지배 구조를 연구한 보고서를 내면서 정답이 없다고 한 것도 그런 배경에서일 것이다. 주식 소유와 기업 지배의 괴리도가 크건 작건 당장의 큰 관심사일 수는 없다. 당면한 경제적 어려움이 신자유주의 정책의 산물인지 아닌지를 가리는 것도 논쟁거리에 불과하다.

그러나 SK와 소버린이 경영권 분쟁을 계속하면서 그동안 숙제로 남긴 외국인에 의한 적대적 M&A 가능성, 외국인 투기 자본의 횡포, 그리고 지나친 고배당 요구와 국부 유출 등 여러 가지 부작용에 대한 대책은 서두르지 않으면 안 된다. 특히 기업 지배 구조와 같은 관념적 목표를 달성하기 위해 아까운 에너지를 허비하는 일은 없어야 한다.

기업 지배 구조를 바꾸는 것이 경제 정책의 궁극적인 목적일 수는 없지 않은가.

13
유동성 함정인가, 정책 함정인가

2005. 8. 16.

해방이 이뤄진 1945년 우리나라의 예금 금리는 연 3.4%로 기록돼 있다. 지금보다 더 낮았다. 올해 상반기 중 은행들의 가중 평균 예금 금리는 연 3.46%. 한국은행이 펴낸 '숫자로 보는 광복 60년'에 나와 있는 통계이다. 물론 당시의 혼란스러웠던 경제 상황에서 제도상으로 존재한 금리라는 점을 감안한다면 지금이 사상 최저 금리라는 데는 별다른 이의가 있을 수 없다.

지난주 한국은행은 금융통화위원회를 열고 사상 최저 수준에 머물고 있는 콜금리를 9개월째 동결하는 결정을 내렸다. 아직은 경기 상황이 불투명해 연 3.25%인 콜금리를 그대로 유지한다는 게 박승 총재의 발표다. 경기 회복이 이뤄진다는 판단이 확실해지면 지체 없이 금리를 인상하겠다는 단서도 달았다. 이를 계기로 금리 인상에 대한 논란이 고개를 들고 있다.

사실 우리의 금리 운용은 여러 가지 측면에서 딜레마에 빠져 있다고 해도 과언이 아니다. 금리를 올리면 안 되는 이유도 그럴듯하고, 반대로 올려야 하는 명분도 충분한 설득력을 갖고 있다. 초저금리 수준에도 불구하고 경기 회복 기미가 전혀 뚜렷하게 나타나지 않고 있는 것은 금리를 올리지 못하는 가장 큰 이유다. 그동안에는 이런 논리가 별다른 저항 없이 받아들여져 왔던 것도 사실이다.

그러나 근래 들어 상황이 많이 바뀌고 있다. 미국이 몇 차례에 걸쳐 금리를 인상한 결과 미국 금리가 우리나라보다 높은 역전 현상이 나타났기 때문이다. 게다가 그동안의 초저금리 유지에도 기업 투자나 민간 소비는 늘어나지 않으면서 부동산 투기 현상만 부추기는 결과를 가져왔다는 분석도 나온다. 일부에서는 정부 말대로 경기 회복 조짐이 보인다면 지금이 금리를 인상해야 할 적기라고 강조하기도 한다. 근래 들어 금리 인상 주장에 힘이 실리는 모습이다.

그렇다면 어느 쪽이 옳다고 보아야 할 것인가. 득과 실을 따져 국가 경제에 이득이 되는 쪽으로 결론을 내리면 그만이다. 그런데 그 효과 측정이 쉽지 않다는 데 문제가 있다. 금리가 자금의 수급 조절과 적정 배분 등 본래의 기능을 제대로 발휘하지 못하고 있기 때문이다.

금리 기능이 제대로 작동되지 못하는 환경이라면 금리를 올리건 내리건 기대 효과를 충분히 거둘 수 없고, 따라서 어느 쪽 주장이 옳다고 단정하는 것도 무의미하다. 많은 전문가들은 이미 우리 경제가 '유동성 함정'[52]에 빠져 있다는 점을 지적한 바 있다. 금리 인하 등 통화 완화 정책을 쓰더라도 경제 주체들이 거의 반응하지 않는다는 것이다. 예컨대 경제 주체들이 미래에 대해 비관적인 전망에 빠져 투자나 소비 심리가 극도로 침체해 있을 경우는 금리가 먹혀들지 않는다는 얘기다.

그런 점에서 보면 금리라는 정책 수단을 놓고 인상이냐 인하냐의 논란을 벌이기에 앞서 금리가 정상적으로 작동할 수 있는 환경이 조성돼 있는지부터 따져 볼 필요가 있다. 사상 최저 수준의 금리에도 기업들이 돈을 빌려 투자를 하기는커녕 빌린 돈을 갚는 현상이 나타나고 있는 것은 무슨 연유인가. 기업을 옥죄는 갖가지 규제에 반기업 정서가 기승을 부리고 있는 것이 지금의 우리 현실이다.

걸핏하면 기업인들을 수사 대상에 올려놓고 매도하기 일쑤다. 일부 시민 단체들의 여론 몰이 식 '기업 때리기'는 누가 보아도 지나칠 정도다.

정부 정책은 어떤가. 성장과 분배를 오락가락하는 기조적인 문제가 아직도 혼선을 거듭하고 있고, 병 주고 약 주는 식의 부동산 정책 등을 접하다 보면 경영 의사 결정에서 가장 핵심 요소인 정책의 예측 가능성이란 찾아보기 힘들다. 기업뿐만 아니라 소비자들도 혼란스럽기는 전혀 다를 바 없다.

정치·경제·사회적 환경이 이렇다면 상식적으로 생각해 보더라도 금리가 낮다는 이유만으로 위험 부담을 감수하면서까지 투자할 기업이 어디 있겠는가. 유동성 함정을 탓하기 전에 '정책 함정' 탈출이 더 시급하다는 얘기다.

14
다시 생각해 보는 규제 개혁

2005. 11. 23.

정부와 기업은 어떤 관계인가. 참으로 막연한 의문이고 풀기 어려운 숙제다. 경제 문제를 해결하기 위한 방법론을 연구하는 경제학의 변천도 어찌 보면 정부와 기업, 또는 정부와 시장의 관계를 어떻게 설정하고 해답을 제시하느냐에 따라 새로운 학파學派가 형성되고 소멸되는 과정을 겪어 왔다고 볼 수 있다.

자유방임에 가까운 고전학파 경제 이론에서부터 적극적 정부 역할을 강조한 케인스학파를 거쳐 합리적 기대 이론이나 진화론, 요즘의 신자유주의에 이르기까지 그때그때의 시대 상황과 여건에 따라 새로운 경제 이론이 대두돼 왔다.

지난주 부산에서 열렸던 아시아 태평양 경제 협력체APEC 정상회의의 부수 행사로 열렸던 기업인 회의에서 중국 알리바바닷컴의 잭 마 회장은 "기업이 정부와 결혼은 하되 사랑에 빠지면 안 된다"는 주장을 내세웠다. 경제 주체인 정부와 기업, 그리고 소비자의 공존 관계는 불가분이지만 기업은 시장을 존중하고 사랑할 때 발전할 수 있다는 얘기다. 다른 각도에서 해석해 보자면 정부의 규제와 간섭이 많지 않아야 경제 활력을 되찾을 수 있다는 얘기이기도 하다.

물론 정부 규제가 전혀 없는 자유방임의 상황은 생각해 볼 수 없는 과제다. 그렇다면 정부 규제의 최적 선택은 존재하는 것인가.

규제 개혁이란 화두는 역대 어느 정부를 막론하고 최우선 과제로 내세우지 않은 적이 없었다. 지금의 민관 합동 규제개혁위원회 출범이 1998년 김대중 정부 시절이고, 그 이전엔 행정개혁위원회란 이름으로 규제 철폐에 역점을 둬 왔다. 그런데도 규제 개혁이 미흡하다는 평가를 받기는 그때나 지금이나 마찬가지다. 정부와 민간 모두 규제를 줄이는 게 바람직하다는 데 동의하고 노력하면서도 왜 줄어들지 않는 것인가.

여러 이유를 생각해 볼 수 있다. 우선 기존의 규제가 주는 대신 새로운 규제가 더 생겨날 수 있다. 또 규제를 줄인다고는 하지만 행정 절차나 구비 서류 등 지엽적 행정 개선에 그치고 핵심적 내용은 그대로 둔다고 한다면 기업들, 또는 국민들이 느끼는 체감은 여전히 '규제가 까다롭다' 일 것이다. 지금의 상황은 이러한 요인들이 복합적으로 작용하고 있는 게 아닌가 싶다.

그러나 기업들이 이보다 더 힘겹게 받아들이는 부분은 시민사회단체들의 가시적 또는 묵시적 규제 압력이 아닌가 싶다. 법에 명시되지 않은 요구 사항들을 '국민 정서' 를 내세워 기업을 압박할 때는 대책이 없다.

물론 사회단체들 입장에서 보면 그러한 활동이 일종의 의무라고 생각할지도 모른다. 그러나 그렇다 치더라도 정부와 국회가 중심을 잡고 옳은 건 받아들이되 잘못된 건 하루빨리 시정토록 하는 신속한 '교통정리'

가 필요하다. 그렇지 못하면 신호등 꺼진 교차로처럼 차량이 뒤엉키고 질서가 무너져 혼란에 빠지게 된다.

APEC 정상회의에 참석했던 폴 제이콥스 퀄컴 사장이 "한국에선 시민단체, 국회, 정부 등의 개입이 심해 외국 기업의 투자 의사 결정에 불확실성을 주고 있다"고 지적했다. 물론 전적으로 동의하긴 어렵지만 외국인의 눈에 비친 한국의 현실을 어느 정도나마 파악할 수 있다는 점에서 곱씹어 볼 만한 언급임에 틀림없다.

사실 정부는 행정 서비스를 제공하는 것이 주된 역할이다. 교과서에도 그렇게 쓰여 있다. 그런데 현실은 어떤가. 공복公僕이라 스스로 일컬으면서도 실제로는 기업과 소비자를 가르치고 지도하는 선생님이나 지도자로 군림하려 한다. 이런 자세가 변하지 않는 한 제아무리 강도 높은 규제 개혁 방안을 마련하라고 다그쳐도 실효성 있는 대안이 나오기는 어렵다. 규제 개혁은 정부가, 그리고 정치권력이 봉사 정신을 바탕으로 추진한다면 결코 어려운 일은 아닐 것이다.

'기업 규제 철폐'가 일상의 대화처럼 오가지만 진전은커녕 뒷걸음질 하는 것 같은 요즘의 상황을 지켜보면서 가장 초보적인 근본 문제점부터 다시 짚어 보았으면 하는 생각을 하게 된다.

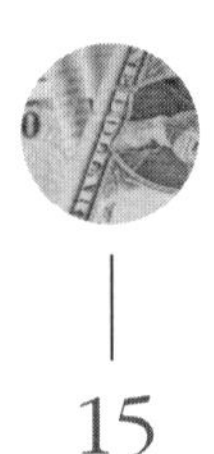

15
기업을 대하는 두 가지 시각

2006. 5. 2.

미국의 조지 W. 부시 대통령은 오는 18일께 GM, 포드, 크라이슬러 등 미국 3대 자동차 메이저 최고 경영자들과 만나 '미국 차 살리기'를 위해 머리를 맞댈 예정이라고 주요 언론들이 보도했다. 연방정부 지원 없이 GM과 포드가 파산 위기를 모면할 수 있을지, 전문가들의 한결같은 의문이 제기되고 있는 시점이고 보면 우리로서도 이 만남에 비상한 관심을 갖지 않을 수 없다.

이 기사가 실린 지난 29일자 국내 신문의 첫머리는 정몽구 현대자동차그룹 회장 구속[53] 기사로 도배됐다. 그동안 재계는 말할 것도 없고 수많은 국민들이 이번 사태 처리에 있어 국가 전략 산업의 선봉에 서 있는 현대차그룹의 경영 위기와 대외 신인도 추락을 생각해야 한다고 호소했지만 이는 깡그리 무시됐다.

한국과 미국이 이렇게까지 다를 수 있을까. 미국은 자동차 산업의 자존심을 살리려 대통령까지 나서는 마당에 우리는 세계 5위 자동차 회사를 꿈꾸며 글로벌 전략에 숨 돌릴 틈도 없는 자동차 기업을 몽둥이질해 대는 꼴이니 참으로 희한한 일이다.

죄가 있으면 벌을 주는 것은 당연하지만 법의 판단이 내려지기도 전에 인신 구속으로 압박하는 이유는 어디에 있는지, 검찰과 법원이 내세운 '증거 인멸의 우려'에 얼마나 많은 사람들이 공감할 것인지는 여전히 의문이 아닐 수 없다. 그래서 의심해 보는 것이 정부의 정체성이요, 반反기업 정서가 팽배한 우리 사회의 분위기다.

잘사는 사람, 못사는 사람을 억지로 나누는 '양극화'를 이슈로 등장시켰고, 화이트칼라 범죄를 엄단해야 한다는 고위 사정 당국자들의 언급이 이어지는가 하면, 어느 장관은 공공연히 '사회적 승자가 복지를 위한 돈을 더 내야 한다'고 말하고 있다. 그래서 기업인들은 사재私財를 털어 사회 공헌 기금을 내야만 하고, 한편에서는 얼마를 내야 체면치레를 할 수 있을지에 대해 고민에 빠져 있는 것이 지금 우리 기업들의 당면한 처지다.

미국 〈월스트리트저널〉은 이번 정 회장 구속에 대해 '국가 자부심의 원천을 희생시키는 알'이라고 논평했다. 국력은 경제력에서 나온다는 말은 기업인들이 자기방어를 위해 변명하는 얘기가 아니라, 국가 지도자들이 늘 강조하는 구호다.

그런데도 경제력의 원천인 기업과 기업인에 대한 인식은 어떤가.

특히 대기업은 비리의 온상쯤으로 매도되고 있다. 시민사회단체들은 말할 것도 없고, 정부까지도 그런 인식의 틀에 갇혀 있는 것은 정말 걱정스런 현실이다. 지금 기업들은 그야말로 치열한 생존 다툼을 벌이는 글로벌 경쟁에 직면해 있다. 경쟁에서 살아남기 위해 혼신을 다해도 힘겹고, 정부와 정치 지도자들이 감싸 주고 격려해도 될까 말까 한 것이 우리 기업들의 현주소다. 솔직히 툭하면 터지는 기업 비자금 논란의 뿌리는 어디인가 묻고 싶다.

과거의 잘못된 정치·사회 메커니즘의 산물이 아닌가. 이젠 그런 잘못에서 벗어나야 하지만, 지금에 와서 모든 것을 기업과 기업인들에게 뒤집어씌워 국민의 눈을 가리고, 우리는 그래도 깨끗하다고 주장하는 정치적 제스처에 국민들의 생활만 더 고달파질 따름이다. 물론 기업들도 과거를 단절하고 새롭게 태어나야 하고, 그래서 많은 기업들이 투명한 경영 모델 정립을 위해 몸부림치고 있다면 이를 지켜보는 인내도 필요하다.

하루아침에 모든 것이 말끔히 정리될 수는 없는 일 아닌가. 경제력이 국력이고 국가 발전의 요체라는 점은 미국이든 우리든 다를 수 없다. 그런데 미국은 기업을 감싸고 한국은 옥죄기만 한다. 과거에서 벗어나려는 기업들의 변신 노력, 글로벌 경쟁에서 이기고 한 푼이라도 더 벌기 위한 열정, 이 모든 것을 긍정적으로 바라보면서 지원하고 격려해 주는 풍토가 아쉽다는 얘기다.

나라 경제가 결딴나고 난 뒤의 경제 정의나 투명성은 버스 떠난 뒤 손드는 것과 뭐가 다르겠는가.

16
가공 자본은 악인가

2006. 8. 8.

"쥐꼬리만 한 지분으로 황제 경영을 하고 있다."

이른바 재벌로 불리는 대기업 그룹의 지배 구조에 대한 대표적인 비판론이다. 과연 옳은 주장인가. 얼핏 보면 맞는 말인 것 같기도 하지만 곰곰 생각해 보면 이해가 잘 안 된다. 그렇다면 100%의 지분을 가진 주주만이 기업의 경영권을 행사할 수 있다는 얘기인가. 또 주식을 전혀 소유하지 않은 전문 경영인이 경영의 전권을 행사하는 이른바 소유와 경영의 분리는 전혀 터무니없다는 말 아닌가.

그런데도 공정거래위원회는 매년 대기업 그룹의 소유 지분 구조를 발표한다. 올해 4월 1일 기준으로 보면 출자 총액 제한 제도 대상 기업 14개 그룹은 기업 총수 일가의 소유 지분이 평균 6.36%에 불과한데도 의결권 지분은 37.65%에 달했다. 의결권 승수도 7.47배나 된다고 돼 있다. 그래서 출자 총액 제한 제도 등 경제력 집중 억제 시책을 계속 유지해 나가야 한다는 것이다. 출자 총액 제한 제도를 폐지하자는 여당의 제안이 나오자 공정위가 순환 출자 금지 등 대안을 마련한 연후라야 가능하다고 반박하고 나선 것도 그런 연유에서다. 쥐꼬리만 한 지분으로 거대 기업 그룹을 지배할 수 있는 것은 바로 순환 출자로 인한 '가공 자본' 때문이라는 인식의 함정에 빠져 있는 탓이다.

예컨대 100억 원의 자본금으로 회사를 설립하고, 그 회사가 또 다른 회사에 투자하는 식으로 여러 개의 연결 고리로 많은 회사를 만들게 되면 결국 실질 자본은 100억 원뿐인데도 계열 회사 전부를 합치면 자본금이 실제 돈의 대여섯 배에 이를 정도로 자본이 부풀려진다는 얘기다. 따져 보면 틀린 얘기는 아니다.

그러나 이런 식의 계산법이 경제 논리에 맞는 것인지, 그것을 가공 자본이라 부르는 것이 정확한 표현인지, 또 '가공 자본'이라 말할 수 있다고 하더라도 그것이 과연 경제에 해악을 주는 것이기나 한지 궁금한 게 너무나 많다. 자본주의 사회의 최대 발명품이라고 하는 주식회사 제도의 메커니즘을 인정하는 한 여기서 말하는 가공 자본은 생기게 마련이다.

그래서 고안된 것이 연결재무제표이고 결합재무제표이다. 이는 한마디로 가공 자본을 걷어 내고 기업의 내용을 살펴보자는 것이다. 말하자면 자본이 투자 활동을 거쳐 증식되는 과정이 곧 경제 성장이고 국가 발전 아닌가.

그런데 순환 출자 규제는 이 같은 성장과 발전을 못하도록 처음부터 쐐기를 박는 것과 무엇이 다른가. 백번 양보하더라도 적은 돈으로 가능한 한 많은 기업을 만들어 생산 활동을 하면서 일자리를 창출한다면 요즘같이 어려운 판국에는 오히려 선善이고 더 장려해야 할 일 아닌가. 출자 총액 제한 제도의 폐지는 순환 출자를 규제하는 대안을 마련한 다음에야 가능하다는 공정위의 구상을 듣고 있으면, 정책 당국이 아직도 왜 이런 관념에 빠져 있는지 너무도 궁금하다.

경제계는 순환 출자를 제한하려면 차라리 지금의 출자 총액 제한 제도를 놔두는 편이 낫다고까지 얘기하는 모양이다. 가뜩이나 기업 지배 구조가 취약해 외국 자본의 인수·합병 사냥감으로 노출돼 있는 판에 한술 더 떠 순환 출자까지 엄격하게 규제한다면 아예 수많은 기업을 외국인들에게 넘겨주자는 얘기와 무엇이 다른가.

지금 정부는 물론이고 모든 경제 전문가들이 경제 활력을 되찾기 위한 최우선적인 과제로 꼽고 있는 것이 투자를 늘리는 방안이다. 그런데 공정위는 거꾸로 가는 처방을 내놓고 있다.

무엇 때문인가.

목소리 큰 시민단체들의 재벌 정책 후퇴에 대한 비판론이 그렇게도 부담스러운가. 공정위로서는 대기업 집단의 횡포를 근절함으로써 공정한 경쟁의 룰을 만들 수 있다고 생각하는 것 같다. 하지만 기업의 소유 지배 구조를 뜯어고치는 것과 시장의 공정 경쟁이 도대체 무슨 상관관계가 있는지에 대한 설명이 없다. 공정거래법에 경제력 집중 억제 조항이 포함된 것 자체가 횡포이고 억지라는 얘기다. 설령 개발 연대의 기형적 기업 행태가 불러온 예외적인 조치이고 제도였다고 해도 이제는 버려야 할 제도임에 틀림없다.

36 주력 기업 제도 도입을 골자로 하는 것으로 30대 계열기업군(재벌)이 각각 주거래 은행과 협의해 3개씩의 주력 기업을 선정하고 이들에 대해서는 여신 한도 관리에서 제외시키는 등 대출 규제를 대폭 완화해 주기로 한 것. 이는 1993년 11월 상공부가 고시한 대규모 기업 집단의 업종 전문화 시책으로 발전됐음. 즉 재벌들이 각각 몇 개의 기업에 집중 투자함으로써 국제 경쟁력을 갖춘 기업으로 거듭나도록 하겠다는 구상이었으나 결과는 신통치 않았다.

37 연말의 대선을 앞두고 1992년은 신산업 정책에 대한 우려가 일 년 내내 그치지 않았다. 재벌 해체와 같은 강력한 대기업 정책이 강구되고 있다는 소문이 그 핵심. 그러나 끝내 신산업 정책은 없었다. 다만 1992년의 주력 기업 제도 도입을 골자로 하는 여신 관리 제도 개편, 1993년에 실시된 업종 전문화 시책 등이 유사 '신산업 정책'으로 볼 수 있겠다.

38 1993년 김영삼 대통령의 취임과 함께 '신(新)경제'라는 말이 정부에 의해 귀가 따갑도록 거론됐다. 당시 박재윤 경제수석(전 서울대 교수)은 '신경제론'을 '김영삼 대통령의 통치 철학을 경제 정책론으로 표현한 것이라고 정의했다. 박 수석은 김 대통령이 민자당 대통령 후보로 선출된 1992년 5월부터 준비해 온 것으로 집권 후의 경제 정책에 관해 500여 페이지에 달하는 방대한 마스터플랜을 갖고 취임한 것은 사상 처음이라고 강조했다. 신경제 계획은 취임하자마자 경기 부양을 주요 내용으로 하는 '신경제 100일 계획'을 발표한 데 이어 7월에는 신경제 5개년(1993~1998년) 계획을 발표했다. '신경제'에서 '신(新)'은 한자 표기를 원칙으로 했다.

39 김영삼 정부의 신경제 5개년 계획 발표를 계기로 지난 1962년부터 30여 년간 5년 단위로 수립해 온 '경제사회발전 5개년 계획'은 종말을 고했다. 1차부터 4차 계획까지는 '경제개발 5개년 계획'이었음. 5개년 계획은 7차 계획(1992~1996년)까지 수립됐으나 신경제 계획을 계기로 중단됐다.

40 지금도 이 문제는 여전히 숙제다. 은행 등에 대한 지분율 규제가 있다 보니 결국 외

국 자본에 의한 점유가 현실로 나타나고 있다.

41 김영삼 정부의 대표적인 국정 목표는 '세계화' 라고 할 수 있다. 집권 2년차인 1994
년 국정 목표를 '국가 경쟁력의 강화' 로 설정하고 실천 과제의 하나로 '국제화 · 세
계화의 추구' 를 제시했다. 그러나 본격적인 '세계화' 의 논란은 1994년 11월 17일
김 대통령이 APEC(Asia Pacific Economic Cooperation, 아시아 태평양 경제 협력체)
정상회의에 참석차 방문한 호주에서 '세계화' 를 강조하는 이른바 '시드니 구상' 을
발표하면서 시작됐다. 세계화 국제화는 지극히 당연한 국정 과제인데도 무슨 특별
한 의미가 있는 것처럼 강조한 데다 세계화와 국제화가 어떻게 다르냐는 의문도 제
기됐다. 국정 목표에서는 '국제화' 를 앞세우는가 싶더니, 세계화 구상을 별도로 발
표했으니 그럴 수밖에. 논란이 확산되자 청와대와 공보처는 국제화와 세계화의 차
이점을 공식 발표하는 웃지 못 할 촌극도 벌어졌다. 이에 따르면 국제화는 '제도,
경제, 문화 의식 등에서 개별 국가 내부의 고착성을 뛰어넘는 국가 간의 교류' 를 의
미하는 것으로 국제 기준에 맞지 않는 각종 제도와 법규 등을 고쳐 나가는 것은 물
론 개혁 차원에서의 개방, 규제 철폐, 기술 혁신, 교육 강화 등이라고 설명. 이에 반
해 세계화는 '근본적으로 개별 국가의 개념이 약해지고 당일 공동체로 확산되는
것' 을 의미하는 것으로 국제화의 상위 개념이라는 것. 따라서 세계화는 각 나라나
민족의 특징, 차별성을 강조하기보다는 상호 의존성을 바탕에 둔 인류 공통의 보편
타당한 가치를 중시한다고 해명. 여기에서의 '세계화 총리' 는 세계화 추진을 위해
외교관 출신인 이홍구 국무총리를 지칭.

42 지금의 르노삼성자동차

43 주식예탁증서(Depository Receipts): 일반적으로 외국 주식을 자국 시장에서 유통
시킬 경우 국외 수송이나 언어 관습, 표시 통화 등의 차이로 인해 문제가 발생할 소
지가 많다. 이를 해결하기 위해 수탁기관이 투자자를 대신해 원주식의 보관과 주
주권 행사에 따른 모든 것을 대행해 주는데, 이러한 예탁 계약을 표시한 증서가 DR
이다.

44 제14대 대통령 선거에 당시 현대그룹 총수인 정주영 회장이 '국민당' 을 창당하고
대통령 후보로 나서 김영삼 대통령과 대립각을 세웠다. 그로 인해 선거가 끝난 후
에도 현대그룹이 정부로부터 보이지 않는 압박에 시달리는 등 불편한 관계가 한동
안 지속됐다.

45 1995년 10월 당시 민주당 소속의 박계동 의원(뒷날 한나라당 입당)이 '노태우 전 대
통령의 4,000억 원 비자금 보유설' 을 주장한 이후 검찰이 수사에 착수, 약 한 달 만

인 11월 16일 구속 수감됐다. 실제 노태우 전 대통령은 재임 중 '통치 자금'을 조성했으며 규모는 5,000억 원 가량이라고 밝히는 대국민 사과 성명을 발표했다. 이와 관련 수많은 기업인들이 소환 조사를 받았으며 경제는 살얼음판을 걷게 됐다.

46 본선 경기는 1998년 프랑스에서 개최됐음.

47 1997년 12월 대선에서 대통령에 당선된 김대중 정권. 취임 이전이어서 '차기 정권'이라는 표현을 썼다.

48 실제로 벤처 열풍의 후유증은 무척 컸다. 벤처 버블이 꺼지면서 수많은 기업들의 도산과 코스닥 시장의 주가 폭락 등으로 이어졌다.

49 1997년 말의 외환 위기 이후 미국식 자본주의가 폭넓게 도입되면서 '신자유주의' 논란이 제기됐다. 신자유주의는 사상적으로 엄격히 확립된 개념은 아니지만 경제 또는 사회학자들 사이에서 자주 쓰이는 용어다. 애덤 스미스(Adam Smith) 이후 정립된 고전적 자유주의를 되살린다는 복고적 의미에서 자유주의라는 이름 앞에 '신(新)' 자를 붙인 것으로 이해할 수 있다. 때문에 사람들에 따라 자유주의 학자인 하이에크 이후의 자유주의 사상을 신자유주의라 하기도 하고, 통화론자인 밀턴 프리드먼 이후의 자유주의 사상을 의미하기도 한다. 그러나 근래 우리 경제에서 말하는 신자유주의는 최근 1980년대 이후 영국과 미국의 경제 체제를 지칭하는 것이 일반적이다.

50 소버린(sovereign)은 모나코 국적의 자산 운용 회사. 1972년 뉴질랜드의 자산 개발 그룹으로 출범하였으며 이후 1986년 무역 사업의 대부분을 매각하고 모나코에 기반을 둔 국제 투자 기관으로 탈바꿈했다. 소버린은 2003년 4월 자회사인 크레스트 시큐리티를 통해 한국의 (주)SK의 지분을 대거 매입하고 (주)SK와 경영권 분쟁을 벌이면서 국내에 알려졌다. 그러나 2005년 7월 영국 및 홍콩 등지의 외국 투자 기관들에 (주)SK의 지분 전량(1,092만 8,000주, 14.82%)을 매각해 8,000억 원이 넘는 막대한 투자 이익을 거둔 것으로 알려졌다.

51 의결권 승수는 계열사 지분 등 그룹 총수가 그 회사에 영향력을 행사할 수 있는 의결권을 총수의 실제 보유 지분인 소유권으로 나눈 수치이다. 예를 들어 재벌 총수가 한 기업에 대해 자기 지분 5%, 계열사 지분 15% 등 20%의 지분으로 총 30%의 의결권을 행사하고 있다면 승수는 1.5가 된다. 이는 소유권과 의결권 사이의 괴리를 보여 주는 지표로 지배주주의 직접 지분이 낮은데도 계열사를 통한 출자분이 높으면 높게 나타난다.

52 금리를 아무리 낮춰도 투자나 소비 등의 실물 경제에 영향을 전혀 미치지 못하는

상황을 말한다. 결국 통화 정책이 무력화되는 상황으로 영국 경제학자 존 M. 케인스가 제기한 용어다. 일반적으로 이자율이 내려가면 기업은 돈을 빌려 투자를 늘리고 일반인들은 소비를 증가시킨다. 그런데 이자율이 어느 정도까지 내려가면 사람들은 가까운 장래에 이자율이 올라갈 것이란 생각을 하게 돼 예정된 반응을 기피하게 된다. 이러한 상황에서는 금융 정책의 효과를 기대하기 어렵다.

53 1,200억 원 규모의 비자금을 조성하고 회사에 약 4,000억 원의 손실을 끼친 혐의(특정경제범죄가중처벌법상 횡령·배임)로 2006년 4월 28일 구속됐다. 대선 자금 등 정치인들에 대한 로비 관련성 등으로 관심을 끌었다.

· 5부 ·

주가 상승의
빛과 그림자

한 나라의 국민 경제는 항상 진화하면서 발전해야 한다. 그런데 이러한 변화는 결코 긍정적인 방향으로만 움직이는 것은 아니다. 경제 구조에 영향을 미치는 요소는 여러 가지다. 기술의 변화나 가격의 변화가 경제 구조에 큰 변화를 몰고 오는가 하면, 사람들의 기호 변화가 상품 수급에 영향을 미친다. 이 과정에서 성장하는 산업이 많으면 경제 발전이 빨라지고, 정체하거나 수축하는 산업이 많으면 경제 성장은 정체되기 마련이다. 즉, 한 나라의 경제 성장은 그 나라의 경제 기반과 산업 구조가 어떻게 변화하느냐에 따라 결정된다고 볼 수 있다.

한국 경제는 근래 들어 변화의 소용돌이에 휘말려 있다. 잠재 성장률의 하락으로 고용 및 성장 기반이 약화되고 있다. '중진국 함정'에 빠져들고 있다는 분석도 없지 않은 것을 보면 여간 염려스럽지 않다. 중진국 함정의 의미는 기본적으로 성장 기반의 약화를 뜻하지만 보다 구체적으로는 외환 위기 이후 도입된 현금 흐름과 고율 배당 실시를 중시하는 주주 자본주의로 인해 장기 설비 투자의 부진, 고용 부진과 노사 분규의 악순환으로 근로자들의 기업에 대한 로열티 감소 등의 내용을 내포하고 있다. 과도한 평등 의식과 분배 욕구의 증가 등이 주요인으로 작용하고 있음을 감안하면 만에 하나 '중진국 함정'이 사실이라면 우리 경제는 위기 국면에 처했다 해도 과언이 아니다.

특히 경제 각 부문에서 나타나고 있는 이중 구조, 즉 각 부문 간의 극심한 격차는 하루 빨리 시정돼야 할 대상이다. 우선 노동 시장에 있어서 대기업과 중소기업의 양극화라는 이중 구조는 결과적으로 소득 분배의 악화까지 초래하는 부작용을 낳고 있다. 대기업들이 신규 채용을 억제하고 하청 비용을 줄여 경영 개선을 도모하는 현상이 일반화되면서 중소기업들의 임금은 상대적으로 낮아졌다. 임금 규모가 2배에 가까운 차이를 보이는 정규직과 비정규직의 격차 역시 같은 맥락이다. 노동 시장에서의 '빈익빈, 부익부'라고나 할까.

기업 간 산업 간 이중 구조 역시 심각하다. 대기업과 중소기업, 수출 산업과 내수 산업, 제조업과 서비스업의 격차는 갈수록 벌어지고 있다. 중소기업의 생산성은 대기업의 35%에 불과하고, 내수기업의 생산성은 수출기업의 46%에 불과하다. 서비스업의 생산성은 제조업의 54%에 불과하다는 분석은, 미국이나 일본 등에서 서비스업 생산성이 제조업과 맞먹는다는 것을 생각해 볼 때, 우리의 산업 구조가 얼마나 취약한지를 알 수 있다.

경제 성장률은 높아졌다고 하는데 시중의 체감 경기는 썰렁하다는 현실은 이러한 이중 구조에서 비롯된다는 사실을 이해하면 우리 경제가 당면한 정책 과제가 무엇인지도 자명해진다.

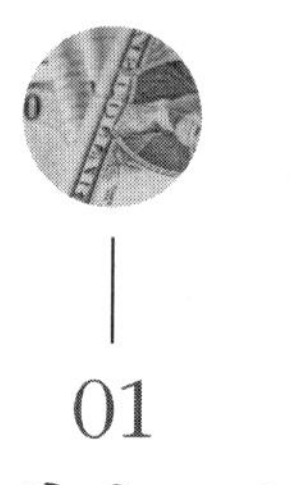

01
편법 남발은 곤란하다

1992. 6. 1.

투자 신탁 회사에 대한 한은 특융特融[54] 지원 결정을 놓고 뒷말이 많다. 특혜 시비도 나오고 적법성 여부까지 거론된다.[55]

특별 융자란 원래 편법이다. 중앙은행인 한국은행의 발권력을 동원하기 때문이다. 발권력을 동원하는 것은 인플레 등 국민 경제 전체에 악영향을 미칠 위험을 내포하고 있다. 그런 만큼 특융은 비상조치로 보아야 한다. 신용 질서가 교란당할 우려가 있을 때 동원하는 편법이다. 상황이 어찌 됐건 비상조치를 취했으니 뒷말이 없을 수가 없다.

사실 어려움에 처한 투자 신탁 회사를 살려야 한다는 데는 많은 사람들이 공감하고 있다. 투자 신탁 회사는 은행, 증권, 보험, 단자 등 금융 기관들이 돈을 내서 만든 회사다. 또 이들이 하는 일은 수많은 소액 투자자들로부터 돈을 위탁받아 주식이나 채권에 투자해 돈을 굴려 주는 것이다.

이런 금융 기관이 부도가 난다면 큰일이 아닐 수 없다. 때문에 부도 위기에 직면한 투신사를 어떤 식으로든 살려 내야 한다는 당위성은 인정할 수밖에 없다. 그럼에도 뒷말이 무성한 것은 그 수단과 방법에 대한 국민들의 공감이 부족한 탓으로 보아야 할 것이다.

우선 다소 시간을 갖고 폭넓은 의견 수렴을 거치겠다던 당국이 한남투신韓南投信[56]의 수익 증권 환매 사태(예금 인출)를 계기로 전격 지원 결정을 한 데 대한 성급함이 시비를 불러일으킨 것 같다.

한남투신 예금 인출 사태는 '투신사가 부도난다'는 악성 루머 때문이라고 알려져 있다. 결코 금융 시장의 구조적 문제가 아닌 해프닝성 사건으로 보아야 한다. 이런 일시적 사건을 정부가 특융이라는 엄청난 정책 결정의 계기로 삼았다는 것 자체가 이해가 안 가는 부분이다.

또 투신사가 이번에 금융 기관으로부터 지원받은 돈에 대한 원금과 이자 상환은 정부가 지급 보증을 하도록 돼 있다. 그러기 위해서는 국회 동의가 필요하다. 정부는 원리금 상환에 대한 지급 보증을 국회에서 동의받는 것이 국민적 공감대 형성을 위한 것이라고 설명했다. 그러나 지급 보증 동의안이 국무회의에서 통과하면 특융 지원을 곧바로 시행하겠다고 밝히고 있다.

공감대 형성을 위한 의견 수렴이라기보다 사후 승인이 되는 셈이다. 당초 거론되던 '국회 논의' 차원과는 너무 거리가 먼 것이다.

그러나 보다 근본적인 문제는 투신사 부실의 근원인 1989년 12월 12일의 증시 부양 조치[57]에 대한 평가와 반성은 전혀 없이 '편법의 부작용을 또 편법으로 대응하려는 안이한 발상'이 답습되고 있다는 점이다.

소위 '12 · 12 조치'로 불리는 당시의 증시 대책은 투신사에 대해 은행 돈을 대 주고 주식을 무제한 매입토록 한 조치였다. 그때 생긴 빚이 오늘의 투신사 부실을 가져왔다. 증시도 살아나지 못해 정책의 실패를 자초했다.

더욱 문제가 되는 것은 정부 일각에서 이번 투신사 지원도 금융 정상화의 시각이 아니라 증시 대책으로 생각하고 있다는 점이다. 투신사 보유 주식의 매물 압박으로 증시 회생의 걸림돌이 되고 있어 특융을 지원한다는 것이다. 물론 다소의 도움은 되겠지만 근본 대책이 될 수는 없다. 많은 투자자들의 반응이 냉담한 것도 이 때문이다.

우리나라 증시 규모가 엄청나게 커져 투신사가 주가의 향방을 좌우하던 시대는 이미 지났는데도 정책의 발상은 '그 옛날'의 상황을 설정하고 있는 게 아닌가 하는 의문이 든다. 투신사 지원 필요성은 인정하면서도 특융 형식에 반대하는 논리 중의 하나는 이러한 효과의 한계성을 지적하는 것이다. 현재 투신사의 보유 주식은 전체 주식 시가 총액의 10% 내외에 불과하다. 이것으로 주가를 움직일 수 있다고 생각했다면 큰 잘못이다. 더구나 인위적으로 변동시킨 주가는 언젠가는 제자리로 돌아오는 것이 시장 경제의 원리이다.

자본 시장 육성의 당위성이 아무리 크다고 해도 특융이라는 편법이 남발되는 것은 결코 바람직한 현상이 아니다. 설사 당위성이 인정된다고 하더라도 이 같은 비상조치는 될수록 짧은 시일 내에 정상으로 되돌리는 것이 순리일 것이다.

기업 도산과 설비 투자 위축 등 부작용에도 불구하고 긴축 기조를 계속 유지해야 경제가 건실해진다는 정부의 일관된 논리가 특융 이후 어떻게 변할지 궁금해진다.

02
도중하차한 국민주

1994. 3. 28.

'국민주' 제도가 폐지된다고 한다. 최소한 증권 시장에서는 말도 많았던 제도였다.

국민주 보급의 취지는 그럴듯했다. 1980년대 이후 경제 성장 과정에서 축적된 이익을 국민들에게 환원해 주고 공기업에 대한 주인 의식을 함양시킬 수 있다는 것이 정부 측의 설명이었다.

보다 구체적으로는 중하위 계층의 재산 형성을 도와주고 증권 투자자의 저변 확대를 통해 자본 시장을 발전시킨다는 취지였다. 때문에 매각 대상 주식의 98%(우리사주조합 20% 포함)를 월 소득 60만 원 미만 저소득층에 배정한다는 기준이 마련됐다. 이러한 취지에 따라 1988년 4월 포철浦鐵에 이어 1989년 5월 한전韓電의 정부 보유 주식 일부가 국민주 방식으로 보급됐다.

국민주 보급 계획이 입안 단계였던 1987년 말께만 해도 주식을 못

사서 아우성이었고 1989년 4월 1일 종합 주가 지수 1,007.77을 기록할 때까지는 주가가 한없이 올라갈 기세였다. 이런 판국에 주식을 값싸게 나눠 주겠다고 했으니 일반인들은 최소한 반대할 이유가 없었다.

다만 정책 당국의 실무진들은 극력 반대 의사를 표명했던 것으로 기억된다. 주가가 계속 오를 것을 전제로 한 재산 형성 지원이라는 허무맹랑한 계획에 대해 의식 있는 경제 전문가들이 반대하지 않았다면 오히려 이상했을 것이다. 그러나 감행됐다. 1987년 12월 대통령 선거를 앞두고 정부로서는 근로자들의 환심을 사기에 충분한 것이어서 그해 12월 초 당정 회의에서 확정해 시행키로 한 것이다.

결국 국민주는 국민 복지 향상이라는 경제적 논리보다는 대통령 선거의 표票를 의식한 정치적 동기에서 잉태돼 탄생한 셈이다. 동기 자체가 순수하지 못했기에 국민주 제도는 기형아일 수밖에 없었고 정상적인 성장을 기대하는 것 자체가 무리였다.

국민주 보급의 가장 큰 성과는 주식 인구의 저변 확대였다. 당시 일확천금의 꿈을 안고 집 팔고 소 팔아 너도나도 주식 투자에 나설 정도였으니 일단은 대단한 성공을 거둔 셈이었다. 국민주 보급 이후 우리나라의 주식 투자 인구는 대충 1,000만 명에 이른 것으로 집계되기도 했다.

이런 판국에 1989년 봄부터 주가가 곤두박질치기 시작했으니 문제가 생길 수밖에. '깡통 계좌'라는 신조어가 등장했고, 세계에서 유례를 찾아볼 수 없는 주가 하락 항의 데모가 연일 계속되는 진풍경이 연출됐다. 급기야는 1989년 말 소위 '12·12 조치'로 불리는 증시 안정 대책이 나왔고 이는 지금까지 주식 시장에 큰 부담이 되고 있다.

당시 정책 당국에서는 중앙은행의 발권력을 동원해서라도 증시를 살리겠다고 천명하고 투자 신탁 회사들로 하여금 높은 가격으로 주식을 무제한 사들이도록 했었다. 투신사들은 그때 진 빚 때문에 지금까지 어려움을 겪고 있음은 물론이다.

당시의 주가 하락은 국민주 보급 때문만은 아니다. 세계적인 경기 침체 여파와 거품 해소로 인한 불가피한 결과였다. 그러나 국민감정은 그렇지 못했다. 돈을 벌도록 해 주겠다며 보급했던 국민주 값이 발행가 이하로 내려가 오히려 손해 볼 상황에 몰렸으니 정부에 항의할 만도 했다.

지금은 외국인 투자자들의 참여를 계기로 주가가 많이 올라 제 몫을 톡톡히 하고 있지만 이미 서민들의 손에서 떠난 뒤여서 당초의 목적이 달성됐다고 볼 수는 없다. 당초 총발행 주식의 21%가 개인들에게 배정됐으나 현재 한전주의 개인 투자자 보유 비중은 7.56%에 지나지 않고 나머지는 금융 기관 등 기관 투자가들이나 외국인 투자자(8.0%) 손에 넘어갔다. 개인 투자자 보유분도 상당 부분이 서민들이라기보다 돈 많은 투자자들에게 귀속돼 있다고 보아야 할 것이다. 어찌 보면 때를 잘못 만난 탓이기도 하지만 중도 하차하게 된 국민주 제도는 우리에게 많은 교훈은 남겨 주고 있다.

경제 정책은 순수한 경제 논리를 바탕으로 입안되고 추진돼야 성패成敗 간에 국민들의 이해를 구할 수 있다는 점이다. 선거용이 아니었던들 그토록 많은 비판의 대상이 되지는 않았을 것이란 얘기다.

공기업의 민영화 문제도 다시 생각해 볼 일이다. 포철과 한전주를 일부 매각하면서 민영화로 표현된 적이 있다. 극히 일부 주식을 국민들에게 넘겨주고 민영화했다는 것은 논리의 비약이다.

국민 경제에 꼭 필요한 부문이면서도 채산성이 없어 민간이 맡을 수 없거나 민간 기업이 감당하기 어려울 정도의 대규모 자본을 필요로 할 경우 정부가 공기업 형태로 운영하게 된다. 때문에 국민들에게 재산 증식을 보장할 만큼 수익성이 있는 사업이라면 정부가 운영해야 할 이유가 없다. 반대로 우리 경제에 꼭 필요한 사업이면서도 채산성이 없는 것은 세금을 더 거둬서라도 정부가 맡아야 한다.

최근 정부의 과감한 공기업 민영화 계획이 발표되고 있다. 그러나 민영화만이 능사는 아니다. 국민 경제 차원의 철저한 경제성 분석이 선행될 필요가 있다. 직접적인 사안은 아니더라도 주가는 주식 시장에 맡겨야 한다는 것도 하나의 교훈으로 남는다. 이것이 국민주 보급 이후 빈발했던 주가 폭락 항의 데모를 없애는 최선의 길이다.

03
떠도는 뭉칫돈

1994. 11. 20.

어느 누구든, 또 어떤 종류의 것이든 '돈타령'을 한 번쯤 안 해 본 사람은 없을 것이다. 그것도 너무 많아서가 아니라 모자라서 생긴 것이 대부분이다.

최근 실시된 한국통신韓國通信[58] 주식 입찰을 계기로 뭉칫돈들이 몰려다니는 것을 보면서 '돈이 많기는 많구나' 하는 느낌을 갖는다.

한국통신 주식 경쟁 입찰에는 입찰 보증금만 1조 4,490억 원이 국민은행에 맡겨졌다. 보증금이 청약 금액의 10%인 점을 감안하면 당장 주식 청약에 동원할 수 있는 여유 자금이 14조 원을 넘는다는 계산이다. 실로 엄청난 규모가 아닐 수 없다. 그뿐만이 아니다. 지난 16, 17일에 실시된 주식회사 보락의 실권주失權株 공모에서는 8억 원어치의 주식을 파는 데 1,140억 원이 몰려 141대 1의 청약 경쟁률을 보였다. 자본금을 늘리는 증자에서 기존 주주들이 어떤 이유에서건 사지 않은 실권주를 다시 파는 데 이같이 많은 돈이 몰린 것은 쉽게 이해가 가지 않는 대목이다. 지난 16일부터 열흘간 예정으로 시작된 중소기업은행의 증자 공모도 사흘 만에 공모 금액 1,584억 원을 훨씬 넘는 2,018억 원이 몰렸다고 한다.

뭉칫돈이 몰려다니는 생생한 현장들인 셈이다. 몰려다니는 이유는 간단하다. 돈을 벌기 위한 것이다. 정부와 은행, 또는 기업이 파는 주식을 지금 사 놓으면 값이 올라갈 것이고 그때 가서 팔면 큰 차익을 남길 수 있다는 계산이다.

높은 수익을 좇아 돈이 움직이는 것은 경제의 생태적인 현상이다. 발전의 원동력이라는 생각도 든다. 그러나 돈이 몰려다니는 현상을 보면서 걱정스러움이 앞서는 것 또한 사실이다.

우선 이 같은 청약 열기가 자칫 '돈 놓고 돈 먹기' 식의 과열 양상이 아닌가 하는 점에서다. 주식을 사 놓으면 당연히 높은 차익을 남길 수 있다고 생각하는 자체가 위험한 발상이라는 얘기다. 물론 이들 회사는 대부분 성장성이나 건전성 등 여러 가지 면에서 좋은 회사들임에 틀림없다. 그러나 한국통신이나 중소기업은행의 경우 주식을 거래소 시장에 내다 팔기 위해서는 상장이 이뤄지는 내년 중반 이후까지 기다려야 한다. 과연 그때 이들 주식 값이 기대한 만큼 올라 있을 것인가는 아무도 장담할 수 없는 일이다.[59]

미래의 경제 상황이나 주식 시장의 전반적인 여건을 단정하기는 어려운 탓이다. 또 가격은 수요와 공급에 의해 결정된다고 보면 요즘 사자고 덤벼드는 만큼 그때 가서 많은 사람들이 팔자고 나올 것은 뻔한 이치다. 그러면 값이 떨어질 여지가 크다. 자칫 잘못하면 차익은커녕 손해를 볼 우려도 있다. '손해를 봐도 내가 보는데 웬 참견이냐' 고 하면 할 말은 없다.

그러나 이러한 청약 열풍은 결코 당사자들만의 일은 아니다. 경제 전체에 주름살을 주고 다른 사람들에게 피해를 입히는 결과를 가져온다. '돈 놓고 돈 먹기' 식의 열풍이 만연되면 주식이든 상품이든 실제 가치 이상의 가격이 형성돼 거품을 만들게 된다. 인플레로 연결되고 서민 생활을 괴롭히기도 한다. 한국통신 주식 청약자들 중에는 은행 돈을 빌려 청약을 한 사람들이 많다고 한다. 이는 상대적으로 보면 기업 활동을 하는 사람이나 주식 사는 것보다 더 급한 돈을 필요로 하는 개인들의 돈 쓸 기회를 박탈하는 셈이다.

국민 경제 차원에서도 통화 관리가 어려워진다. 당장 은행 대출 창구를 죄고 금리가 오르는 현상이 나타나고 있는 것도 그런 탓이다.

그렇다고 돈 벌 기회라고 생각하는 사람들에게 자제하도록 설득하는 것도 현명한 방법은 못 된다.

돈의 흐름이 스스로 꼭 필요한 곳에 골고루 찾아갈 수 있도록 유도하는 것만이 유일한 해결책이다. 이것은 정부 정책의 몫이다. 주식 공급뿐 아니라 매력 있는 금융 새 상품을 개발해 부동浮動 자금을 금융 기관으로 끌어들여 이를 산업 자금으로 재배분할 수 있는 방안의 보완이 필요한 것이다.

가뜩이나 내년부터는 외환 규제가 많이 풀려 외국 돈의 국내 유입이 많을 것이라고 한다. 외국 돈이 많이 들어오면 그만큼 시중의 돈이 늘어나게 된다. 돈의 양이 늘어나는 것뿐만 아니라 외국 돈을 우리나라 돈으로 바꾸려는 수요가 많기 때문에 원화貨의 값이 올라가게 된다.

우리가 수출을 많이 해 외국에서 벌어 온 돈들이 많아 무역 흑자가 늘어나고 이로 인해 우리나라 돈값이 올라가는 것은 좋은 일이다. 그러나 주식 투자와 같이 생산 활동이나 수출 등과는 무관하게 외국 돈이 너무 많이 들어와 우리나라 돈값이 올라가는 것은 결코 바람직한 현상이 못 된다.

요즘의 떠도는 뭉칫돈을 보면서 내년도 통화 관리가 무척 어려워질 것 같다는 생각이 든다. 행여 과거와 같은 투기 열풍이 불고 또다시 거품이 생기는 게 아닌가 하는 두려움이 앞선다.

내년 상반기 중에는 지방자치단체장 선거도 있다는데….

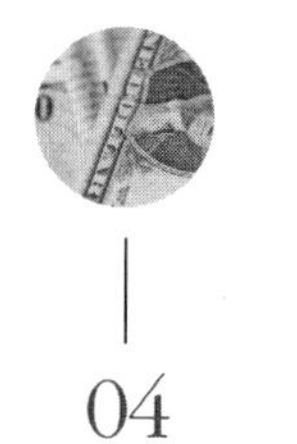

04

걱정스런 머니 게임

1994. 4. 25.

지난 18, 19일 실시된 한국통신 주식의 공매 입찰이 과열 현상을 빚으면서 갖가지 후유증을 쏟아 내고 있다. 입찰 대행을 맡았던 외환은행은 내부자 거래와 컴퓨터 조작 시비에 휘말려 행장이 물러나는 홍역을 치르고 있다. '신용'의 대명사처럼 돼 있는 은행의 공신력에 흠집을 내는 불행한 결과를 초래하기도 했다.

그러나 이러한 외환은행의 사건은 과욕이 빚은 실수와 제도적 미비, 우월적 지위를 이용한 비도덕성 등에 문제가 있다고 보면 오히려 반성과 시정의 계기로 활용될 수 있어 경제 전체에 미치는 부정적 영향은 그리 크지 않을 것 같다.

문제는 주식 입찰 청약의 과열 현상을 어떻게 해석해야 하느냐는 점이다. 한국통신 주식 입찰과 하루 이틀의 시차를 두고 실시된 태영泰榮의 CB(전환 사채) 청약이나 상업은행商業銀行 등의 실권주 공모도 다 같이 많은 돈이 몰리는 과열 현상을 보였다. 이유는 간단하다.

파는 가격이 싸다고 생각된 탓이다. 싼 값에 사 뒀다가 일정 기간이 지난 뒤 주식이 상장되거나 주식 전환이 이뤄져 처분할 수 있게 되면 많은 차익을 챙길 수 있다는 계산이다.

돈은 이윤이 많은 곳으로 흐르게 돼 있다. 수익 가치가 높다고 판단되는 상품에 돈이 몰리는 것은 극히 자연스럽고 당연한 이치다. 그럼에도 많은 사람들은 이번 청약의 과열 현상을 걱정스럽게 바라보고 있다.

우선 시중에 여유 자금이 의외로 많다고 느껴지고 이러한 주식 청약 열기가 '돈 놓고 돈 먹기' 식의 머니 게임으로 확산되지 않을까 하는 우려에서다. 모든 경매가 그렇듯이 필요 이상의 경쟁이 나타나면 상품 가치 평가가 실제 이상으로 올라가게 된다. 경제의 거품이 생기게 된다는 얘기다.

실물 경제의 뒷받침이 없는 주식 가격 상승은 효율적인 자원 배분이라는 차원에서도 결코 바람직한 것은 못 된다. 특히 이번 청약에는 일반 여유 자금을 산업 자금으로 중개시키는 역할을 담당하는 금융 기관들이 일반인들과 똑같이 '돈 먹기' 게임에 필요 이상의 열을 올려 일반인들의 눈살을 찌푸리게 했다.

이윤 극대화를 추구하는 민간 경제의 객체로서 당연하다는 주장도 가능하다. 그러나 막강한 힘과 정보력, 그리고 자금의 뒷받침을 받고 있는 기관들과 일반 투자자들과의 경쟁은 불공정한 것으로 보아도 무방하다.

머니 게임을 앞장서 유발시키는 것은 권장할 일도 아니다. 가뜩이나 어려운 물가 상황을 감안하면 재테크의 과열이 투기나 인플레 기대 심리를 자극하지 않을까 하는 우려도 크다. 범위를 좁혀 증권 시장에 미치는 영향만 따져 보더라도 결코 긍정적이지 못하다. 한국통신 주식이나 태영 CB 등은 일정 기간이 지나야만 주식 시장에 상장되기 때문에 그

기간 동안은 자금의 회전이 이뤄지지 않게 된다.

더구나 이를 주식 청약 자금이 대부분 기존의 증시 자금에서 빠져나간 것이라고 보아도 무방하다. 가뜩이나 취약한 증시 기반을 더욱 약화시킬 우려가 있고 이는 장기적인 산업 자금 조달 창구의 위축을 가져온다는 점에서 걱정스러운 일면이 아닐 수 없다.

또 하나는 과열된 분위기 속에서 투자자들의 기대 수익률이 너무 높지 않느냐는 걱정이다. 투자자들은 비상장 기업인 한국통신의 경우 동업종의 상장 기업 주가를 기준으로, 그리고 상장 기업인 태영 CB의 경우 현재의 주가를 기준으로 기대 수익률을 계산하고 있다. 한국통신의 동업종인 데이콤의 주가가 14만 원선, 이동통신은 30만 원선에 이르고 있다는 점을 감안하면 한국통신 주식을 주당 3만원 안팎(결과적으로는 주당 3만 4,700원에 매입)에 사 둔다는 것은 횡재가 아닐 수 없다.

그러나 이들 기업과의 차이는 회사 내용이 크게 다를 뿐 아니라 한국통신은 정부 투자 기업이라는 차원에서 '국민주'의 수준을 벗어나지 못한다는 점이다. 태영 CB의 경우도 전환 주식이 의결권이 없는 '우선주'라는 점도 고려돼야 한다. 물론 이런저런 사정을 감안하더라도 상당히 '싼값'이라고 판단하기에는 그럴 만한 이유도 있다.

하지만 주식 시세가 내년에는 최소한 현재의 수준 이상으로 유지되리라는 보장도 없다는 점에서 불확실성에 대한 감안이 다소 간과되고 있다.

우리 경제는 아직 구조적 전환기를 벗어나지 못하고 있다. 흥청거릴 여유가 없다. 중소기업이나 국제 경쟁력이 취약한 내수 산업 분야의 생존 몸부림은 애처롭기까지 하다. 여기에 머니 게임의 열풍이 닥친다면 우리 사회의 결속은 어떻게 될 것인가. 정책 탓만 할일도 아닌 듯싶다.

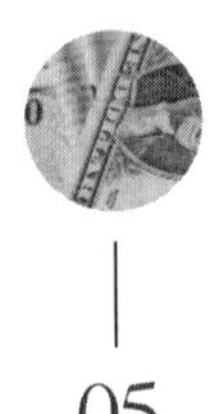

05
주가 상승의 빛과 그림자

1994. 10. 3.

지난 9월 중순의 추석을 전후해 종합 주가 지수가 1,000포인트를 넘어선 이후 증시에 활력이 되살아나고 있다.

주가 움직임이 기민해지고 거래가 활발해졌다. 언제 어떻게 변할지는 모르는 불확실성이 주식 시장의 속성이기는 하지만 앞으로의 증시 상황에 대해서도 낙관론이 대세를 이루고 있다. 실물 경제가 과열을 걱정할 정도로 좋은 데다 시중 자금 사정도 넉넉하다는 것이 그 배경을 이룬다.

많은 사람들이 금년 말까지 종합 주가 지수는 1,200포인트에 달하고 내년에는 1,500포인트까지 오를 것이라는 전망을 내놓고 있다.

그러나 이러한 분위기나 전망은 총체적이고 평균적인 개념에 불과할 뿐 모든 주식 투자자들에게 적용되는 것은 아니다.

올 들어 나타난 주가 흐름의 특징은 대형 고가 우량주들이 급등세를 지속한 반면 중소형 저가주들은 대체로 완만한 상승을 보이거나 오히려 뒷걸음질 치는 경우가 허다하게 나타나고 있다는 점이다. 실제로 자본금 규모가 큰 대형주들의 현재 주가는 연초에 비해 20% 가까이 오른 반면 규모가 작은 소형주는 3% 정도 상승에 그치고 있다. 그만큼 주가의 격차가 더욱 벌어지고 있는 셈이다.

이를 두고 '주가 차별화' 또는 '주가 양극화'라고들 말한다. 이러한 주가 차별화 현상은 대형주와 소형주 간에만 적용되는 것은 아니다. 업종 간 또는 업종 내의 대표 기업과 여타 기업 간에도 마찬가지이다.

때문에 주가는 올라도 증권사 객장의 분위기는 썰렁하다는 얘기들이다. 종합 주가 지수만 올랐지 개별 종목으로 따져 보면 내린 종목이 더 많다 해서 '외화내빈外華內貧'이라는 푸념들도 한다.

주가 차별화로 인해 대형 고가 우량주를 많이 가지고 있는 기관 투자가들이나 큰손들은 많은 이득을 본 반면 이런 고가 주식을 넘보기가 힘겨워 저가주에 많이 투자한 소액 투자자들은 오히려 손해를 보고 있다는 불만까지 터져 나온다. 결과만 놓고 보면 결코 바람직한 현상은 못 된다.

그러나 그 원인을 따져 보면 당연하고 불가피한 면도 없지 않다.

현재 우리 경제는 구조적 전환기를 맞고 있다. 산업 구조가 첨단 산업 위주로 바뀌고 종래의 내수형 중소기업들은 후발국들의 공세에 밀려 고전을 면치 못한다. 노동 집약적인 산업이 쇠퇴하고 자본·기술 집약형 장치 산업이나 첨단 업종들이 각광을 받고 있다.

산업 구조의 변화에 따른 주가 차별화의 불가피성이 설명되는 대목이다. 물론 이러한 상황은 새로운 산업 구조에 적응하는 중소기업들의 사업 전환이나 체제 구축이 이뤄진 뒤에는 해소될 수 있는 사안이다. 그러나 이러한 구조 전환이 쉽사리 끝나기는 어렵다고 보면 주가 차별화 현상은 당분간 지속될 수밖에 없다는 얘기도 된다.

문제는 이러한 상황을 설정해 놓고 볼 때 소액 투자자들의 투자 여건은 더욱 불리해진다는 점이다. 자금력이나 정보력에서 월등히 우위에 있는 기관투자가나 큰손들에 비해 일반 투자자들의 경쟁 여건은 상대적으로 더욱 위축될 수밖에 없는 상황이 된다. 더구나 앞으로 주식 시장에 참여하는 기관들의 비중이 더욱 늘어나는 소위 기관화 현상이 심화될 수밖에 없고 시장 개방으로 외국의 기관 투자가들까지 가세하게 돼 상황은 갈수록 어려워질 게 뻔하다.

어떻게 대처하는 것이 현명한 것인지가 과제로 떠오르고 있는 셈이다. 가장 원론적인 처방은 유행이나 분위기에 휩쓸리지 않고 기업 내용을 철저히 따지는 신중한 대응이다. 가능하다면 경제 흐름의 변화까지를 감안한 장기 투자 전략도 세워야 할 것이다.

그러나 소액 투자자들로서는 기관 투자가들과 맞서 수익률 게임을 벌이기보다 증권사나 투신사 또는 은행, 보험사 등 전문 기관 투자가에 돈을 맡겨 대신 나서도록 하는 것도 하나의 대안이 될 수 있다. 이러한 간접 투자의 확대는 여러 가지 측면에서 긍정적인 효과를 가져온다. 자금력이나 정보력 등에서 실력이 비슷한 전문가들끼리 맞붙으면 주가의 진폭이 줄고 외부의 충격에 대한 영향을 덜 받게 돼 증시의 안정이 이뤄질 수 있다. 그만큼 주식 투자에 대한 위험 부담을 줄일 수도 있다.

횡재할 수 있는 기회가 줄어들기는 하겠지만 주식 투자의 그늘을 그만큼 줄여 준다는 데에서 건전한 주식 시장 발전의 밑거름이 될 수 있다. 주가 차별화의 의미를 되새겨 볼 필요가 있는 것 같다.

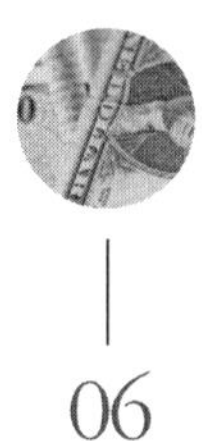

06
공기업 민영화와 청약 열기

1999. 9. 17.

담배인삼공사의 공모주 청약이 장안의 화제다. 청약 경쟁률이 60대 1에 육박했다. 증권사에 예치된 청약 증거금만도 12조 원에 가깝다. 대단한 열기다.

그 이유는 어디에 있는가. 좋은 현상인가, 아니면 우려할 사태인가.

여유 자금이 많다는 것을 그대로 해석하면 국민 생활의 풍족함을 보여 준 것이라는 해석이 가능하다. 결코 걱정해야 할 일은 아닌 성싶다. 그렇다고 바람직한 현상이라고 단정하기에도 자신이 없다.

담배인삼공사의 주식을 사겠다는 배경은 크게 두 가지로 유추해 볼 수 있다. 하나는 공모 가격이 싸다고 판단돼 상장 후 높은 가격이 형성되면 곧바로 시장에 내다 팔아 시세 차익을 올리자는 것이고, 다른 하나는 민영화를 앞둔 담배인삼공사의 회사 장래를 보고 주주로서 경영에 참여하고자 했거나 장기 보유를 통한 주가 상승을 겨냥해 투자를 결심한 경우로 생각해 볼 수 있다. 이번 담배인삼공사 공모주 청약 열기는 어느 쪽에 더 큰 요인이 있는가. 후자보다 전자의 경우가 대부분일 것이다.

그렇다면 문제가 없지 않다. 우선 투자자들의 기대대로 상장 후 주가가 높게 형성돼 단기적으로 높은 시세 차익을 올릴 수 있을지가 관건이다. 증시 분석가들이 상장 후 주가를 최소한 3만 5천 원, 높게는 5만 원까지 올라갈 것으로 보고 있는 터여서 그렇게 될 것으로 믿고 싶다.

그러나 대다수가 그런 생각으로 청약에 참여했다면 상장 후 너도나도 팔자에 나설 가능성이 크고, 그러면 주가는 곤두박질이 불가피하다. 더구나 포항제철, 가스공사 등 공기업은 물론이고 민간 기업들의 신주 공모가 연내에 봇물 터지듯 쏟아져 나올 예정이라니 더욱 걱정스럽다.

민영화를 계기로 기업의 장래성을 보고 투자에 참여했다면 청약 열기 그 자체는 매우 바람직한 현상이다. 그러나 과연 무엇으로 담배인삼공사의 장래를 확신할 수 있는가. 담배 제조업을 유망 산업으로 보기는 어렵다. 오히려 사양화하고 있는 것이 세계적인 추세다.

더욱 문제가 되는 것은 정부의 민영화 계획을 뜯어보더라도 앞으로 담배인삼공사의 경영 형태가 어떤 모습을 띨지 확실한 비전을 갖기가 어렵다는 점이다. 이는 비단 담배인삼공사에 국한되는 얘기는 아니다.

정부의 공기업 민영화 추진 계획은 대부분 주식 매각 일정은 잡혀 있지만 해당 산업 또는 당해 기업의 진로에 대한 뚜렷한 비전 제시나 대책은 거의 없는 실정이다. 정부의 공기업 민영화 계획에 대해 국민들이 궁금해 하는 대목은 한두 가지가 아니다. 사회 간접 자본으로 볼 수 있는 통신, 가스, 전기 회사를 민영화한다면 어떻게 하자는 것인가, 재벌 지배는 안 된다는 의견이 많은데 그럼 누가 살 것인가. 외국인에게도 문호를 개방했는데 기간산업이 외국인 수중에 들어가도 괜찮은 것인가.

지배 주주를 인정하지 않고 수많은 기업이 공동 참여토록 하거나 국민주 형태로 민영화된다면 결국 정부가 좌지우지할 터인데 공기업과 무엇이 다르고 과연 민영화의 궁극적 목적인 경영 효율화는 달성될 수 있을 것인가. '민영화=좋은 것'이라는 등식은 책임 경영을 통한 비효율적인 경영을 치유할 수 있을 때만 성립된다.

정부가 지난해 7월 발표한 1차 민영화 계획에서도 "주인 있는 책임 경영의 실현"을 제1의 목표로 제시했다. 그러나 현재 진행되고 있는 민영화 과정을 지켜보면 그 같은 원칙이 지켜질지에 대한 확신을 갖기는 힘들다. 그래서 정부가 민영화 목표를 재정 확보에 필요한 '매각 수입의 극대화'에 우선순위를 두고 있는 게 아니냐는 의문이 제기되는 것이다.

정부가 공기업 민영화를 서두른 데에는 외환 위기로 인한 달러 부족과 구조 조정 재원을 마련하기 위한 것도 큰 비중을 차지했음은 분명하다. 그러나 공기업의 비효율 제거라는 본래 목적에 우선할 수는 없다.

정부가 추진 중인 공기업 민영화가 성공적으로 이뤄지려면 이런 의문들에 대한 보다 분명한 입장과 장기 비전의 제시가 무엇보다 시급하다. 주식 공모를 통한 공기업의 민유화民有化는 민영화民營化의 필요조건이기는 하지만 충분조건은 되지 못한다. 정부가 국민들에게 공기업 민영화에 대한 충분한 이해와 공감대를 인식시키지 못한 채 그저 좋은 주식이니까 사라고 한다면 무책임한 일이고, 투기를 조장하는 것과 다름없다. 담배인삼공사의 공모주 청약 열기는 그런 점에서 뒷맛이 씁쓸하다.

1980년대 후반 한전과 포철의 국민주 보급이 증시에 어떤 영향을 주었는지를 상기해 보면 더욱 그렇다. 정부는 공모주 청약 열기에 안도하기보다 국민들이 민영화 될 공기업에 대한 확고한 비전과 기업의 장래성을 확신하고 투자에 참여할 수 있도록 도와줄 의무가 있다.

54 한국은행이 유동성 위기에 처하거나 부실해진 금융 기관에 대해 장기 저리로 자금을 지원해 주는 것을 말한다. 중앙은행의 주요 기능 가운데 하나인 최종 대부자로서 유동성을 공급하는 것이다. 그러나 한국은행이 자금을 융자하는 것은 바로 돈을 찍어 내는 것과 같은 통화량 증가의 효과를 나타내기 때문에 한은 융자는 한국은행법이 정한 금융 기관에 한정하고, 아주 특별한 경우를 제외하고는 민간에 대한 여신을 금지하고 있다. 금융 기관에 대한 융자라도 엄격한 조건을 설정해 놓고 있다. 특혜 시비나 적법성 여부가 논란이 되는 것도 이 때문이다. 한은법(11조)에서는 투자 신탁 회사를 금융 기관으로 보지 아니한다고 명시돼 있다. 여기에는 보험 회사와 상호저축은행도 해당된다. 따라서 1992년 5월 27일 발표된 3대 투신사(한국, 대한, 국민투자신탁)에 대한 한은 특융(실제 집행은 1992년 8월 10일)은 당시의 조흥, 상업, 제일, 한일, 서울신탁, 외환, 신한 등 7대 시중은행에 한은이 연 3%의 저리 자금을 지원하고 이들 시중은행이 다시 투신사에 지원하는 형식을 밟았다. 당시 투신사들은 투자자들의 수익 증권 환매 요청 등으로 어려움을 겪고 있었다.

55 투신사에 대한 한은 특융 지원이 이뤄진 1992년은 연말에 제14대 대통령 선거가 예정돼 있었다. 그로 인해 특혜 또는 편법 시비 등이 논란을 빚었고, 정치적 이유도 상당했다고 본다.

56 1989년 11월 광주를 거점으로 설립된 지방 투자 신탁 회사. 정부는 당시 지방 투신사를 신설토록 허용했는데, 광주 이외에 부산(한일), 대구(동양), 인천(제일), 대전(중앙) 등 5곳이다.

57 1989년 12월 12일 발표된 '증권시장안정화 대책'을 말한다. 정국 불안 등으로 주식 시장이 전반적인 침체를 거듭하자 정부가 강력한 증시 부양책을 내놓은 것. 그 내용은 여러 가지가 있으나 핵심은 투신사들이 증시 안정 때까지 무제한 주식을 매입한다는 내용이었다. 이를 위해 투신사들의 주식 매입 자금은 은행이 무제한 공급하고, 필요할 경우 대출 은행에 대한 한국은행의 자금 지원도 실시한다는 내용이었

다. 바꿔 말하면 정부가 돈을 찍어서라도(발권력을 동원해서라도) 주가를 올리겠다고 선언한 셈이다. 때문에 정부와 한국은행 간의 의견 충돌도 많았다. 왜 이 같은 무리한 조치가 나왔는가는 당시의 정치 상황을 보면 충분히 이해할 수 있다. 직선제 개헌에 따라 실시된 1987년 말의 대선에서는 노태우 후보가 당선돼 군사 정권의 청산을 이루지 못했다. 그러나 1999년 12월에 실시된 총선에서는 당시 여당인 민주정의당(민정당)이 과반 의석 확보에 실패해 여소야대 국회가 성립됐다. 그로 인해 '5공 청문회'가 실시되는 등 정국 혼란이 지속되자 이를 돌파하기 위해 1990년 1월 22일 민주정의당(총재 노태우)과 통일민주당(총재 김영삼), 그리고 신민주공화당(총재 김종필) 등 3당이 합당을 선언하고 현 한나라당의 전신인 민주자유당(민자당)을 창당했다. 이런 상황에서 주식 투자자들은 당시 정부에 주식 가격을 올려 달라고 주장하면서 데모를 벌이는 웃지 못할 일들이 벌어졌다. 그러니 민심이 흉흉해 정부가 다급할 수밖에 없었다.

58 지금의 KT.

59 한국통신 주식 공매는 실제로 매각 이후 엄청난 후유증을 겪으며 투자자들의 애를 먹였다. 우선 정부가 상장시키겠다고 약속한 1995년을 넘겨 1998년 12월 23일에야 직상장 절차를 밟았다. 그로 인해 3년여를 투자자들이 차익은커녕 환금성마저 제약을 받았다. 또 그동안 장외 시장에서 한국통신 주식의 가격은 공매 당시의 평균 입찰 가격 주당 3만 8,000원에도 훨씬 못 미치는 가격이 형성됐다. 상장 직후에는 기준 가격이 2만 5,000원부터 시작됐다.

• 6부 •

실험실 개구리의
위기 불감증

경제 정책이란 일반 정치의 한 영역으로 경제 분야에 있어서 국가의 행위를 의미한다. 여기에서 정치란 '국가의 활동'을 총칭하며 국가의 범위에는 행정부는 물론 의회 및 중앙은행과 기타 국가로부터 특수한 권한을 위임받은 기관까지 모두 포함된다.

따라서 실제로 경제 정책을 다루는 사람은 경제학자이기보다는 정치가와 관료들이기 때문에 그들의 경험이나 관행 또는 직관에 의해 정책이 결정되는 경우가 많고, 합리적인 의사 결정이 어렵다. 더구나 현대의 고도로 발달된 산업 사회의 속성과 세계화의 진전 등으로 인해 경제 행위의 질서와 과정이 너무 복잡해 웬만한 전문가들도 합리적 대안을 찾기가 쉽지 않은 게 현실이다.

또 경제 정책의 주체가 중앙정부와 지방정부. 그리고 중앙정부 안에서도 각 부처로 다양하게 나뉘기 때문에 자칫 지역별 부처별 할거주의가 기승을 부리게 마련이다. 범국가적 합리적인 정책 수립이 그만큼 더 어려워진다는 얘기다.

그뿐인가. 의회 민주주의를 채택하고 있는 나라에서는 우선 다양한 계층과 집단의 욕구를 만족시키기가 어렵고 정책의 정치적 목적 때문에 경제 정책의 목적이나 기본 방향이 애매모호해지는 경우가 많을 뿐만 아니라 인기 없는 정책은 그것이 꼭 필요한 경우에도 채택되지 않는 일이 많다. 물론 그 반대의 경우도 성립한다. 요새 우리 정치권에 자주 등장하는 포퓰리즘 논란이 대표적인 사례다.

포퓰리즘(populism)이란 일반 대중의 인기에 영합하는 정치 행태를 말한다. 대중주의라고도 하며, 인기영합주의, 대중영합주의와 같은 뜻으로 쓰인다. 문자 그대로라면 나쁠 게 없는 개념이다.

그러나 포퓰리즘의 근본 요소는 개혁을 내세우는 정치 지도자들의 정치적 편의주의(便宜主義)나 기회주의(機會主義)이다. 예를 들면 선거를 치를 때 유권자들에게 경제 논리에 어긋나는 선심 정책을 남발하는 일이 전형적이다. 요즘 우리 사회에서 차기 대통령 선거를 겨냥해 논란이 되고 있는 복지 정책 문제가 여기에 해당한다. 늘어날 세금에 대해서는 언급 없이 복지 지출만 늘리겠다는 것은 분명 눈 가리고 아웅이다. 권력과 대중의 정치적 지지를 얻으려고 겉모양만 보기 좋게 꾸민 개혁 정책은 경계의 대상이다.

경제 정책은 무엇보다도 먼저 상황 분석이 정확해야 한다. 그래야 정확한 정책 목표를 설정할 수 있고, 목표 간의 모순을 피할 수 있다. 그러나 상황 분석과 목표 설정에 못지않게 중요한 것이 적절한 수단의 선택이다. 그래야 가장 효율적인 결과를 기대할 수 있다. 이런 과정을 도와주는 것이 경제학자를 포함한 전문가들의 역할이다.

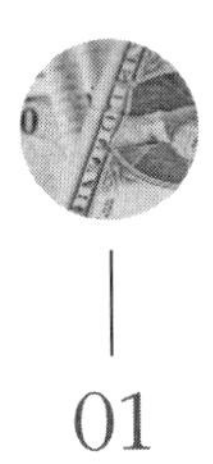

01
한보 · 안보 · 경제 경보

1997. 2. 19.

왜 이리 나라가 시끄러운지 마음이 편치 않다. 어지럽고 짜증이 난다. 파업 회오리에 이어 한보 사태[60], 황장엽 북한노동당 국제담당비서 망명[61], 그리고 귀순자 이한영 씨 피살[62]로 이어지는 대사건의 연쇄 폭발은 국민들의 눈과 귀를 잠시도 쉬지 못하게 했다. 더구나 어느 것 하나 시원스레 풀리는 것은 없고 의혹과 불신만 쌓이고 있으니 울화통이 터진다.

온 나라가 불안하기 짝이 없는 난리 속이다. '깃털'과 '음모설'이 난무한 가운데 한보 관련자를 제외하고 의원 4명, 장관 1명, 은행장 2명 등 9명을 구속한 한보 특혜 비리 사건은 검찰 조사가 마무리 단계로 접어들었다. 김영삼 대통령의 차남 현철 씨의 검찰 조사가 현안으로 남아 있기는 하지만 19일 중간 수사 발표가 있으리라고 한다. 황장엽 비서의 망명 사건은 북한이 "변절자는 가게 하겠다"는 외교부 대변인 발표가 나와 급진전되는 양상을 보이고 있다.

그러나 아직도 해결돼야 할 과제들은 많이 남아 있다. 북한의 테러 보복 위협이 현실로 나타난 이한영 씨 피살 사건은 어느새 우리 국민들을 '안보'라는 거대한 벽 앞으로 몰아세워 놓았다. 이러니 국민들의 눈과 귀가 피곤할 수밖에….

그러는 사이 경제는 그야말로 악화일로다. 국제 수지 적자는 발표될 때마다 불어난다. 한은이 최종 집계한 지난해 경상 수지 적자는 2백37억 달러, 국민 총생산GNP의 4.7%에 달해 국제 통화 기금IMF이 위험 수준이라고 하는 5%에 육박했다. 더구나 올 들어 지난 1월 한 달 동안만도 34억 달러에 달했고 이달 들어서도 상황은 마찬가지다. 작년의 절반으로 줄이라는 대통령의 지시는 흉내도 못 내 보고 오히려 더 악화되지만 않으면 다행이라는 생각이다. 한보 사태와 중소기업 도산으로 지난 1월의 어음 부도율은 15년 만에 최악을 기록했고 이달엔 더 높아질 것으로 예상된다.

알게 모르게 직장을 그만두는 사람들이 늘어나고 급기야 대량 실업의 위기감도 팽배해 있다. 기업 의욕은 꺾일 대로 꺾여 30대 기업들의 설비 투자가 작년보다 오히려 줄어들 것이라고 하니 걱정이 태산이다. 갖가지 사건이 겹치면서 우리 경제의 대외 신용도가 추락, 돈 빌리기마저 어려워졌다. 국민들이 불안할 수밖에 없는 그런 상황이다. 임시 국회가 열려 이런저런 문제점이 논의될 예정이지만 솔직히 잘되리라고는 기대하기는 어렵다.

국정 운영은 어떤가. 공백 상태나 마찬가지다. 책임지고 수습하려는 중심 세력도 없고 의지 표명도 없다. 방향 감각도 사라졌다.

'내가 한 일은 아니지만 책임은 지겠다'는 공인 의식은 찾아볼 수가 없다. 정권 말기의 레임덕 현상이라고 치부하기엔 너무 심하다는 생각이 든다. 날이면 날마다 상대방에 책임을 미루는 여야의 논평은 더 이상 보아 줄 수 없는 꼴불견이다. 누워서 침 뱉기 식이고 정치 불신을 스스로 키워 가는 일에 다름 아니다.

검찰이나 경찰의 수사는 어떤가. 실체적 진실을 가려내기는커녕 의혹만 부풀려 놓은 채 서둘러 봉합하려 한다는 의심을 살 만하다. 북한 테러가 우려되는 비상 상황에서 귀순자가 북한 간첩들에게 피살당한 현실은 북한 테러리즘에 대한 증오 이전에 허술한 대공 경계망에 경악하지 않을 수 없다.

그렇다고 경제 살리기에 온힘을 쏟는가. 그것도 아니다. 요즘의 정치권이나 정부 행태를 보면 한심하기 짝이 없다. 선진국 클럽이라고 하는 국제협력개발기구OECD에 가입이나 하지 않았으면 망신이나 덜 당하지 않을까 하는 부끄러움에 얼굴이 붉어진다. 그러나 기왕에 당한 망신이라면 더 큰 망신은 피해야 할 것 같다. 이제 좀 더 차분하고 냉정해질 필요가 있다.

정신을 가다듬고 하나하나 챙겨 나가야 한다. 한보 사태는 어떤 일이 있어도 실체적 진실이 밝혀져야 한다. 서둘러 봉합하게 되면 더 큰 혼란의 불씨만 키워 갈 뿐이다. 황 비서의 망명 처리도 한국으로 데려오는 것도 중요하지만 김일성, 김정일 체제의 사상적 기저를 제공한 제1의 이론가가 한국으로 망명하게 된 배경에 더 관심을 가져야 한다. 그의 망명이 북한 체제의 동요나 변화의 증거라고 한다면 앞으로 전개될 남북 관계의 변화나 우리에게 미치는 영향 등의 대비책을 서두르는 것이 급선무다. 체제의 우월함을 증명했다고 우쭐댈 필요도 없고 더구나 정치적으로 이용돼서도 곤란하다.

임시 국회에서 논의될 노동법 개정 문제가 결코 정치적 타협의 산물이 돼서는 곤란하다. 만신창이가 된 우리 경제를 살린다는 방향에서 진지한 검토가 필요하다. 난국을 풀어 가는 데는 국정 책임자인 김 대통령의 결단이 필수적이다.

취임 4주년을 맞는 25일께 특별 담화가 발표될 예정이어서 기대를 갖게 한다. 국민들의 간절한 바람은 취임 초 내세운 '순교자적 개혁 의지'를 지금에 되살려 부정부패 척결, 경제 살리는 일, 국가 기강을 바로잡는 일에 적극 나서는 것이다.

이것이 김 대통령의 장기長技인 '정면 돌파'가 아닌가 싶다.

02

앵무새의 경제학 강의

1997. 8. 27.

앵무새도 경제학자가 될 수 있다는 우스갯소리가 있다. 수요와 공급이라는 말만 되풀이해도 웬만한 경제학 강의를 할 수 있다는 얘기다. 해석하기에 따라 이론 경제에 있어서 수요, 공급이 중요함을 강조한 말로도 해석할 수 있겠지만 그보다 현실을 무시하고 틀에 박힌 원론만을 되뇌는 경제학자들을 빗댄 말이 아닌가 싶다.

요즘 정부가 갖고 있는 우리 경제에 대한 인식이나 처방이 이와 비슷하다는 생각이 뇌리를 떠나지 않는다. 급박하게 돌아가는 대기업 부도 파문이나 금융 불안 상황을 두고 정부가 개입하기보다 시장에 맡기는 것이 옳다는 느긋함을 보이고 있는 것이나, 국내 경제 기반은 여전히 건실하다는 낙관론으로 일관하는 것 등에서 그런 느낌을 받는다.

지난 25일 발표한 금융 시장 안정 및 대외 신인도 제고 대책만 해도 그렇다. 이번 대책은 자금 사정이 어려운 은행에 대해 한국은행의 특별 융자를 실시하고 종합 금융 회사에 대한 자금 지원, 금융 기관 대외 채무의 정부 지급 보증 등의 내용을 담고 있다. 한마디로 비상조치적인 내용들이다.

그럼에도 기업이나 금융 기관들의 반응은 뜨뜻미지근하고 실효성에 대해 믿음을 갖지 못하는 것 같다. 대책 마련의 실기失機가 그 첫째 요인이고, 그 다음은 내용이 백화점 식으로 나열은 됐지만 갖가지 전제들을 달아 과연 실행 의지가 확고한지에 대해 회의를 느끼고 있는 때문이다. 경제 정책의 시의성은 아무리 강조해도 지나치지 않는다. 시기를 놓치면 효과는 반감되게 마련이다. 호미로 막을 것을 가래로 막아야 한다는 속담은 이런 경우를 두고 하는 말이다.

이번 대책의 가장 큰 관심사는 한은 특융 실시 여부였다. 논란 끝에 지원해 주기로 했으나 금융 기관의 자구 노력을 포함하는 경영 정상화 계획을 제출토록 해 이를 검토한 뒤 요건이 충족되면 지원해 주겠다는 것이다. 더구나 규모나 지원 조건 등도 딱 부러지게 결정된 게 없다.

강경식姜慶植 부총리는 한은 특융을 지원하려면 국회의 동의를 받아야 한다는 의견을 피력한 것으로 알려져 있다. 시장 금리보다 월등히 싼 금리로 지원하는 특혜인 데다 통화 증발이라는, 어떤 의미에서는 국민의 부담을 수반하는 조치이기 때문이라는 설명이다.

틀린 얘기는 아니다. 그럼에도 많은 사람들에게는 책임 회피로 비쳐지고 있다. 기아자동차 문제의 처리에 있어서도 상황은 비슷했다. WTO(세계 무역 기구) 체제하에서 개별 기업에 대한 지원은 통상 마찰의 소지가 크기 때문에 신중해야 된다는 논리를 폈다. 이것 역시 긴박한 위기 상황에서는 핑계로밖에 들리지 않는다.

요즘 시중에서는 남북한이 다 같이 기아 문제로 골머리를 앓고 있는 데 '북한은 기아飢餓, 우리는 기아起亞 문제'라는 농담들을 주고받는다. 금융 불안 해소도 따지고 보면 기아 해법에서 찾아야 하는데 이것 역시 난해하기만 하다. 채권 금융단과 한편을 이루는 정부와 기아그룹 종사자들 간의 힘겨루기 양상이 지속되고 있다.

김선홍金善弘 회장 등 기아 경영진의 사표 제출을 요구하는 정부 측과 사표 제출을 못하겠다는 회사 측의 속셈이 무엇인지 납득이 되지 않는다. 이유야 어떻든 기업을 부실화시킨 최고 경영자는 책임을 지는 것이 도리다. 그렇다고 채권 금융단에 사표를 내지 않으면 지원할 수 없다는 정부의 논리도 이해가 안 된다.

위기 상황으로 치닫고 있는 경제 회생을 위해서는 보다 과감한 정부의 결단이 필요하다. 어떤 희생을 치르더라도 시장 기능에 의해 치유되도록 하겠다면 부도 유예 협약도 폐지하고 모든 일을 은행과 기업 등 당사자들에게 완전히 맡겨야 한다. 그래야 정부가 내심으로 바라는 금융 기관 통폐합 등 구조 조정도 쉽게 이뤄질 수 있다. 반대로 그럴 수 없다는 판단이 서면 발 벗고 나서야 된다. 국민 경제 전체의 위기로 발전된 지금의 상황에서 원론적 처방을 강조하는 것은 특혜 시비가 두렵고 결과에 대한 책임도 지기 싫다는 방관에 불과하다.

20세기 초 미국의 대표적 신고전파 경제학자이자 화폐 수량설로 유명한 어빙 피셔Irving Fisher(1867~1947)는 대공황의 시작인 1929년의 주가 대폭락이 일어나기 2주 전인 10월 15일 주식 투자자들에게 주식 가격은 영구적으로 높은 수준에 도달할 것으로 보인다는 낙관론을 폈다고 한다.

그는 당시 예일대학의 저명한 경제학 교수로서 재정 금융 문제 전문가였을 뿐 아니라 실제로 거금의 주식 투자를 하고 있었고 기업 활동의 자문은 물론 경제 예측가로서도 명성을 날렸기 때문에 그의 말에 회의를 갖는 사람은 많지 않았다고 한다. 그러나 이 말이 20세기 최악의 예측으로 기록될 줄은 아무도 몰랐다. 당시의 주가 폭락으로 자신도 1천만 달러 가까운 손실을 입었다. 더욱 안타까운 것은 그의 명성이 곤두박질치고 몸담고 있던 예일대학에서조차 존경을 받을 수 없는 것이었다.

왜 그런 실수가 있었을까. 여러 정황으로 보아 무지였다고는 볼 수 없다. 현실 경제의 변화를 세밀히 관찰하지 않고 자신의 판단에 대한 믿음이 지나쳤던 것이라고 나름대로 해석해 본다. 지금 고집스런 일면을 보여 주고 있는 정책 당국자들에게 꼭 들려주고 싶은 애기다. 원론만을 되풀이하는 앵무새 강의도 득 될 게 하나도 없다는 교훈을 남긴 셈이다.

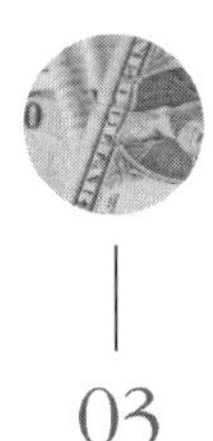

03
시험대 오른 위기관리 능력

1997. 10. 30.

주가 폭락에 환율 급등이 겹치면서 우려하던 금융 위기가 현실로 나타나고 있다. 28일의 우리 증시는 종합 주가 지수 500선이 무너지는 폭락 장세를 보였다. 최근 4일 동안에 100포인트 이상 급락한 것이다.

환율도 상승세가 지속되는 분위기다. 달리 말하면 우리나라의 돈값이 곤두박질치고 있다. 좋은 소식은 별로 없고 어두운 얘기들뿐이다. 그나마 위안거리였던 월드컵 대표팀의 축구 승전보도 본선 진출 확정으로 그 위력이 떨어진 상태다.

정치판은 어떤가. 세계에서 유례를 찾아보기 어려울 정도의 저질 폭로전[63]이 계속되는가 하면 여야가 뒤바뀌어 날마다 헐뜯기가 고작이다. 국민들에게 희망을 주기는커녕 실망만 안겨 주고 있으니 한심스럽다. 만나는 사람마다 어찌 돼 가려고 이러는지 모르겠다는 자조와 탄식뿐이다.

역설적으로 다소 위안이 된다면 주가 폭락은 우리만 그러는 것이 아니라 세계 증시가 함께 먹구름에 휩싸여 있다는 것이다. 그러나 다른 한편으로 생각하면 위기의식을 더 느끼게 된다. 이번 세계적인 주가 폭락 사태가 우리로 하여금 지구촌 경제를 실감토록 했다는 점에서다.

지난 8월 태국의 외환 위기에서 출발해 인도네시아, 말레이시아, 필리핀 등 동남아 각국은 물론 홍콩에 이어 한국에까지 그 여파가 밀어닥쳤다. 그뿐 아니라 미국과 일본, 유럽 등 세계 각국의 증시가 곤두박질치는 블랙 먼데이가 재현됐다. 홍콩을 비롯한 아시아 경제에 대한 불신이 가져온 결과라고 한다.

이번 세계 증시의 동반 하락이 주는 교훈은 그동안 우려해 오던 개방 경제의 부작용에 대한 대비를 서둘러야 한다는 점이다. 경제 협력 개발 기구OECD 가입을 계기로 논란이 돼 오던 외국 경제의 국내 파장, 특히 핫 머니 유입에 따른 경제 교란 현상이 어느 정도 가시화되고 있음을 알 수 있다. 대다수의 전문가들은 이번 주가 폭락은 외국인 투자자들의 자금 이탈을 주요 원인으로 꼽고 있다. 물론 개방화 진전으로 어쩔 수없는 상황이기는 하지만 어느 정도의 완충 장치가 필요하다는 생각이 든다.

태국의 외환 위기가 한국에도 나타날 가능성이 크다는 전문가들의 지적에 정부는 이를 부인하는 낙관적 자세를 보여 왔다. 아직 우리의 자본 시장은 개방 폭이 좁은 데다 국내에 유입된 핫 머니도 우리 경제의 규모로 보아 경제를 교란시킬 정도는 되지 못한다는 것이 그 이유였다. 정상적인 상황에서 보면 옳은 분석일지도 모른다. 그러나 경제 위기 상황은 그러한 절대적인 조건에 따라서만 나타나는 것은 아니다. 조그마한 부실의 허점이 악순환을 거쳐 엄청난 파장을 몰고 오는 경우가 허다하다.

지금 우리 경제는 무척 취약한 상태에 있다. 대기업 부도가 잇따르고 있고 이로 인한 금융 기관의 애로는 이만저만이 아니다. 한마디로 구조 조정의 와중에 있다고 보아야 한다. 여기에 외환 위기까지 겹칠 경우 그 야말로 금융 공황의 상태에 빠져들지도 모르는 일이다.

그러나 더욱 답답하게 느껴지는 것은 무엇을 어떻게 해야 할지 막막하다는 점이다. 산업의 국제 경쟁력 회복 등 경제의 기본적인 저력을 키우는 것 이외에 달리 뾰족한 묘안을 찾기가 어렵다. 오죽하면 경제부총리가 국정 감사장에서까지 경제 실책을 따지는 국회의원들에게 좋은 대안이 있으면 내놓으라고 반박했겠는가.

그렇다고 뒷짐 지고 구경만 할 수는 없는 노릇이다. 사실 그동안 경제 위기 극복을 위한 정부 대응은 너무 안이했다. 기아 사태에서 볼 수 있듯이 어쭙잖게 시장 경제 원리를 내세워 적극 개입을 회피했고, 그렇게 함으로써 정책의 타이밍을 놓쳐 문제를 더욱 악화시키는 결과를 초래했다. 그러나 더 이상 정부 정책을 비판하고 그 책임을 따질 생각은 없다. 그럴 의욕마저 잃었다면 혼자만의 생각일까.

그래도 걱정스러운 것은 정부의 위기관리 능력이다. 지금의 경제난을 극복할 묘안은 없다 하더라도 혹시 악화될지도 모르는 외환 위기 등에 대처할 준비를 좀 더 적극적으로 검토해 보아야 할 시점이다. 중앙은행의 적극적인 개입 방안은 물론 국제기구와의 협조 체제 점검, 단기 투자 자금의 이동에 대한 조기 경보 체제 구축 등 가능한 모든 방법을 검토해 보아야 할 것이다.[64] 물론 가장 중요한 것은 금융 불안의 해소 등 전반적인 국내 경제의 안정임은 두말할 나위가 없다.

아시아의 성장 한계를 주장한 것으로 유명한 미국의 폴 크루그먼 MIT대 교수는 지난 8월 태국의 외환 위기가 터졌을 때 〈포춘〉 지에 기고한 '아시아의 기적에 무슨 일이 일어나고 있는가' 라는 글에서 아시아의 경제 혼란에서 배워야 할 가장 큰 교훈은 경제 문제가 아니라 바로 정부의 역할이라고 주장했다. 경제가 고속 성장을 할 때는 관료들이 유능한 것처럼 위장이 가능하지만 난관에 부딪치면 그렇지 못하다고 전제하고, 아시아의 관료 특히 한국과 태국의 관료들은 경제 문제가 생겼을 때 근본적인 해결 방안보다 미봉책을 쓰기에 급급하다고 꼬집었다.

지금 우리 정부의 관료들이 깊이 생각해 보아야 할 일인 것 같다. 하기야 정권 말기에 정치권까지 엉망이고 보면 관료만을 탓할 수도 없는 노릇이다. 경제가 잘못되는 게 정치 탓일까마는 그래도 무척 원망스럽기만 하다. '정상적인 상태라면 해법을 찾기 위해 머리라도 맞댈 수 있을 텐데…' 하는 아쉬움은 남는다.

04
인내가 필요하다

1997. 11. 26.

국제 통화 기금IMF의 자금 지원을 놓고 말들이 많다. 한국 경제가 신탁 통치를 받게 됐다든가, 법정 관리에 들어갔다는 얘기가 그런 것들이다. 어떤 사람은 IMF에 대해 이런 의문도 제기한다. '구원의 천사인가, 경제 주권을 빼앗은 권력자인가.'

IMF에 지원 요청을 한 것은 부끄럽고 안타까운 일임에 틀림없다. 그러나 곰곰이 생각해 보자. 누구 탓인가, 무엇 때문인가. 책임의 경중은 따질 수 있겠지만 대통령과 정부 관료, 정치인, 기업인, 금융인, 근로자, 소비자에 이르기까지 모든 경제 주체들이 '자신은 무관하고 책임이 없다'고 말하기는 어려울 것이다.

때문에 모든 사람들이 뼈를 깎는 아픔을 견뎌야 한다고 이구동성異口同聲이다. 맞는 말이다. 우선 국민들은 허리띠를 졸라매야 하고, 기업은 구조 조정을 해야 하며, 정부도 조직 개편과 재정 긴축을 강도 높게 추진해야 한다는 것이 대강의 줄거리다. 그러나 몰라서 못하는 것도 아니다. 지금은 총론적 자기반성이 중요한 게 아니라 위기의 실체를 하나하나 따져보고 보다 구체적인 실천 대안들이 논의돼야 할 시점이다.

그런 점에서 보면 IMF 협의단은 경제 주권을 빼앗은 권력자가 아니라 구원의 천사 쪽에 더 가깝다. 물론 미국 등 선진국의 논리가 지배하는 국제 금융 기구이기에 우리의 국익에 반하는 것도 없지는 않을 것이다. 그러나 그보다 알고도 행하지 못한 것을 실천할 수 있도록 도와주는 역할이 더 크다는 생각이 든다. 이번 IMF와의 협의를 주고받는 협상이 아니라 우리 경제의 체질 개선을 이루는 기회로 활용하자는 것도 그래서 설득력을 갖는다.

무엇을 어떻게 할 것인가. 우리가 소위 구제 금융이라고 표현되는 긴급 유동성 조절 자금 지원을 요청한 이상 앞으로의 정책 운용에 그들의 의견을 반영하지 않을 수 없다. 지난 24일부터 공식 활동에 들어간 IMF 협의단은 벌써부터 무척 구체적이고 상세한 자료를 광범하게 요구하고 있다고 들린다. 2~3주간의 실사를 거쳐 상세한 보고서가 나와야 확실해지겠지만 평소 IMF가 실시한 한국 경제 진단과 자금 지원을 받았던 멕시코, 그리고 태국 등 동남아 국가들에 대한 요구 사항을 참고하면 그 방향을 가늠하기란 어렵지 않은 일이다.

IMF는 자금 지원을 하면서 어느 나라에 대해서나 부실 채권 및 부실 금융 기관의 과감한 정리가 첫손가락에 꼽히는 요구 사항이었고 금융 개방과 환율의 시장 기능 확충, 재정 및 금융의 긴축, 산업의 구조 조정, 성장률 하향 조정, 경상 수지 개선 등에 대해 구체적 실천 계획을 요구해 왔다. 우리에게도 경제 여건의 차이에서 오는 수단과 방법의 차이는 있을지언정 대체적인 결론은 마찬가지일 것이다. 이 같은 요구 사항을 수용할 수밖에 없는 상황이라고 본다면 앞으로 우리 경제가 보여 줄 모습을 그려 보는 것도 어렵지 않다.

저성장 기조에 따라 실업이 늘고 기업 경영이 축소 균형을 면치 못할 것이다. 일시적으로는 물가 불안과 금리 상승도 예상된다. 다만 원화의 평가 절하분이 반영되고 나면 물가 안정 기조는 다져질 것이고, 금리도 IMF 등의 자금 유입이 본격화되면 다시 낮아질 가능성도 크다.[65] 긴축으로 인한 기업들의 자금 경색은 예상되지만 그에 못지않게 자금 수요의 위축도 클 것이기 때문이다. 성장 둔화와 긴축으로 경상 수지는 급속히 개선될 것으로 보아도 무방하다.

IMF가 개입한다고 해서 어느 것 하나 우리 경제가 추구해야 할 정책 기조와 다른 것을 찾기는 어렵다. 위기를 기회로 이용해야 한다는 많은 사람들의 지적이 그래서 나온다. IMF를 경계하기보다 우리가 얼마만큼 잘 활용하느냐가 관건인 셈이다.

문제는 국민 생활이 무척 어려워진다는 점이다. 실업이 늘고 물가가 오르고 소득이 줄어드는 상황이 불을 보듯 뻔하다. 종래의 기준으로는 견디기 어려운 고통이 따를 것이다. 그러나 참을 수밖에 없다. 참지 못하면 모든 것은 수포로 돌아가고 만다. 그래서 인내가 필요하다.

기업도 마찬가지다. 사실 위기의 본질을 따지자면 기업의 책임이 제일 크다. 과다한 차입 경영, 문어발 식 기업 경영, 기술 개발의 소홀 등 국가 경쟁력의 원천은 기업으로부터 나온다. 군살을 도려내고 한계 사업을 정리하는 등의 구조 조정은 기업인들로서는 무척 힘든 과제일 것이다. 그래도 해야만 하는 것이 오늘의 우리 현실이다.

지금 당장 정부가 해야 할 일은 IMF와의 협의를 최대한 신속하게 매듭짓는 것이고, 가능하면 기왕에 추진해 오던 우리 스스로의 구조 개편 계획에 따라 순리적으로 이뤄지도록 합의해야 한다.

정부는 물론이고 국민 모두가 유념해야 할 것은 지금의 금융 위기가 단기간에 끝나기는 어렵다는 점이다. 그동안 정부가 주장했던 대로 우리 경제의 기초가 튼튼하기 때문에 단기적인 외화 유동성 부족만 해결되면 곧 정상화되리라는 생각은 위험스럽다. 국제 외환 위기에 국내 경제의 구조적 모순까지 겹쳐 있는 탓이다. 또 국제 외환 위기의 영향 때문이라 해도 마찬가지다. 카지노 자본주의라는 말이 실감날 정도로 국제 금융 시장에서의 머니 게임은 치열하다.

미국의 레스터 C. 서로Lester C. Thurow[66] 교수는 세계 금융 체제를 통제하고 관리할 필요성을 실감하지만 떠맡을 국가나 기구가 없다고 지적한다. 그는 지난해 펴낸 저서 《자본주의의 미래》에서 세계 각국의 금융 정책들이 국제적인 자본의 흐름에 인질로 잡혀 있다고 전제하고 조만간 세계 금융 체계는 1990년대 일본이 겪은 주식 시장과 유사한 상황을 다시 경험하게 될 것이라고 지적했다.

지금이 그런 상황은 아닌지 걱정스럽다. 정신을 바짝 차려야 할 때다.

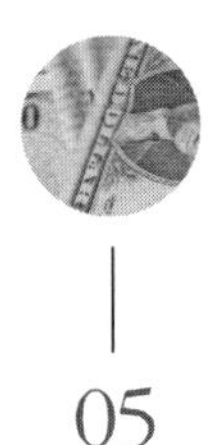

05
위기의 본질은 변한 게 없다

1999. 11. 26.

재작년 이맘때 우리 사회는 암울하고 어수선했다. 대통령 선거를 20여일 앞두고 선거전이 한창이었던 데다 정부가 국제 통화 기금IMF에 대해 2백억 달러의 긴급 자금 지원 요청을 공식 발표한 직후였기 때문이다.

외환 보유고가 바닥나 국가 부도 위기 상황에 직면했던 당시의 사회 충격이 이만저만이 아니었음은 물론이다. 그러나 그 같은 위기를 극복하려는 국민적 결의 또한 대단했었다.

당시의 신문을 들춰 보면 해외여행 취소가 줄을 이었고, 초등학생들이 외국 동전 모으기 운동을 펼쳐졌는가 하면 너 나 할 것 없이 온 국민이 소비 절약에 앞장섰던 모습은 기억도 새롭다.

그런데 2년이 지난 지금 우리 사회는 어떤가. 아직 일부 계층에 국한된 현상이라고는 하지만 벌써 과소비의 조짐이 나타나고 있고, 버는 것보다 쓰는 것이 많아 저축률이 급격히 낮아지는 추세를 보여 주고 있다는 것이 통계 당국의 분석이다.

실제로 국민들의 생활 형편이 다소간 풀렸으니 당연한 게 아니냐고 치부하면서도 어딘지 씁쓰레한 뒷맛이 남는 것은 어쩔 수가 없다. 사실 IMF 체제 2년의 경제 성과를 긍정적으로 평가하는 데 인색할 이유는 없다. 그것이 정부의 노력에 의해 주도되었든 국민들이 보여 준 고통 감내의 결과든 따질 필요도 없다.

거시 경제 지표를 보면 더욱 명확해진다. 뒷걸음질하던 경제 성장률이 올 들어 플러스로 돌아서 외환 위기 이진의 국내 총생산GDP 규모를 회복했을 뿐만 아니라 오히려 경기 과열을 걱정해야 할 정도에 이르렀다.

지난해에 이어 올해도 막대한 경상 수지 흑자 시현으로 2년 전 38억 달러에 불과했던 외환보유고는 7백억 달러에 육박했다. 물가는 안정을 유지하고 있고, 환율, 금리 등 정책 변수들도 정상을 되찾았다. 국제 신용 평가 기관들이 우리의 국가 신용도를 잇달아 상향 조정한 것만으로도 일단 위기 극복에 성공했다는 평가의 근거는 충분하다. 그러나 안심해도 좋다고 말할 수 없는 것이 오늘의 현실이다. 많은 사람들은 지난 2년의 성과를 '절반의 성공'이라거나 '미완의 개혁'이라고 평가한다.

그러나 냉정하게 생각해 보자. IMF 체제를 불러온 본질은 무엇이었는가. 단순한 외환 유동성 부족이 아니라 고비용 저효율의 경제 체질과 기업들의 방만한 부채 경영, 금융 기관의 부실화 등 경제의 총체적 부실이 누적된 결과임은 분명했다. 그동안 이를 치유하기 위한 노력을 결코 과소평가할 수는 없지만 위기의 본질이 크게 변한 것은 없다.

막대한 공적 자금이 투입돼 금융 구조 조정이 이뤄졌지만 이제 시작에 불과하다. 아직도 금융 불안의 어두운 그림자는 짙게 드리워져 있다.

기업 경영 실적이 호전됐다고는 하지만 경영 혁신에 의한 성과라기보다 저금리, 환율 상승, 인건비 감소 등 외생 변수들의 도움에 의한 결과라고 보는 것이 옳다. 금융이건 기업이건 본격적인 구조 조정은 이제 시작에 불과하다.

위기 극복에 대한 자신감은 필요하다고 생각하지만 결코 자만해선 안 될 일이다. 정부나 기업, 그리고 소비자들이 해야 할 일은 오히려 지금부터가 중요하다.

우선 정부 정책의 질적인 변화가 있어야 한다. 응급 처방이랄 수 있는 지금까지의 경제 개혁은 정부 주도하에 이뤄진 게 사실이다. 그러나 어느 정도 원기를 회복한 지금은 최대한 시장 자율에 맡기는 것이 필요하다. 오히려 기업 의욕을 북돋우는 정책적 배려가 절실하다.

물론 이는 기업들이 보다 적극적이고 자발적인 구조 조정 노력을 배가한다는 전제가 충족될 때 성립되는 논리다.

경제 개혁의 주체가 지금까지의 정부에서 이제는 기업과 소비자들로 바뀌어야 한다는 얘기다. 새로운 질서는 자생적으로 형성될 때 그 의미가 크고, 지속적으로 유지될 수 있다. 정부의 힘에 의해 타율적으로 만들어진 질서는 결코 오래 갈 수 없음은 과거의 경험이 증명한다. 정부가 해야 할 일은 공정한 경쟁 질서를 유지하는 데 확고한 원칙과 기준을 적용하는 것이다.

갈수록 심화되고 있는 경제의 양극화 시정과 성장 잠재력의 회복은 정부의 대책이 필요한 과제다. 경기가 회복됐다고는 하지만 고른 성장이 이뤄지지 못해 건설 등 일부 업종은 아직도 후퇴를 거듭하고 있다. 중산층의 몰락과 빈곤층의 확대는 외면하기 어려운 새로운 이슈로 등장했다. 물론 재정 적자의 확대와 물가 안정, 국가 신인도의 제고 등 정부가 해결해야 할 난제들은 수없이 많다.

따라서 지금은 IMF 체제 2년을 되돌아보면서 정책의 우선순위 재점검과 정책 수단의 미조정이 절실한 시점이다. IMF 체제의 완전한 극복은 경제만으로 이뤄질 일은 아니다. 정치, 사회, 문화 등 사회 전반의 개혁이 함께 이뤄져야 한다. 그런 점에서 보더라도 IMF 위기의 본질은 전혀 변한 게 없다.

정부를 포함한 모든 경제 주체들이 찬담했던 2년 전의 각오를 되새길 때다.

06

정부 탓만 할 일인가

2000. 5. 26.

지난 24일 국회에서 열린 당정 협의에서 민주당 정책팀의 강도 높은 비판에 대해 이헌재 재정경제부 장관[67]은 "죄송하다"는 말과 함께 "억울하다"는 심사를 강하게 내비쳤다고 한다. 정책 당국자들의 입장에서 보면 '느닷없이' 제2의 경제 위기설이 걷잡을 수 없을 정도로 증폭되면서 그것도 몽땅 '정책 부재' 탓으로만 돌리고 있으니 그렇게 생각할 수도 있는 문제다. 그렇다고 정부의 항변이 옳다는 얘기는 결코 아니다.

사실 지금의 경제 상황이 제2의 경제 위기를 몰고 올 만한 긴급한 상황인가에 대해 좀 더 냉철하게 판단해 볼 필요가 있다. 아무리 사전적 경고의 의미가 있다 하더라도 지나친 비관은 경제 현안 해결에 아무런 도움을 주지 못할 뿐만 아니라 가뜩이나 취약한 대외 신인도를 떨어뜨려 오히려 위기를 불러들일 가능성도 없지 않기 때문이다.

위기설의 실체를 들여다보면 불안 요인이 급작스레 나타났다기보다 그동안 늘상 지적돼 오던 우리 경제의 구조적인 과제들이 대부분이다. 큰 줄거리로 보면 금융 부실의 누적과 금융 산업 구조 조정의 미흡, 기업 구조 조정의 부진, 무역 수지 흑자 규모의 격감 등이 지적될 수 있다.

여기에 국제 유가 급등, 동남아 주식 시장과 통화 가치 불안 등 해외 경제 여건의 악화가 위기설을 증폭시키는 빌미를 제공했다고 볼 수 있다. 그런데 어느 것 하나 "이렇게 하면 풀릴 것"이라는 해답을 찾기가 쉽지 않은 과제들이다. 더구나 모든 경제 문제들이 그렇듯이 서로 상반되는 효과를 가져오는 정책 과제들이 얽히고설켜 있는 형국이어서 정부의 정책 선택도 이만저만 어려운 것이 아님은 분명하다. 그런 점에서 제2의 경제 위기 가능성은 당장 나타날 수 있는 당면 과제로 인식하기보다 장기적이고 구조적인 관점에서 접근하는 것이 바람직하다.

우선 정부의 경제 정책 운용에 문제는 없는지 반성할 필요가 있다. 대다수가 경제위기설 증폭의 첫 번째 요인으로 정책에 대한 불신을 들고 있다. 맞는 말이다. 원인은 복합적이지만 정책의 번복과 정책 추진의 지연, 정부 부처 간의 마찰과 불협화음 등이 대표적인 사례로 꼽힌다.

그러나 가장 근본적인 원인은 종합적이고 짜임새 있는 정책 목표의 결여일 것이다. 위기설의 도화선이었던 투신 구조 조정과 공적 자금 조성 문제만 해도 우물쭈물할 일은 아니었다. 또 마무리됐다고 선언했던 금융 구조 조정은 뚜렷한 청사진도 제시되지 않은 채 은행 합병 등 금융권 전체를 소용돌이에 몰아넣을 수 있는 엄청난 과제들이 슬그머니 불거지는 양상을 보여 왔다.

왜 공적 자금이 30~40조 원이 더 필요하고, 그 정도면 금융 부실이 만족할 만큼 해소될 것인지, 은행 합병은 무엇 때문에 불가피하고, 합병을 하고 나면 우리 금융 산업은 어떤 모습으로 재편될 것인지, 어느 것 하나 궁금하지 않은 것이 없다. 정책 신뢰성을 회복하는 첩경은 여러 가지 현안들에 대해 단기적인 처방을 내리는 데 그칠 것이 아니라 구체적인 정책 목표와 수단을 분명히 설정하는 일이다. 동시에 구조 조정 과정에서 정부가 해야 할 역할과 범위를 명확히 제시할 필요가 있다. 시장이 알아서 판단할 것이라는 등의 애매한 자세로는 문제 해결이 어렵다.

며칠 전 김대중 대통령이 국무회의 석상에서 언급한 국정 개혁에 대한 피로감도 따지고 보면 정책 목표의 불투명성에 기인한다. 개혁을 너무 많이 추진해서 피로해진 것이 아니라 개혁의 목표가 어디에 있고, 이를 위한 정밀하고도 체계적인 청사진은 무엇인지 알 수가 없어서다.

실물 경제는 과열을 우려할 만큼 고도성장을 유지하고 있다. 기업의 순이익 규모가 사상 최대를 기록했다는 통계도 심심치 않게 나온다. 그런데도 증시, 주가는 곤두박질치고, 금리, 환율 등 금융 지표들은 불안한 움직임을 보이고 있어 일반 국민들이 혼란을 느끼는 것은 당연하다.

무엇이 문제이고, 어떻게 대처할 것인지에 대해 종합적인 대책을 만들어 국민들을 설득시킬 필요가 있다. 그러나 정부의 노력만으로 될 일은 아니다. 금융 기관을 포함한 기업들의 구조 조정 노력은 충분했는가, 소비자들의 씀씀이는 합리적이었는가, 봇물 터지듯 쏟아지고 있는 노동계의 갖가지 요구는 적절한가.

이런 의문에 대해 누구도 "그렇다"고 자신 있게 말할 수 없을 것이다. 특히 정치권에 대해서는 이런 질문을 별도로 던지고 싶다. 과연 정부를 성토하고 정책 실패를 비판할 자격이 있다고 스스로 생각하는가.

여야를 막론하고 때로는 당리당략에 얽매이고, 때로는 선거를 의식해 정부를 압박하고 정책을 왜곡시킨 사례는 수없이 많았다. 정치인들의 반성도 위기 극복의 중요한 변수 가운데 하나라는 점을 덧붙이고 싶다.

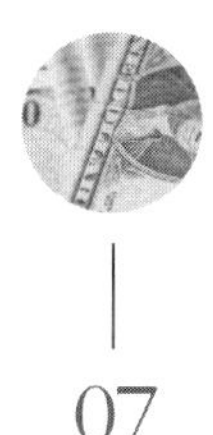

07
실험실 개구리의 위기 불감증

2005. 8. 30.

뜨거운 물이 담긴 컵에 살아 있는 개구리를 넣으면 금세 뛰쳐나오게 될 것은 뻔한 이치다. 그러나 개구리가 놀기 좋은 찬물을 넣어 놓고 이를 서서히 가열하면 개구리는 뜨거워지는 것도 모른 채 죽어 간다고 한다. 환경 변화를 인식하지 못하고 매사에 안주하는 위험성을 경고하는 비유로 가장 많이 인용되는 '개구리 실험' 얘기다.

국제 유가의 고공 행진이 심상치가 않다. 연일 사상 최고치를 갈아 치우면서 배럴당 70달러마저 넘어섰다. 그런데도 주변에선 '큰일 났다' 거나 '못 살겠다' 는 아우성이 거의 들리지 않는다. 정부도, 기업도, 소비자들도 마찬가지다. 정부가 고유가 대책을 검토한다거나 기업의 수익성이 떨어져 어려움을 겪고 있다는 얘기가 간혹 있지만 과거의 유가 폭등 때에 비하면 기이할 만큼 조용하다.

영국 〈이코노미스트〉 지誌는 최근 호에서 이 같은 고유가 불감증은 유가 상승이 점진적으로 이뤄진 탓이 크다고 분석했다. 1, 2차 오일 쇼크 때는 유가가 2배로 오르는 기간이 9~10개월이었지만 이번에는 43개월이 걸렸다는 얘기다.

에너지 전문가들에 따르면 그것 말고도 고유가의 파장이 심각하게 부각되지 않는 그럴듯한 이유는 많다. 과거와는 가격 폭등의 원인이 전혀 다르다는 점이 우선 손꼽힌다. 1973년과 1978년의 1, 2차 오일 쇼크는 산유국들의 석유 무기화나 수출 금지 조치 등으로 촉발됐었다. 말하자면 돈을 주고도 원유를 살 수 없는 상황에서의 급격한 가격 폭등이었던 것이다. 그런데 지금은 값은 비싸졌지만 석유 공급은 어느 정도 정상적으로 이뤄지고 있다는 점에서 위기의 본질이 다르다는 얘기인 셈이다.

또 상품을 만드는 데 드는 원가에서 석유 에너지가 차지하는 비중이 크게 낮아져 기업 경영이나 물가에 미치는 영향이 줄었고, 지금까지 다른 상품에 비해 원유 가격의 상승폭이 상대적으로 낮았다는 이유도 있다. 예컨대 2차 오일 쇼크를 기준으로 보면 세계의 평균 물가 상승률만큼 유가가 올랐다면 지금은 배럴당 75달러 정도는 돼 있어야 한다는 것이다. 더 오를 가능성도 크다는 진단이다.

그래도 지금 원유 값이 너무 올랐다고 생각하는 보통 사람들은 여전히 의구심을 풀기 어렵다. 얼마 전 정부가 발표한 올해 상반기 에너지 소비 동향 자료를 보면 석유 소비가 줄기는커녕 전년 같은 기간에 비해 2.6%나 늘었다. 과연 이래도 되는 건지 정말 이해하기 힘든 현상이다.

우리만 겪는 일이 아닌데 무슨 걱정이 그리 많으냐는 타박도 있을 법하지만 그렇게 볼 일만도 아니다. 선진국들에 비해 에너지 효율성이 훨씬 뒤지는 나라가 바로 우리다. 같은 물건을 만드는 데 투입하는 에너지량은 우리가 일본의 3배에 달한다. 그런데도 태평스럽기는 우리가 선진국들보다 더하면 더했지 덜하지 않은 것 같다.

느긋하기로 말하면 비단 기름 값에 관한 것만도 아니다. 정부는 주가도 오르고 산업 활동도 조금씩 나아지는데 뭐가 걱정이냐는 식이다. 연정이니 뭐니 해서 벌써부터 선거 놀음에 빠져들고 있는 정치 지도자에 대해서는 더 말할 것도 없다. 그러는 사이 우리 경제의 잠재 성장률은 곤두박질을 거듭해 4%에도 못 미칠 우려가 있다니 참으로 한심한 노릇이다.

앨런 그린스펀 미 연방준비제도이사회FRB 의장은 최근 집값 급등으로 인한 세계 경제의 위기를 경고한 데 이어, 폴 크루그먼 프린스턴대 교수는 내년 상반기 중 위기가 찾아올 것이라고 더 구체적으로 진단했다. 고유가가 더 지속되리라는 게 정설이고 보면 제3의 오일 쇼크가 오지 말란 법도 없다.

세계 경제의 위기 상황조차 제대로 인식하지 못한 채, 우리 모두 물이 뜨거워지는 것도 모르고 죽어 가는 실험실의 개구리 처지로 빠져드는 것은 아닌지 생각해 볼 때다.

60 정부 여당의 고위층이 관련된 권력형 비리 사건으로 여야의 정치적 공방이 치열했던 사건. 한보 특혜 비리 사건은 느닷없이 불거진 것이 아니라 1991년 수서택지 특혜 분양 사건, 1995년 전직 대통령 비자금 사건 등으로 수차례 수사를 받아 오던 비리 사건의 결정판인 셈. 그로 인해 한보그룹이 도산 사태를 맞았고, 이어 삼미, 진로, 대농, 한신공영, 해태, 한라, 기아그룹 등이 줄줄이 쓰러지면서 결국 IMF(국제통화 기금)로부터 구제 금융을 받는 외환 위기 사태 원인의 한축을 이룸.

61 1997년 2월 12일 북한의 노동당 국제담당비서 황장엽 씨가 수행원인 노동당중앙위 자료연구실부실장과 함께 중국 베이징 소재 한국총영사관으로 한국 망명을 요청. 황 비서는 당시 당 서열 24위 노동당 국제담당비서, 노동당 중앙위원, 최고인민회의 외교위원장, 사회과학자협회 위원장, 조국평화통일위원회 부위원장 등을 겸직하고 있었으며 '김일성 주체사상' 을 체계화시킨 지식층의 대표적 인물.

62 김정일의 전처 성혜림의 조카로 1982년 남한으로 귀순해 14년 동안 비공개로 살아오다 황장엽 비서 망명 이후 북한 공작원들에 의해 살해된 것으로 추정.

63 대통령 선거를 코앞에 두고 당시 여당인 신한국당이 야당인 새정치국민회의의 김대중 총재의 막대한 비자금 조성 등에 대한 폭로를 하는 등 대선을 위한 정국 혼란이 극에 달했다.

64 결국 한국은 11월 21일 IMF에 유동성 조절 자금(구제 금융) 지원 요청을 발표했다. 이른바 환란(換亂)이 선포된 셈이다. 정부는 지원 조건 등에 대해 IMF와의 협상을 거쳐 그해 12월 3일 양해 각서에 서명했다. 경제 정책과 금리 등에서 IMF의 감독과 평가를 받는 이른바 IMF 체제로 진입한 것이다.

65 IMF는 자금 지원을 하면서 고금리(연 18~20%, 또는 그 이상)를 유지하도록 했다.

66 《제로섬 사회》, 《부의 지배》 등의 명저로 유명한 미국 MIT 경영대학원 교수. 서로 교수는 지난 2005년 가을 서울을 방문해 "한국인은 듣고 싶은 것만 취하고 마음에 들지 않는 것은 거부하는 경향이 있다" 며 "이웃 나라에서 배우려는 벤치마킹에 열

성적이지 않다"고 비판한 적이 있다.

67 경제 정책 수립 집행의 행정 부처 변천사는 요란하다. 정부 수립과 함께 재무부가 담당해 왔으나 5 · 16 이후 1961년 7월 경제기획원이 설립돼 세출 예산과 경제 개발 계획을 입안, 집행하면서 경제 정책의 핵심 부서 역할을 했다. 그러던 것이 김영삼 정부 시절인 1994년 12월 경제기획원과 재무부가 합쳐 재정경제원이 탄생했다. 재정경제원은 예산과 금융 등 경제 정책의 실권을 모두 쥐고 있어 공룡이라는 평가를 받았다. 김대중 정부가 들어서면서 1998년 2월에는 재정경제원을 재정경제부로 바꾸면서 금융 기관 인가 사무를 금융감독위원회로 이관시켰고, 대통령 직속의 기획예산위원회를 발족시켜 예산 편성 권한을 재정경제부에서 분리시켰다. 재경부 산하에는 예산 집행을 담당하는 예산청을 별도로 두었다. 그러던 것이 1999년 5월 정부조직법이 바뀌면서 기획예산위원회와 예산청을 합쳐 기획예산처로 독립시켰다. 결국 업무 기능은 다소 차이가 있지만 과거 재무부와 기획원이 재건된 셈이었다. 이명박 정부가 들어서면서 2008년 2월 정부조직법 개정으로 인해 재정경제부와 기획예산처가 합쳐져 지금의 기획재정부가 되고, 재경부의 큰 비중을 차지했던 금융 정책 업무는 금융위원회로 독립돼 떨어져 나갔다. 이헌재 장관은 김대중 정부 첫 금융감독위원장으로 재임하다 2000년 1월 13일 재정경제부 장관으로 임명됐다.

• 7부 •

‘작은 정부’가
일 잘하는 정부

인위적이고 강제적인 질서를 형성하는 정부와 자생적 질서의 특징을 갖는 시장은 사회가 안정적으로 발전하는 데 필요한 두 가지 핵심 기능이다. 시대적인 환경과 사회적 발전 정도에 따라 정부와 시장의 역할에 대한 인식은 변화되어 왔다. 18세기 이전의 중상주의 시대에 이어 18세기 말 고전적 자유방임주의 사상이 발전하면서 국가보다 개인의 자발적 동기에 의한 시장 중심의 경제 운영이 국부 창출에 유리하다는 생각이 확산되었다.

신중상주의에 이어 1930년대 대공황을 계기로 불황 극복을 위한 정부의 적극적 개입이라는 케인스주의가 한동안 득세하게 됐다. 큰 정부의 효용을 높이 평가했던 셈이다. 그러나 1980년대에 들어 세계 경제가 침체를 보이면서 신자유주의(Neo-Liberalism) 사상이 대두됐다. 당시 세계 경제가 침체한 것은 케인스주의적인 복지 국가 모형이 높은 임금 비용과 조세 부담을 불러왔고, 과도한 규제로 인해 기업들의 생산 활동이 위축됐기 때문이라고 평가했다. 민영화와 분권화, 그리고 탈규제를 핵심으로 하는 신자유주의 사상이 급속히 퍼진 것이다. 그 대표적인 사례가 1980년대에 영국의 대처 총리와 미국의 레이건 대통령이 집권하면서 보여준 정책 노선이다. 영국 대처 총리는 재정 긴축, 규제 완화, 공기업 민영화, 사회 보장 제도의 축소 등 과감한 개혁을 밀어붙여 큰 성과를 거뒀고, 미국의 레이건 정부는 이른바 레이거노믹스로 불리는 공급 위주 경제 정책을 추진하면서 강도 높은 기업 규제 개혁을 실시했다.

이러한 대세는 한국에도 밀려와 김영삼 정부 때부터 행정 개혁 및 규제 혁파를 국정의 우선목표로 삼아 추진해 왔고, 특히 김대중 정부에서는 민관 합동의 규제개혁위원회를 설치해 규제등록제 실시와 함께 기존 규제 50%를 폐지하는 조치를 취했었다. 그러나 노무현 정부 들어 '일 잘하는 정부'를 내세우며 정부 조직을 확대하고 '큰 정부'로 정책노선을 바꾸었다. 공기업 민영화의 후퇴에 각종 위원회 신설 등 정부 조직의 방만한 확대가 그 대표적인 사례들이다.

신자유주의 사상이 '지고(至高)의 선(善)'인지는 좀 더 신중히 판단해 볼 문제다. 한국은 서구 사회에 비해 복지 제도가 뒤져 있는 데다 경쟁 낙오자에 대한 배려가 결여돼 있어 극심한 경쟁을 전제로 하는 신자유주의의 적용에 신중을 기해야 한다는 주장도 일리 있다. 또 경쟁이 공정하게 이뤄질 수 있는 사회적, 경제적 토양과 제도적 기반, 그리고 국민적 소양이 갖춰져야 하는데 우리는 아직도 부패와 반칙이 많다는 점에서 이를 시정하는 것이 오히려 급선무라는 주장에도 귀 기울일 필요가 있다. 신자유주의 적용에 앞서 그 폐해를 줄이기 위한 정책 개발과 공정 경쟁을 인정하는 사회 인프라 구축이 선행돼야 할 것이다.

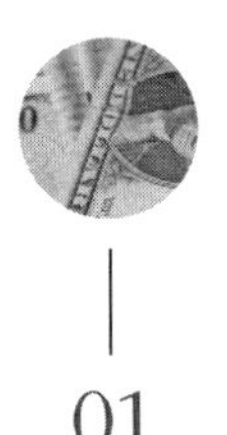

01
불신의 벽 허무는
정치 행정의 과감한 자기 혁신

1992. 6. 5.

세계는 혁명적이라 할 만큼 큰 변혁을 겪고 있다. 이것이 비단 국제 정치나 세력 구조의 변화만을 의미하는 것은 아니다. 사람들의 욕구가 다양해지는 다원화 사회의 이행과 정보화의 진전에 따른 생활 양태의 변화 등 경제, 사회생활의 내용까지도 크게 달라지고 있다.

자국 우선의 경제 지상주의로 무장된 세계 각국의 국경 없는 경제 전쟁은 가히 필사적이다. 변모하는 국제 환경은 새로운 발전 전략을 요구하고 있고 이를 충족시키지 못할 경우 세계사의 뒤안길로 사라져야 하는 적자생존適者生存의 경쟁 원리를 새삼 일깨워 주는 형국이다. 중진국의 어정쩡한 상황에 멈춰 버린 한국 경제가 선진국으로 재도약할지, 후진국으로 밀려날지를 결정하는 중대한 고비를 맞고 있는 셈이다. 여기에서 정치와 행정의 중요성이 대두되고 변화의 필요성이 절실해진다.

요즘 우리의 정치와 행정은 눈앞에 닥친 정권 이양기移讓期를 앞두고 갖가지 비능률과 부작용이 많은 것도 사실이다. 정치권의 혼란은 고사하고라도 권력의 누수 현상에 따른 책임 회피와 무사안일이 판치는 공직자 사회의 기강 해이는 심히 우려되는 것들이다. 그러나 보다 근본적인 문제는 정치권의 미래 관리 능력과 위기관리 능력의 불신에서 오는 정치에 대한 냉소주의와 허무주의가 팽배해 있다는 점이다.

국민 각자의 생각과 주장이 수많은 모래알처럼 흩어져 있기도 하다. 최근의 경제난도 근원을 따지고 보면 이러한 흩어진 민심의 소산으로 보아야 한다. 때문에 치열한 국제 경쟁을 뚫고 나가기 위해서는 무엇보다도 국민 역량을 한데 모으는 내부적 결속이 선행돼야 할 것이다. 여기에서 가장 중요한 것은 정치, 행정에 대한 국민의 신뢰 회복이다.

당리당략黨利黨略을 위한 이전투구泥田鬪狗보다 국가 위상 제고와 국민 복지 향상을 위한 공감대 형성에 주력하고 군림하기보다는 봉사하는 자세를 확립하는 것이 첫 번째 과제다.

목적 달성을 위해 수단과 방법을 가리지 않는 파렴치, 감당하기 어려운 선심 공약, 이 눈치 저 눈치 살피느라 '왔다 갔다' 하는 정책의 난맥상 등이 불신의 근원이라고 한다면 이를 시정하는 일도 급선무다. 특히 정부 정책이 장기적 비전보다 단기적 땜질 처방에 그치다 보니 어제의 선善이 오늘의 악惡으로 매도당하는 일도 빈번하다. 일관성 없는 경제 정책이 기업과 가계 활동을 혼란에 빠뜨리는 경우다.

정부의 역할은 규칙을 정하고 그에 따라 공정한 게임이 이뤄지도록 감시하는 것이다. 그런데 규칙을 자의적, 편파적으로 적용해 갖가지 특혜 시비를 불러일으키거나 현실에 맞지 않는 과거의 규칙을 고치지 않고 그대로 지키기도 한다. 권위와 안일에 찌든 낡은 관료주의가 변화에 아랑곳하지 않고 현상 유지나 기득권 보호에 급급하고 있기 때문이다.

자본주의 사회의 원동력은 기업이다. 국부國富의 원천인 기업 활동을 불필요하게 제약하는 갖가지 규제와 속박을 과감하게 풀어야 한다. 참신한 기업인의 투자 의욕이 말살되고 창의와 혁신의 개척 정신이 버림받을 때 역사의 진화는 스스로 정체될 수밖에 없다. 자본주의의 속성은 정치가 앞에 나서서 경제를 책임지는 것이 아니라 경제가 스스로 선택하고 책임질 수 있도록 끌어 주고 밀어주는 봉사의 역할을 요구한다. 시장 기능을 외면한 정치적 결정은 경제를 왜곡시킨다. 정치가 지향하는 국리민복을 이루는 것이 아니라 국민 부담만을 가중시킨다.

대신 정부는 민간 기업이 할 수 없는 공공재의 생산 확대에 더욱 주력해야 한다. 사회 간접 시설 확충이나 인력 양성, 치안 확보, 급변하는 국제 경제 환경에 대처키 위한 경제 외교의 강화 등이 정부가 담당해야 할 공공재 부문들이다. 정책의 사각지대에서 냉대받고 있는 소외 계층에 희망과 긍지를 심어 주는 일도 정부가 챙겨야 할 몫이다.

이러한 민·관의 역할 분담에 의한 총체적 경제 전략이 제대로 이뤄질 때만이 어려운 여건을 극복하고 재도약의 길을 걸을 수 있을 것이다. 또한 경제의 상부 구조인 정치도 새로 태어나야 한다. 그동안 우리의 정치는 국민에게 꿈과 희망을 주기보다는 실망과 좌절을 안겨 주는 일들이 비일비재했다. 신뢰할 수 있는 장기 비전을 제시하고 국민들에게 꿈과 희망을 주는 정치가 아쉽다. 이러한 정치 행정의 과감한 자기 혁신은 국민, 기업, 근로자 등 모든 경제 주체들의 의식 개혁과 실천이 함께 뒷받침돼야 실효를 거둘 수 있음도 당연하다. 그러나 실물 경제와는 달리 정치인과 공직자들은 철저한 시대적 소명 의식召命意識으로 무장돼야 한다. 국가 관리자들이 가져야 할 책무이기도 하다.

02

해야 할 일 하는 것이 중립이다

1992. 10. 12.

중립中立 내각[68]이 출범했다. 다가오는 대통령 선거에서 어느 당에도 치우치지 않고 공정한 선거를 치르기 위해 탄생한 것이라고 한다.

사실 정당 정치를 표방하는 우리나라에서 중립 정부란 일종의 변칙적인 형태이다. 국민 입장에서 보면 그동안의 국정 수행 결과를 심판해야 하는 정권 선택의 기준이 없어져 버린 셈이다. 그러나 이제껏 역대의 정권 창출 과정에서 정통성 시비가 있어 왔고, 특히 최근에는 선거에의 관권 개입 시비가 일고 있는 실정이고 보면 이해는 할 만하다. 따라서 공정 선거를 통한 새 정권의 창출이라는 국민적 여망을 실현시킨다는 측면에서 긍정적 반응을 얻고 있는 것 같다. 또 공정 선거에 대한 국민적 열망이 큰 만큼 중립 내각에 대한 기대도 큰 편이다.

그러나 한편에서는 걱정을 앞세우기도 한다. 과도기 내각의 성격을 띤 정부가 어느만큼 공정하게 해야 할 일을 챙겨 능동적으로 추진해 낼

지 의문스럽기 때문이다. 사실 중립을 지킨다는 것은 무척 어려운 일이다. 어느 한쪽으로 치우치지 않고 조화를 이루면서 정도正道를 지켜야 하는 것이 중립의 근본이다.

오늘의 사회 구조는 복잡다기화돼 가고 있다. 그들의 주의 주장도 각양각색이다. 이 같은 요구들은 그 나름대로 정당한 이유를 갖고 있다. 그들의 입장에서 보면 모두가 정도라고 내세우는 것들이다. 이러한 서로 다른 견해를 조화시켜 국정을 균형 있게 챙겨 나가는 것은 결코 쉬운 일이 아니다. 때문에 국정을 수행하는 데 있어서 우리 실정에 맞는 원칙을 세우고 그 원칙에 따라 일관성 있게 집행해 나가는 것이 중립을 지키는 지름길일 것이다.

그 원칙은 법이든 관행이든 우리 실정에 맞아야 한다. 급변하는 국내외 여건 변화에 능동적으로 대응해서 민족 번영을 이룰 수 있는 것이어야 한다. 또 중립을 지킨다 해서 해야 할 일을 안 하는 것은 결코 중립이 아니다. 오히려 해야 할 일을 찾아내 원칙에 따라 과감히 추진하는 것이 중립 내각이 해야 할 일이 아닌가 싶다.

특히 경제 부문에서 우리가 해야 할 긴급 과제들이 너무나 많다. 우리 경제는 현재 극히 어려운 상황에 놓여 있다. 경제 성장이 급격히 둔화되고 국제 수지는 적자를 면치 못하고 있다. 기업인들의 기업 의욕은 꺾일 대로 꺾여 있다. 설비 투자가 이뤄지지 않고 근로자들의 근로 의욕도 예전과 같지 않다. 물가도 다소 안정됐다고는 하지만 아직도 높은 수준이다. 자칫 선거 열풍이 몰아치면 또다시 불안해질 조짐도 보인다.

돈이 남아돈다고 야단들이다. 금리도 급속히 떨어지고 있다. 금리가 낮아지는 것 자체는 좋은 현상이지만 그 배경이 기업들의 생산 활동 위축과 새로운 사업 의욕의 포기에 의해 빚어지는 결과라고 보면 결코 좋아할 일만도 아닌 것 같다.

요즘 정책 결정이 표류하고 있다는 말들을 많이 한다. 정치적 과도기를 맞아 정부가 우왕좌왕하고 있다는 얘기다. 이런 점에서 보면 중립 내각의 탄생은 다행스런 일이라고 볼 수 있다. 제대로만 이뤄진다면 정치권의 눈치를 보지 않고 정책 결정을 능률적으로 할 수 있기 때문이다.

사실 많은 사람들은 대선 과정에서 경제의 부작용이 심화되지 않을까 걱정해 왔다. 집권 여당을 도와주기 위한 선심 정책의 남발이나 원칙에 어긋나는 각종 규제의 완화, 행정의 이완 등이 큰 걱정거리 중의 하나였다. 또 이러한 행정 이완을 틈탄 각종 이익 단체들의 내 몫 찾기 경쟁이 이뤄질 경우 국력의 낭비가 심각하리라는 것이 또 다른 우려 요인의 하나였다. 중립 내각의 발진이 실질적 중립을 이뤄 나간다면 최소한 이러한 우려는 떨쳐 버릴 수가 있을 것 같다. 그러나 반대로 걱정거리도 많아졌다. 당장 내년도 나라 살림살이에 대한 국회 심의를 받아야 하는 판국에 이 과정에서 필연적으로 나타날 각 정당의 요구를 어떻게 수용하고 각종 법률 개정 사항 등을 어떻게 조화시켜 이뤄 나갈지 걱정이 아닐 수 없다.

이럴 때일수록 정부가 균형 감각을 갖고 원칙에 입각해서 대처해 나간다면 큰 문제는 없을 것이다. 문제는 원칙에 따라 해야 할 일을 하겠다는 정부의 의지가 어느 정도냐이다. 어느 누구에게도 욕을 먹지 않고 적당히 넘어가는 것이 중립이라고 생각하면 큰일이다. 우리 경제는 지금 사활의 기로에 서 있다고 해도 과언이 아니다. 그만큼 정부의 역할이 중요하다. 기업에 대한 정치 외풍을 막아 주고 의욕을 되살려 주는 것이 중립 내각의 첫 번째 과제라고 본다.

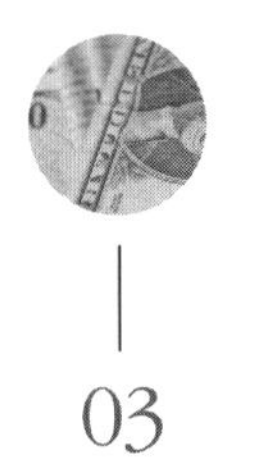

03
정치 역할 되새겨 볼 때

1999. 7. 16.

요즘 정치 상황을 보고 있노라면 가슴이 답답해진다. 김대중 대통령과 김종필 국무총리 간에 내각제 개헌을 사실상 내년 총선 이후로 미루기로 합의했다는 소식에 정치 상황이 난기류에 휩싸일 공산이 커졌다.

특히 '세풍'[69] 수사 재개를 둘러싸고 국회가 파행으로 치닫고 있는 가운데 공동 여당 내의 불협화음이 겹쳐 국민들의 불안이 가중된다. 사실 내각제는 처음부터 난해한 과제였고, 대선 당시 DJP 연합의 내각제 개헌 공약[70]이 지켜지리라고 믿었던 국민도 많지 않았을 것이다.

따져 보면 연내 개헌 자체는 사실상 불가능해 보인다. 사정이 그러하다면 내각제 개헌 연기는 현재로선 불가피한 선택일 수도 있다. 그러나 문제는 내각제 실시 여부가 아니라 정치 지도자들이 국민에 대한 약속과 공약을 어물쩍 파기하고 넘어가려 한다는 점이다. 정권 교체가 이뤄진 뒤에도 내각제 합의는 지키겠다고 거듭 확인해 왔던 터였다.

그래서 정치 지도자들의 공약 파기에 대한 국민들의 불신감은 더욱 크게 느껴질 수밖에 없다. 오히려 진작에 그 같은 결론을 내리고 국민들에게 이해를 청했더라면 그동안 내각제를 둘러싼 불필요한 국력 소비는 없었을 게 아닌가 하는 아쉬움마저 갖게 된다. 더구나 아직도 내각제 연내 개헌 포기는 공식화된 것도 아니고 정당 차원의 공개적인 협상도 없었다. 밀실 야합이라는 지적도 그래서 나온다.

국민회의와 자민련은 하루라도 빨리 투명한 절차를 통해 이 문제에 대한 공개적인 논의를 거쳐 확실한 결론을 내려야 한다. 아울러 선거 공약을 파기한 데 대한 충분한 해명과 대국민 설득을 통해 정국 혼란의 파장을 최소화하는 데 주력해야 한다. 그것이 지금 할 수 있는 최선이다.

지금 우리 사회의 정치 불신은 위험 수준에 달해 있다.

'정치'라는 말은 일상용어로 사용된다. '정치학자의 수만큼 정치의 개념과 정치학이 존재한다'는 인용구는 어느 교과서에나 첫머리에 나와 있다. 그만큼 객관적인 평가의 잣대를 설정하기가 쉽지 않다는 얘기인 것 같다. 그런데 정작 무슨 뜻인지 정의하기란 쉽지 않다. 알 수 있는 것은 정치의 개념이 시대에 따라 변화되고 학자에 따라 다르다는 것뿐이다.

국어사전에는 좀 더 알기 쉽게 풀이돼 있다.

그대로 옮겨 보면 '1.국가의 주권자가 그의 영토 및 인민을 통치함. 2.권력의 획득, 유지 및 행사 등에 관한 현상'이라고 돼 있다.

새삼스레 정치의 정의를 찾아본 것은 과연 우리의 정치 현실을 어떻게 평가해야 할지 혼란스러웠기 때문이다.

날이면 날마다 여야가 강경 대치 하면서 기세 싸움에 열을 올리는 것을 어떻게 볼 것인가. 국어사전의 정의대로 단순히 권력을 획득하고 행사하려는 현상을 정치라고 본다면 여야의 대치가 결코 정치의 본분을 벗어난 것만은 아니라고 생각해 볼 수 있겠다.

그러나 한 걸음 더 나아가 권력은 누가 쥐어 주는가를 상기해 볼 필요가 있다. 국민들이라는 사실은 삼척동자三尺童子도 아는 일이다. 입만 벌리면 국민의 대표라고 외쳐 대는 사람들이 정치인들이다.

그런데 민생 안정을 위한 법안 심의는 뒤로 물려 놓은 채 당리당략의 차원에서 온갖 수단을 동원해 기세 싸움에 열중하는 것은 어떤 논리를 동원해도 정치의 본분에 충실하고 있다고 보기는 어렵다.

오히려 정치의 기능이 무엇이고 활동의 목표를 어디에 두어야 할지 전혀 생각해 보지도 않은 것은 아닌지 의심스럽다. 정치 혼란이 국가 경제에 미치는 파장은 새삼 강조할 필요가 없을 것이다. 올해 경제 성장률이 높아질 것이라는 분석들이 잇달아 나오고 있지만 외국인들이 보는 회의적인 시각도 적지 않음에 유의해야 한다. 경제 주체들이 너도나도 제 몫 찾기에 나서는가 하면 사치성 해외 관광이 되살아날 정도로 과소비가 늘고 있다.

그렇다면 과연 IMF 체제가 우리에 남겨 준 교훈은 무엇이고 그동안 겪은 고통의 대가가 무엇인가. 아무것도 없다. 특히 정치권을 보자. 정치의 저질화는 예전에 비해 더했으면 더했지 덜하지 않다. 여야가 한목소리를 냈던 정치 개혁은 어떻게 되었는가. 국회의원 정수를 몇 명 줄이느니 마느니 하더니, 이제는 그 같은 논의마저 진행되고 있는지조차 모를 지경이다. 그러면서도 기업 구조 조정은 미흡하다고 몰아세운다.

지금 개혁이 절실한 것은 민간 기업이 아니다. 오히려 권력의 상부 구조를 형성하는 정부를 포함한 정치권이다. 권력을 획득, 유지하고 행사하는 것이라는 국어사전에 나온 정치의 낱말 뜻을 이해하는 데 그칠 것이 아니라 정치학 교과서에 나오는 정치의 기능과 역할이 무엇인지도 이 기회에 한 번씩 되새겨 보기 바란다.

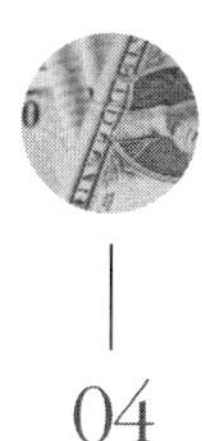

04
새 내각에 권하고 싶은 3원칙

금명간 단행될 개각의 명분은 여러 가지다. 그러나 가장 보편타당한 이유를 찾는다면 김대중 정부 후반기 내각의 새로운 구성이 아닌가 싶다. 오는 25일이면 김 대통령의 임기 5년 가운데 절반이 지나게 된다. 민주주의와 시장 경제의 병행竝行 발전[71]이라는 정책 이념을 앞세우고 출범한 DJ 정부는 그동안 어떤 성과를 거뒀고, 무엇이 잘못됐는지, 또 앞으로 어떻게 대처해야 할 것인지 등에 대한 종합적 평가가 필요한 시점이다.

외환 위기의 엄습으로 인한 IMF 관리 체제라는 비상적인 상황에서 출범한 DJ 정부의 전반기는 놀라울 만큼 빠른 시일 내에 외환 위기를 극복한 것 하나만으로도 매우 성공적이었다는 평가를 받아야 마땅하다. 그런데도 정부 출범 후반기로 접어드는 지금 높은 점수를 매기는 데 주저하고 있다.

왜 그런가. 바로 이에 대한 해답을 구하고 대책을 강구하는 것이 새 내각의 선결 과제가 아닌가 싶다. 구체적인 정책 과제들을 짚어 보자면 수없이 많겠지만 크게는 세 가지 문제에 대한 반성과 방향 재정립이 꼭 필요하다고 생각한다.

첫째는 관치 경제의 유혹에서 벗어날 길이 없는지를 자문自問해 보는 일이다. 지난 2년 반 동안 정부가 내세운 시장 경제 논리에 얼마나 충실했다고 보느냐에 대해 긍정적으로 답할 사람은 많지 않을 것이다. IMF 위기로 시장 기능이 작동되지 않았기 때문에 상대적으로 정부의 역할과 기능이 강화될 수밖에 없었다는 해명도 설득력이 없는 것은 아니다.

그러나 보다 근본적인 요인은 무리한 목표 설정과 성과 지향주의적 개혁의 추진 방법에서 비롯됐다고 본다. 예컨대 경제 개혁 과제 가운데 빅딜이나 부채 비율 200% 달성 등이 그 대표적인 사례다. 논리적 이상에 치우쳐 무리한 목표를 설정해 놓고 이를 달성하려다 보니 자연 부작용이 대두될 것은 뻔한 이치다.

그런데도 정부는 이를 힘으로 또 틀어막으려 했고, 그러다 보니 정책의 혼선으로 비쳐지고 시장의 불신을 초래하는 결과를 가져온 것이다. 경제 개혁은 법과 제도를 통해 이뤄 나가야 한다.

정부 입장에서 보면 다소 답답한 측면이 없지 않겠지만 우격다짐보다 자생적 질서를 스스로 도출하도록 유도하는 것이 진정한 개혁임에 분명하다. 개혁의 성과를 단기간에 얻으려는 조급함을 떨쳐 버리는 것, 이것이 관치 유혹에서 벗어나는 첩경이다.

둘째는 그동안 추진해 온 4대 경제 개혁에 대한 전반적인 평가와 추진 체계의 재점검이다. 솔직히 공공 부문과 노사 개혁은 한 발짝도 앞으로 내딛지 못하고 있는 것과 다를 바 없다. 금융과 기업 구조 조정은 엄청난 강도로 추진돼 왔지만 막상 무엇이 어떻게 달라졌는가를 내세우기란 쉽지 않다. 4대 개혁 목표가 상호 보완 관계에 있음에도 제각각 딴청을 부리고 있는데다 추진 우선순위가 뒤바뀌는 경우도 많아 '힘은 힘대로 들고 얻은 것은 많지 않은' 비효율을 초래한 면이 작지 않다.

대다수 국민들이 철저한 구조 조정을 해야 한다고 목청을 높이고 있는 것이 요즘의 현실이다. 정부가 이 같은 국민들의 열망을 행여 좀 더 강도 높은 개입과 대책의 강구로 오해하지 않을지 걱정이다. 경제 주체들이 원하는 건 정책의 일관성이다. 더 이상 우리 경제가 외국 제도의 실험장이 되어서도 안 된다.

새 내각은 새로운 이슈를 제기하기보다 그동안 추진해 온 여러 과제들을 1차적으로 마무리하는 데 역점을 두어야 한다. 동시에 종합적인 청사진을 재점검하고 구체적인 목표를 분명히 제시하는 것이 사회 각 분야에서 나타나고 있는 개혁 피로감을 씻어 내는 지름길이다.

셋째는 법질서의 확립과 사회 정의 실현을 통한 집단 이기주의의 불식이다. 물론 이를 위해서는 정치권을 필두로 하는 사회 지도층의 의식 개혁이 필수적이긴 하지만 원칙을 지키려는 정부의 확고한 의지가 관건이다. 지금 시중의 최대 관심사는 개각이다. 그러나 국민들의 시선이 그 인적 구성에 초점이 맞춰져 있다고 생각하면 오산이다. 국정 운영 기본 틀이 어떻게 변할지가 초미의 관심사다.

새 내각은 '민주주의와 시장 경제의 병행 발전'이라는 DJ노믹스의 출발점으로 되돌아가 정책 자세를 가다듬는 것도 원활한 국정 운영의 유익한 방법 가운데 하나라고 본다.

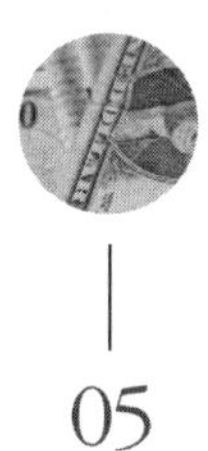

05

불신, 불만 그리고 불안

2000. 11. 24.

의학적인 정의에 따르면 불안이란 뚜렷한 외부 자극이 없음에도 불구하고 막연하게 느끼는 초조하거나 두려운 감정이라고 돼 있다. 현실적인 두려움의 대상이 있어서 나타나는 공포와는 구별된다. 또 불안이 심해서 근육 계통까지 영향을 미쳐 안절부절 못할 때는 초조, 불안이 장기간 지속되어 감정과 근육계까지 모두 팽팽함을 느끼게 되면 긴장 상태라고 정의한다. 불안이 너무 극심하여 곧 죽거나 쓰러질 것 같은 심한 지경에 이르면 공황 상태라고 부른다.

요즘 우리 사회에는 긴장·초조·불안을 느끼는 사람들이 늘어가고 있는 것 같아 걱정이다. 농민 단체들이 고속도로를 점거하고, 한전 노조가 파업을 선언하는가 하면 한국노총과 민주노총이 총파업을 예고하는 등 집단 이기주의가 극성이다. 누가 옳고 누가 그른지, 무엇이 선이고 무엇이 악인지조차 분간하기 힘든 가치관의 혼돈 현상마저 없지 않다.

왜 그런가. 누구의 탓인가. 대책은 없는가. 참으로 답답하기만 하다.

많은 사람들은 정부 정책에 원칙이 없고, 신뢰를 잃었기 때문이라고 지적한다. 현대건설 유동성 위기[72] 수습 과정에서 보여 준 일련의 정부 방침은 사실 여부를 떠나 혼선으로 비치기에 충분했다. 그동안의 기업 및 금융 구조 조정의 추진 과정이나 의약 분업, 노사 문제, 대북 정책 등에서도 비슷한 사례들은 많았다.

물론 정책 당국자들로서는 억울한 면이 없지 않겠지만 지금 당장 중요한 것은 국민들이 그렇게 느끼고 있다는 사실이다. 실제로 정부의 개입에도 불구하고 원화 가치가 급속히 떨어지고 주가 하락이 이어지는 것도 이와 무관하지 않다. 특단의 대책이 필요한 시점이다.

우선 무엇보다 긴요한 것은 불안 심리의 불식이다.

그러자면 응급 대책도 필요하지만 그보다 상충되는 갖가지 정책 목표를 어떻게 조화시킬 것인가에 대한 재점검을 통해 확고한 방향과 원칙을 재정립하는 일이라고 본다. 모든 계층 모든 사람을 만족시킬 수 있는 정책이란 불가능하다. 특히 경제 정책은 이해가 상반되게 마련이다.

재정 건전화와 복지 확충, 시장 경제와 기업 규제, 구조 조정과 실업 등 모든 정책의 한계와 기준을 명백하게 재정립해야 한다.

또 그 같은 원칙 아래 정부는 이해 집단 간의 조정자 역할을 충실히 이행하면서 균형을 유지해 나가겠다는 정책 의지를 확고히 다짐해야 한다. 그 수단은 엄격한 법 집행과 실효성 있는 제도 개선이다.

법과 질서가 무너지면 균형이 깨지고 사회 불안이 야기된다. 그런 점에서 정부는 정치, 경제, 사회 전반에 걸친 총체적 점검을 통해 새로운 비전과 전략을 제시해야 한다. 그동안 현실을 도외시하고 이상에 치우친 정책은 없었는지, 말만 앞세웠지 실행이 뒤따르지 않았던 정책은 없었는지, 임기응변 식의 땜질 처방은 아니었는지도 함께 검토해 볼 일이다.

그러나 난국 극복은 정부의 힘만으로는 부족하다. 어찌 보면 근래에 나타나고 있는 불안 심리는 정부보다 정치권의 책임이 더 큰 게 아닌가 여겨진다. 국민의 여론을 수렴하고 집단 간 이해를 조정하는 것은 엄격히 말하면 행정부가 아니라 정치의 범주에 속한다.

그런데 지금 우리의 정치 상황은 어떤가.

법안 심의는 뒷전인 채 당리당략에 치우쳐 집단 이기주의의 선봉에 서 있다. 국민을 안심시키기보다 불안을 부추기고 있는 형국이다. 무조건 반대하고, 남의 불행이 나의 행복이라는 식의 정치 행태는 하루빨리 벗어나야 한다. 또 이해 집단들의 이해와 협조는 절대적으로 필요하다.

어떤 사태든 저마다 그럴 만한 이유와 사정은 있겠지만 대화와 타협을 외면하고 극단적인 행동에 나서게 되면 결과적으로 이익 집단 자신들을 포함한 국민의 손실로 귀결된다는 점을 명심해야 한다. 혼란스러운 지금의 우리 사회를 풀어 가는 해법은 묘수가 아니라 상식을 가치 판단의 기준으로 삼고, 원칙을 존중하는 사회 풍조의 확산이다.

경제 난국에 대한 대처도 예외일수 없다. 정부와 기업, 소비자, 그리고 정치인, 금융인, 근로자, 의사 등 각계각층이 불신과 불만과 불안을 토해 내기에 앞서 과연 우리는, 나는 무엇을 어떻게 하고 있는가 함께 생각해 보는 시간을 가졌으면 한다.

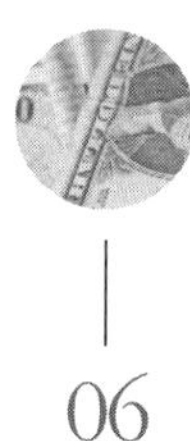

06
웃음 있는 정치 연극이 보고 싶다

2006. 1. 11.

한 가닥 희망마저 무너지는 순간이란 누구에게나 무척 허탈하게 마련
이다. 10일 조사 결과가 최종 발표된 황우석 교수의 줄기세포 사건[73]이
바로 그런 경우가 아닌가 싶다. 신물이 나도록 토론하고 욕을 해 댔지
만 그래도 '원천 기술은 가지고 있다'는 위안을 받고 싶었던 것이 우리
모두의 마지막 기대였다면 너무 순진한 감정이었을까. 참으로 안타까
운 일이다. 게다가 잘나가던 한 사람의 과학자가 이토록 허망하게 망가
지는 것을 보면서 우리 사회의 또 다른 현실을 반추하게 된다.

"정초부터 왜 이렇게 시끄럽고 혼란스럽지. 좀 피곤하지 않고 조용하
게 지낼 수는 없을까?" 요즘 보통 사람들이 일상적으로 내뱉는 말이다.
왜 그런지 굳이 설명할 필요도 없다. 야당은 국회를 떠나 길거리로 나선
지 이미 오래고, 여당은 청와대와 대립각을 세우면서 당내 분란을 일으
키고 있다.[74]

대통령은 많은 사람들이 싫다는, 특히 지원 세력인 여당까지 반대하는 사람을 오기傲氣 부리듯 장관에 내정하더니 이제는 키워야 할 재목이라서 경험을 쌓도록 하기 위해 오래전부터 구상해 온 인사라고 참모의 입을 통해 공개적으로 해명하고 나섰다.[75]

장관 자리가 정치인 경험 쌓는 자리에 불과하다는 말인가. 아무나 키운다고 대들보가 되는가. 시중에서 설왕설래했던 대로 여당 대선 구도의 예비 조작이었단 말인가. 더구나 이제 모든 요직 인사는 권력 게임의 방편으로 이용된다고 믿게 됐으니 정말 큰일 아닌가.

요즘의 정치 상황을 두고 누군가 '활극活劇'이라고 묘사했다. '치고받는 난투 장면이 많은 영화나 연극'을 활극이라 했던가. 무릎을 칠 만한 표현이다.

여당과 야당은 물론 청와대까지 국민들은 아랑곳하지 않고 저마다 자기 고집만 내세우고 있으니 이보다 더 한심한 일이 있을까. 정치란 원래 자신들의 이득을 얻기 위한 게임이라고는 하지만 싫어도 보고 들을 수밖에 없는 국민들의 참담한 심정을 조금은 이해해야 옳다. 대통령은 말할 것도 없고, 틈만 나면 국민의 대표라고 목에 힘주는 국회나 정당 책임자들이라면, 이 정도의 국민에 대한 예의는 갖출 줄 알아야 한다.

《정치학 원론》(김운태 저, 박영사)에 나와 있는 리더십의 정의를 살펴보자.

"리더십은 집단의 지도자와 추종자의 관계에서 나타나는 일종의 영향력으로서, 그 영향 관계의 특징은 추종자가 지도자의 지도를 자발적으로 받아들여 같은 집단의 목적을 달성하는 데 상호 협력토록 하는 것에 있다. 때문에 리더십의 개념은 실력적 강제 관계인 '지배'나, 또는 단순한 계층 질서 내의 직위에 상응하는 개념으로서의 '권력', '명령', '직

권력' 등과도 상이한 것이다."

지금 한국의 정치 지도자들에게 이를 적용한 리더십을 점수로 환산해 본다면 과연 몇 점이나 나올까. 상식이 통하는 사회, 보편타당한 가치가 인정받는 사회. 이것을 성숙한 시민 사회라고 한다면 우리의 현실은 어떤가. 요직 인사나 정책의 변화가 나올 때면 너 나 할 것 없이 그대로 믿는 것이 아니라 숨어 있는 의도나 배경부터 유추해 보는 것이 습관처럼 돼 있는 게 우리 백성들이다. 지도자들이 그렇게 만들어 놓았다. 밝힌 대로 믿으면 결국에 바보가 되고 마니까.

황 교수를 망가뜨린 것도 연구의 실패가 아니라 정치 지도자들이라고 말한다면 지나친 견강부회牽强附會일까.

각 정당이 전국구 국회의원으로 그를 영입하려 했었다는 소문이 진실이 아니기만 바랄 뿐이다. 정치적 리더십은 정치 활극의 싸움으로 얻어지는 것이 아니다. 지도자들이 내세우는 국태민안國泰民安이 뭔가. 좀 조용하게 살고 싶다.

정치인들의 웃음 있는 연극을 보면서. 비록 그것이 짜고 치는 고스톱이라 할지라도.

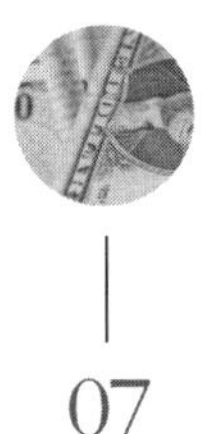

07

'작은 정부' 가 일 잘하는 정부

2006. 1. 24.

'정치는 곧 비즈니스다.'

지난 1986년 노벨상을 수상한 경제학자 제임스 뷰캐넌J. M. Buchanan
이 제창한 공공선택학파[76] 이론의 키워드다. 기업가가 이익의 극대화를
추구하듯 정치가와 정부 관료 등 정치적 비즈니스맨들 역시 권력의 극
대화와 선거에서의 승리만을 추구하는 이기적 동물이라는 것이다. 더구
나 이익 집단의 정치적 압력을 받는 정부의 정책 개입이 항상 현명한 선
택을 뜻하는 것은 아니라고 주장한다.

지난 18일 노무현 대통령은 연두 연설에서 일자리 창출과 관련해 이
런 언급을 했다.

"우리나라의 공공 서비스 분야 종사자는 선진국의 60% 수준에 불과합
니다. '작은 정부' 만 주장할 게 아니라, 이 분야에서 안정된 일자리를 많
이 만들어서 대국민 서비스 품질과 국민 삶의 질을 높여 나가야 합니다."

공무원 수를 줄이는 감량減量 위주의 작은 정부보다 국민이 필요로 하는 공공 서비스를 제대로 공급하는 '일 잘하는 정부'를 지향하고 있다는 게 그동안 참여정부가 일관적으로 주장해 온 논리다. 노 대통령의 언급도 이 범주를 벗어나지는 않는 것 같다.

그런데 한번 따져 보자. 공공 서비스의 확대는 꼭 공무원을 늘려야만 가능한가. 정부의 비능률을 줄이고 불필요한 조직을 정비해 새로운 서비스 수요를 충당하는 방법은 없는가.

역대 정부가 항상 정책의 최우선순위에 올려놓는 과제가 하나 있다. 규제 철폐가 그것이다. 규제를 없애면 공무원들의 일거리가 줄어든다. 공무원 숫자를 늘리지 않아도 새로운 업무를 더 맡길 수 있게 된다. 이는 공공 서비스 확충을 위한 가장 모범적인 답안이다.

반대로 공무원 숫자를 늘리면 규제는 더 늘어날 수밖에 없다. 늘어난 공무원들이 새로운 일거리를 확보해야 하니까. 결과는 행정의 비능률 조장이다. 행정 효율을 높이는 것도 공공 서비스를 늘리기 위한 유효한 방법이다.

역대 정부는 예외 없이 유사 중복 업무로 얽힌 부처의 통폐합을 얘기해 왔다. 하지만 문제가 해결되기는커녕 지금 오히려 '중복의 문제'는 더 심각하다. 부처 이기주의가 팽배해 있는 상황을 그대로 두고 공공 서비스를 확대하려다 보면 민간에 대한 간섭만 2중, 3중으로 늘어난다. 세계 최고의 전자 정부를 구현했다고 오래전부터 야단법석이었지만, 행정 전산화로 사람이 줄었다는 얘기는 듣지 못했다. 전자 정부의 구현이 사람 줄이는 데 목적이 있는 것은 아닐 테지만 인력 운용의 절감도 당연히 나타나야 할 효과 가운데 하나다.

참여정부 들어 걸핏하면 생겨나는 것이 각종 위원회다. 위원회 공화국이란 말이 나돌 정도다. 복수 차관제 등 고위직은 물론이고 국가 공무원 정원을 늘리는 직제 개정안은 수시로 발표됐다. 공기업 민영화는 말조차 꺼내기 쑥스러울 정도로 후퇴했다. 이 역시 '일을 잘하기 위한 것'을 명분으로 하고 있다. 과연 옳은 판단인가.

무슨 일이든 정부가 계획하고 맡아서 추진하는 것을 정부의 '일 잘하는' 기준으로 삼는다면 그 종착역終着驛은 어디가 될까. 한마디로 결론은 이렇다. 작은 정부는 우리 현실에서 아직도 지고至高의 선善이다.

일자리 창출을 위해 공무원을 늘리겠다는 발상은 참으로 위험천만이다. 얻는 것보다 잃는 것이 더 크니까. 정부가 작은 정부를 지향하겠다고 아무리 강조해도 그 결과는 항상 조직이나 인원이 늘어난 '큰 정부'였던 게 지난날의 경험이다. 하물며 '작은 정부' 보다 '일 잘 하는 큰 정부' 가 더 낫다고 정부 스스로 표방하고 나서는 결과가 어떻게 될지는 물어보나 마나다.

'개입하는 정부', '군림하는 정부', '비대한 정부' 로 가는 것은 시간 문제다. 지금 우리는 무엇보다 일 잘하는 민간을 만드는 것이 더욱 시급한 과제다. '작은 정부가 일 잘하는 정부' 라는 얘기다.

08
선우후락이라는데

2006. 3. 7.

선우후락先憂後樂. '자신보다 세상을 먼저 생각하는 지사志士의 마음씨'를 이르는 말이라는 게 국어사전의 풀이다. 중국 북송北宋 시대의 혁신적 정치가이자 학자인 범중엄范仲淹이 지은 《악양루기岳陽樓記》에 나오는 말로, 근심되는 일은 남보다 앞서 걱정하고, 즐길 일은 남보다 나중에 즐긴다는 뜻이라고 한다. 흔히 지도자나 공직자들의 필수적인 덕목 가운데 하나로 꼽힌다.

국무총리의 '3·1절 골프'가 사회적 지탄을 받으면서 급기야 사의를 표명하는 사태에 이르렀다. 좋아하는 사람들과 함께 취미라고도 할 수 있는 골프를 친다는 것은 결코 비난받아야 할 일은 아니다. 사람은 누구나 스스로 즐거움을 찾아서 즐길 권리도 있는 것 아닌가. 그러나 국정을 총괄하는 국무총리의 경우는 다르다. 또 문제의 골프가 이뤄진 정황을 살펴보면 정말 이해할 수 없는 대목이 너무 많다는 점에서 눈살을 찌푸리게 한다.

우선 이해찬李海瓚 국무총리의 골프 구설수는 벌써 세 번째다. 지난해 식목일과 그해 7월, 그리고 이번 3·1절이 그것이다. 그때마다 말썽이 된 것은 골프를 친 그 자체가 아니라 대형 산불이나 집중 호우, 그리고 철도 파업 등 국민들이 불안해 할 정도의 큰 사건이 일어났는데도 골프를 즐겼다는 사실 때문이었다.

국민들의 불신不信과 지탄指彈은 여기서부터 출발한다. '국민들을 우습게 본다' 는 논리의 등장이다. 작년 골프 구설수에 오른 뒤 국회에서 "근신하겠다"고 사과까지 했다. 그런데 골프 자제는커녕 오히려 부적절한 사람들과 어울리는 등 오히려 더 즐기는 듯한 인상을 풍기고 있으니 국민을 무시하는 오만과 독선이 여전한 게 아니냐는 지적이다.

최근 국회에서의 질의 답변 과정에서 보여 준 막말과 어우러지면서 그 같은 '짐작' 은 이제 '단정' 으로 바뀌어 버렸다. 외환 위기 이후 심화되고 있는 양극화를 걱정하면서 아직까지는 '부자들의 게임' 정도로 인식할 수밖에 없는 골프를 총리가 그렇게 즐겼다는 데 대해 서민들이 어떻게 생각할지는 이번 사건 때문에 이 총리가 두고두고 풀어 내야 할 숙제가 아닌가 싶다.

사실 이 총리는 역대 어느 총리보다 막강한 실세 총리로 알려져 있다. 대통령이 국정을 믿고 맡긴 총리였다면 국정 철학도 공유했기 때문일 것이다. 국정 운영에 있어서 참여정부가 과거 정부와 다른 특징이 있음을 읽을 수 있는 대목이다.

그것은 보편적 가치의 존중보다 자기중심적 사고에 대한 믿음이 너무 강하다고 평가한다면 잘못 짚은 것인가. 노무현 대통령은 취임 3주년을 맞은 지난달 25일 북악산을 산행하면서 여러 가지 얘기 끝에 "남은 2년도 좀 바쁘고, 이런 저런 시비도 많고, 계속 시끄럽게 갈 수밖에 없는 것 아니냐고 결심했다"고 밝혔다.

양극화와 한·미 FTA 체결 등 논란이 많은 사안을 미루지 않고 정면 승부를 통해 해결해 나가겠다는 의지를 표명한 것이다. 지도자의 솔직한 말임에는 틀림없다. 그러나 '시끄러울 것'이라고 예단한 대목은 어딘지 모르게 꺼림칙하다. 총리의 자기중심적 사고와 유사하기 때문이다. 지난 3년이 너무 시끄러웠던 탓이기도 하지만 잘 설득하고 조율해서 시끄럽지 않게 해결해 나가겠다고 말할 수는 없었는지.

국무총리의 거취는 두고 볼 일이지만 이 기회에 국가 지도자들이 우선해야 할 덕목德目이 무엇인지 생각해 보는 기회를 가졌으면 한다.

'미국에서는 전쟁 중에도 골프를 친 대통령이 있었다는데 할 일 다 하고 골프 좀 쳤다고 왜 이렇게 야단법석인가' 이렇게 생각할 사람도 없지 않을 것이다. 그러나 여기는 미국이 아니다. 선우후락까지는 기대하지도 않는다. 자신의 생각과 다르기 때문에 국민들의 생각이 틀렸다고 탓하는 것은 지도자로서 자격이 없는 사람이다.

68 제13대 노태우 대통령은 임기 말을 맞아 야당들의 요구에 따라 차기 대통령 선거를 보다 공정하게 치른다는 명분으로 ① 노 대통령이 민자당을 탈당하고 ② 국무총리를 정원식 씨에서 현승종 씨로 바꾸고 ③ 선거에 영향을 미치는 내무 · 법무 · 정무1 · 공보처 등 4부 장관을 새로 임명하는 등 정치 중립적인 선거 내각을 구성했다.

69 '세풍(稅風)'은 지난 1997년 대선 당시 이석희 전 국세청 차장 등 국세청 최고위 간부와 이회창 한나라당 후보의 동생 이회성 씨 등 한나라당 인사들이 조직적으로 개입해 23개 기업으로부터 166억 원의 대선 자금을 불법 모금한 사건.

70 제15대 대통령 선거일인 12월 18일을 50여 일 앞두고 국민회의 총재인 김대중 후보와 자민련의 김종필 후보가 정당 간 연합(이른바 DJP 연합)을 통해 정권 창출을 도모키로 합의. 그 전제 조건으로 국민회의가 자민련의 공약인 내각제 개헌을 받아들여 대선 공약으로 내걸었다. 이들 후보는 1997년 10월 31일 연합에 합의하고 11월 3일 공식 합의안에 서명했다. 그러나 내각제 개헌은 이뤄지지 않았다.

71 김대중 대통령이 취임사에서 밝힌 경제 정책의 기본 방향이다. "민주주의와 시장 경제는 동전의 양면이고, 수레의 양 바퀴와 같습니다. 결코 분리해서는 성공할 수 없습니다." 그러나 당선자 시절에는 경제 정책의 기본 방향으로 '민주적 시장 경제'라는 용어를 썼다. 민주적 시장 경제는 경제 영역에서 군사 문화적인 관치 경제의 잔재를 말끔히 씻어 내고 민주주의 원리와 원칙에 입각한 경제 제도와 관행을 정착시켜 진정한 시장 경제 질서를 확립하는 것(《김대중의 21세기 시민경제이야기》, p44)이라고 정의했다. 그러나 민주주의와 시장 경제는 서민 경제와 기업 자율성 제고라는 다소 상충되는 개념이라는 논란이 많아 실제 취임사에서는 '시장 경제와 민주주의의 병행 발전'으로 수정했다.

72 현대건설을 중심으로 현대그룹이 자금난에 몰렸다. 결국 현대건설은 은행 관리로 넘어갔다.

73 MBC의 PD수첩이 황우석 교수팀의 '배아 줄기 세포 배양' 성공에 대해 '난자 의

혹'에 이어 '연구 내용의 진실성 여부에 대한 의혹' 보도로 시작된 사건. 초기에는 MBC의 보도가 지나치다는 비판 여론이 비등했으나 결국 서울대의 자체 조사 결과 "황우석 교수팀의 2004년 미국 〈사이언스〉 지 논문도 2005년 논문처럼 조작됐고, 황 교수의 '줄기 세포 원천 기술' 도 실용성을 인정하기 어렵다" 는 결론이 공식 발표(2006년 1월 10일)됐다.

74 2005년 12월 9일 정기국회에서 여당인 열린우리당이 사립학교에 대한 공적 감시 규제를 강화하는 사학법 개정안을 단독으로 기습 처리하자 야당인 한나라당이 장외 투쟁에 돌입해 이듬해 1월 말 열린우리당 김한길 원내대표와 한나라당 이재오 원내대표가 사학법을 재개정하기로 합의하고 2월 1일 임시국회 개원될 때까지 53일간 국회 등원을 거부했다. 사학법은 결국 개방형 이사 선임 방식 개정을 포함해 여야 합의로 2007년 7월 3일 재개정됐다.

75 노무현 대통령은 2006년 1월 2일 부분적인 개각을 통해 김우식 과학기술부 총리, 이종석 통일, 정세균 산업자원, 유시민 보건복지, 이상수 노동부 장관을 새 장관으로 내정 발표하고 국회에 인사 청문회를 요청했다.

76 많은 경제학자들이 정치와 경제는 분리된 것으로 여겨왔으나 공공선택학파 경제학자들은 정치 역시 경제학적 도구로 분석해야 할 대상으로 간주했다. 즉 정치를 비즈니스로 이해하는 것인데 정치적 비즈니스맨(정치가와 정부 관료) 역시 권력의 극대화와 선거에서의 승리만을 추구하는 이기적 동물로 본다. 또한 정치가와 항상 연결돼 있는 이익 집단들(노조, 협회, 기업 등)은 사회적 효율과 국부를 증대시키고자 로비하는 이타적 집단이 아니라 자신들의 이익만을 극대화시키고자 하는 이기적 집단으로 본다. 따라서 이러한 비시장적 또는 정치적 의사 결정에 대한 경제학적 연구를 핵심으로 한다. 이론의 창시자 뷰캐넌의 이론은 ① 정부의 재정 적자는 왜 사라지지 않는가 ② 특수 이익 집단은 왜 이다지도 많은가 ③ 대통령 선거 공약과는 달리 왜 정부 산하의 부서들은 커지기만 하는가 ④ 정부는 왜 소비자보다 기업인들을 보호하려 하는가 등에 대한 의문을 제기한 데서 비롯됐다.

• 8부 •

성장과 복지,
능률과 형평

'능률과 형평' 또는 '성장과 분배'는 어느 시대 어느 나라를 막론하고 항상 직면하는 두 가지 근본 경제 문제이다. 여기서 분배를 성장과 별개로 생각하거나 분배가 성장에 우선해야 한다는 식의 주장 등은 설득력이 없다.

문제는 성장과 분배, 능률과 형평 사이에는 역의 관계(Trade-off)가 있다는 점이다. 즉 능률과 성장에 치중하면 그 과정에서 '승자와 패자 간의 격차'가 계속 커질 수 있고, 반대로 형평을 중시하면 경기 참가자들이 갖게 될 이른바 '떡 덩어리의 크기'가 계속 줄어들게 된다는 것이다. 따라서 이 문제는 양자를 어떻게 조화시킬 것이며, 최적불균등도를 어떻게 결정해 유지할 것인가를 풀어내는 것이 관건인 셈이다.

여기에는 우선적으로 빈부 격차에 대한 시각이 어떤 것인가를 따져보는 데서 해결의 실마리를 찾아가야 한다.

우선 시장 기능을 중요시하는 생각이 있다. 자유주의 학자인 밀턴 프리드먼(M. Friedman) 교수는 "인간은 태어날 때부터 평등하지 않다"고 주장한다. 사람마다 재능의 종류가 다르고, 생김새도 다르고, 취향도 다르다. 그런데 인위적으로 평등한 사회를 만들려 하기 때문에 문제가 생긴다는 것이다. 불평등이 오히려 자연스러운 것이며 자본주의 사회에서의 빈부격차는 사회에 활력을 주기 위한 하나의 필요악이라는 주장이다.

물론 사회에 위화감을 일으킬 정도의 극단적인 빈부 격차까지 용인해야 한다는 것은 아니다. 특히 상속 등으로 인한 불균등에 대해서는 시정이 필요하다. 또한 시장 경쟁을 통해 얻은 소득이 아니라 독점적 이윤이나 정부의 특혜 등에 의한 이익은 시정돼야 하며, 무엇보다 시장 기능이 발휘되도록 하는 것이 중요하다. 결론적으로 보면 문제는 빈부 격차 자체에 있는 것이 아니라 노력을 해도 고소득층으로 올라갈 수 없는 사회적 환경에 있다고 볼 수 있다.

반면에 정부가 개입해야 한다는 주장도 만만치 않다. 불평등은 어디까지나 사회적 산물이라는 시각이다. 바람직한 사회는 기회의 균등과 능력에 의한 지배가 조화를 이루어야 한다. 철저하게 능력이 지배하는 사회의 빈부 격차는 정부가 나서서 해결하는 것이 옳다는 생각이다. 다만 이러한 정부 개입의 영역은 1차적 소득 분배의 영역이 아니라 재분배의 영역에서 이뤄져야 한다. 재분배는 조세와 재정 정책 등을 통해 소득 격차를 줄이고 교육, 의료, 주거 등을 위한 공공 지출과 실업 보험 등의 사회 보험, 그리고 공적 부조를 통해 성과를 거둘 수 있다.

다만 무엇보다 분명한 사실은 소득 재분배가 고소득층과 저소득층 모두에게 경제적 동기(Incentive)를 약화시켜 비효율을 발생시켜서는 안 된다.

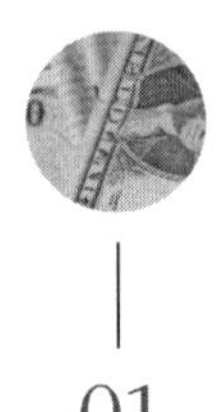

01
한국 경제의 현실과 처방

1991. 4. 29.

요즘음의 우리 경제 상황을 보면 종잡을 수가 없다. 경기는 되살아난다고 하는데 증시는 곤두박질을 계속하고 있고 돈이 많이 풀렸다고 야단인데 기업들은 자금난의 고통을 호소한다. 시장 실세 금리는 천정부지로 뛰어오르고 그나마 돈 구하기가 하늘의 별따기라고 한다. 수출 회복의 반가운 소식이 전해진 것도 꽤 오래된 듯싶은데 국제 수지 적자는 갈수록 불어나기만 하는 상황이다.

최근에는 경제 정책을 책임지는 고위 당국자들 간에 '성장우선' 과 '안정우선' 의 서로 다른 정책 방향을 제시한 것으로 논란이 되고 있는 것도 사실 이러한 우리 경제의 혼란스런 모습에서 연유된 것으로 볼 수 있다.

지난 26일 서울 하얏트호텔에서 열린 한국능률협회 주최 간담회에서 최각규 부총리는 "당면 경제 정책의 최대 과제는 조속한 물가 안정이며 이를 위해 총수요 관리와 투자의 선별화가 중요하다"는 요지의 강연을 했다.

또 김종인金鐘仁 대통령경제수석비서관은 같은 날 서울이코노미스트 클럽이 주최한 초청 강연회에서 "우리 경제의 기본 틀인 제조업과 사회 간접 자본의 기반 강화가 시급하며 성장 기반이 약화되면 공권력이나 통화 긴축으로 물가를 잡더라도 일시적인 효과에 그칠 것"이라고 지적, 성장 기반 확충 우선을 강조했다고 한다.

어느 쪽의 논리가 옳다고 얘기할 성질의 깃도 아니고 서로 상충되는 내용의 것도 아닌 성싶다. 경제를 안정시켜 나가는 방법론에서 약간의 차이가 있고 응급 처방과 근본 대책을 서로 나눠 얘기한 것이라고 이해 된다. 그러나 문제는 이러한 처방의 의미가 서로 다르게 비쳐지고 논 란으로 비화된 것은 정책 부재의 불신에서 비롯된 것이 아닌가 생각해 본다.

사실 어느 누구도 '물가가 아무리 오르더라도 성장만 시키면 그만' 이 라는 주장을 할 수도 없고, 반대로 '성장은 안 되도 좋으니 물가만 잡으 면 된다' 는 식의 논리를 펼 수도 없을 것이다. 물가 안정이 전제되지 않 으면 성장 기반 자체가 무너지고 성장을 통한 국민 소득 수준의 향상이 뒤따르지 않는 물가 안정은 아무런 의미가 없기 때문이다.

안정과 성장은 택일擇一의 문제가 아니라 조화의 문제다. 이를 어떻게 조화시키느냐는 것은 그때그때의 경제 여건에 따라 결정돼야 할 성질의 것이다. 우리 경제의 현실은 어떤가.

한국 경제는 지금 고성장高成長이 진행 중이다. 지난해 경제 성장률이 9%에 달했고 금년 1/4분기 중에도 이 같은 추세는 계속되고 있다는 것 이 공통된 견해다. 원래 성장이 강조되는 것은 국민 소득 수준의 향상과 실업 방지 때문이다. 그동안 우리는 과소비를 걱정해 왔고 지난해 실업률이 사상 최저치인 2.4%를 기록했다. 최소한 현재로서는 성장 둔화에 대한 문제는 제기되지 않고 있는 상황이다.

다만 성장의 내용이 균형을 잃고 건실하지 못하다는 것이 우리 경제의 최대 현안으로 떠오르고 있다. 물가 불안도 따지고 보면 이러한 불균형 성장의 부작용이라는 시각도 있다. 과열된 건설 경기와 과소비에 편승한 유흥 서비스업의 호황이 물가 불안의 주요인이라는 지적이다. 건설 경기 과열로 건자재 파동이 일어나고 인력난으로 노임 상승을 초래했으며 자금의 집중으로 제조업 등 여타 부문의 자금난을 야기시켰다는 분석도 있다. 금년 중 분양되는 주택이 50만 호에 달하는데 이는 아파트 한 채 값을 5,000만 원만 따져도 25조 원이라는 엄청난 돈이 주택 건설에 몰렸다는 계산이 나온다. 잘못돼도 한참 잘못된 것이다.

한마디로 성장률 자체는 높지만 실제 성장 내용은 건설과 내수 소비에 의해 주도돼 산업의 핵심인 제조업의 불황감不況感은 여전한 실정이다.

경제의 부문 간 균형이 상실된 상태이기 때문에 경제의 실상을 판단하는 데도 상당한 혼선이 빚어지고 있는 상황이다. 때문에 우리 경제의 처방은 성장과 안정의 문제를 떠나 부문 간 불균형의 시정 문제로 압축된다고 볼 수 있다.

굳이 안정과 성장을 따지자면 당장은 성장 우선의 정책 기조가 바람직할 것이다. 정부가 총수요 관리를 강화하면서 과열 건축 경기의 진정 방안을 내세우는 것도 이 같은 맥락에서 이해된다.

그러나 문제는 이 같은 긴축을 통한 안정 기조의 복귀라는 긴급 단기 처방과 제조업 경쟁력 강화나 사회 간접 자본의 확충을 통한 성장 잠재력의 확충이라는 구조적이고 근본적인 처방이 각기 다른 '목표'로 전개되는 데 있다고 보여진다. 물가의 안정은 성장과 소득 향상을 통한 국민 복지 증진의 수단이지 결코 목표가 될 수는 없다.

이런 점에서 물가 안정을 위한 긴축도 건전한 산업 활동을 저해하지 않는 범위 내에서 이뤄져야 할 것이다. 자금난이 계속 심화되면서 통화 공급을 늘려 산업 활동을 원활히 할 수 있도록 뒷받침해야 한다는 주장이 경제계 일각에서 대두되고 있는 것도 이러한 이유에서다.

따지고 보면 물가 불안의 원인은 여러 가지가 있을 수 있다. 농축수산물의 수급 애로, 공공요금의 인상, 임금 상승 등 돈 이외의 요인들도 많다. 기본적으로는 총수요 관리를 적절하게 유지하면서 이 같은 수급 애로나 비용 상승 요인의 제거도 함께 이뤄져야 할 것이다.

사회 간접 자본 시설의 확충이 시급하다는 것도 이 같은 비용 상승을 덜어줌으로써 우리 경제의 국제 경쟁력을 기르고 안정 성장의 기틀을 다지는 처방인 셈이다.

이렇게 보면 당장의 경제 정책 방향은 물가 안정을 추구하되 그 방법은 총수요 관리라는 무차별적 수단의 강화보다는 부문 간 불균형의 해소나 자금 흐름의 왜곡歪曲 내지 편재 현상을 시정하는 방향이 돼야 할 것이다.

긴축 정책만이 최선의 방안이라는 획일적 사고보다는 비용 절감과 공급 애로 해소를 통한 물가 안정 방안도 함께 고려하는 다원적인 접근 방법이 필요한 시점이라고 여겨진다.

02
중장기 목표에 충실해야 한다

1991. 10. 7.

내년부터 오는 1996년까지를 대상으로 하는 제7차 경제사회발전 5개년 계획[77]은 여러 가지 측면에서 중요한 의미를 지닌다. 최근 경제기획원[78]에 의해 기본 골격이 발표된 7차 계획은 '21세기의 경제 선진화, 통일에 대비하는 경제의 내실화와 효율화 추구'를 목표로 삼고 있다. '선진화先進化', '내실화內實化', '효율화效率化' 등의 용어들은 그 이전의 5개년 계획에서도 흔히 찾아볼 수 있었던 용어들이다.

그러나 '통일'이라는 단어는 최소한 기본 목표에서는 처음 등장하는 것 같다.

냉전 체제가 종식되면서 세계 질서가 재편되고 특히 남북한 간의 유엔 동시 가입과 교류 확대가 내다보이는 상황에서 통일에 대비하는 과도기적 성격의 5개년 계획이라는 점이 상징적 중요성을 갖고 있다.

또 우리 경제의 발전 단계로 보아도 매우 중요한 시점이다.

흔히 국민 소득(1인당 GNP) 5,000달러를 넘어서는 경제 체제를 하나의 큰 전환기로 본다. 이때부터 소비 욕구가 분출하고 근로 의욕이 감퇴하는 현상이 나타난다고 한다. 근래 우리 사회에서 나타나고 있는 과소비 현상이나 돈보다는 여가를 선호하는 근로 의식도 1989~1990년을 고비로 우리나라의 국민 소득(1989년 4,994달러, 1990년 5,569달러)이 5,000달러를 넘어섰기 때문이라고 생각된다.

그러나 이러한 현상들이 오래갈 경우 경제는 퇴보할 수밖에 없다. 때문에 7차 계획은 이러한 전환기적 경제 현상들을 얼마만큼 효과적이고 능률적으로 극복하느냐에 그 성패成敗가 달려 있다고 볼 수 있다.

정부는 그 동안 민간 경제계와 연구 기관, 각계각층의 의견 수렴을 거쳐 7차 계획을 성안하는 데 총력을 기울여 왔고 알찬 내용, 치밀한 계획이 나올 것으로 기대된다.

문제는 이렇게 힘들여 만든 계획이 얼마만큼 실행되고 효과를 거두느냐에 달려 있다.

물론 앞으로 5년 동안 일어날 여러 가지 국내외 여건 변화를 정확히 상정하고 계획을 세워 그대로 실행하는 것은 결코 쉬운 일이 아니다. 오히려 불가능에 가깝다. 특히 정부가 제시한 통계상의 목표 수치 달성 여부는 아무런 의미가 없다고 본다.

그럼에도 5개년 계획이 당초대로 실행돼야 한다는 것은 지향하는 경제 정책 목표나 사업의 우선순위, 정책의 기조 등에 있어서 흔들림이 없어야 한다는 뜻이다.

흔히 우리나라의 경제 정책은 일관성이 없다는 지적을 많이 받는다. 국내외 여건의 급격한 변화로 정책 수단의 재조정은 불가피한 것이고 또 마땅히 수정해 나가야 할 것이다.

그러나 정책의 목표나 기조는 흔들림이 없어야 한다. 우리의 경우 정권이 바뀔 때는 물론이고 경제 장관들이 바뀌기만 해도 기본 목표와 기조가 돌변하는 상황이 비일비재했음은 잘 알려진 사실이다.

여기에서 국민들의 경제생활이나 기업 경영의 틀이 바뀌고 수많은 낭비를 초래해 왔다. 우리 경제의 장기 비전을 제시하고 정책 목표를 밝혀 둠으로써 이러한 낭비를 막자는 것이 진정한 중장기 계획의 의미이자 그 실효성이라고 본다. 불행히도 근래의 5개년 계획은 이러한 소임을 제대로 이행하지 못했다는 평가를 내리고 싶다.

물론 5년에 한 번일망정 각계각층이 참여하는 계획 작성 과정에서 우리 경제의 현실 인식과 진로에 대한 폭넓은 공감대 형성에 큰 기여를 하는 것으로도 족할 수 있다. 그러나 힘들여 작성한 5개년 계획을 사장死藏시킬 것이 아니라 좀 더 의미 있게 활용하는 방안을 강구해 봄직하다.

매년 세우는 경제 운용 계획을 5개년 계획의 목표에 반추해 보는 것도 한 방법일 것이다. 좀 힘든 일이 될지는 몰라도 급변하는 국내외 상황을 감안해 매년 5개년 계획을 연동 수정해 나가는 방식을 어떨까 하는 생각도 든다.

어쨌거나 경제적 낭비를 줄이고 정책의 일관성이 유지되기 위해서는 중장기 목표의 기본 방향에 충실하려는 노력이 절실하다.

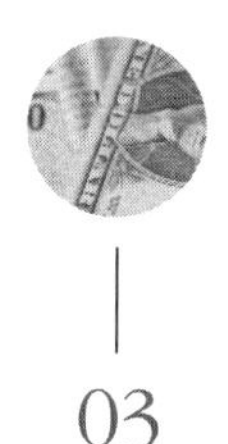

03
'신경제' 구상에 대한 제언

1992. 12. 21.

이번 대통령 선거에서 가장 큰 이슈는 경제 문제였다. 후보자들마다 경제를 살리기 위한 처방을 제시하면서 경제 대통령이 될 것임을 강조했다.

김영삼金泳三 대통령 당선자의 경우 지난 11월 중순 그의 경제 철학을 담은 '신新경제' 구상[79]을 제시했었다. 김 후보가 당선자로 확정되면서 이러한 '신경제' 구상이 현실 경제에 어떤 식으로 구체화될지에 대해 관심이 높아지고 있다.

신경제 구상은 제도 개혁과 조직 개편을 통해 국민의 참여와 창의를 이끌어 냄으로써 경제 발전의 새로운 바탕을 만들고 그 위에서 성장 잠재력의 확충, 국민 생활의 질적 향상, 국제 사회에서의 위상 강화 등을 이뤄 나가겠다는 것이다. 재정, 금융 제도의 개혁과 정부 조직의 개편 등을 그 실천 방안으로 제시하고 있다. 실천 원칙으로는 3가지를 꼽았다. 자율성의 원칙, 일관성의 원칙, 투명성의 원칙 등이 그것이다.

정부 규제를 대폭 완화해서 민간의 참여와 창의를 얻어 내고 정책의 일관성을 유지함으로써 민간의 예측 가능성을 높이겠다는 설명이다. 또한 정책의 결정과 집행을 공개적으로 정당하게 함으로써 정책 신뢰성을 회복시켜 나가겠다고 밝혔다.

한마디로 '모든 국민이 다 같이 새롭게 뛰는 경제'를 신경제로 정의하고 있다. 이러한 신경제 구상이나 실천 방안에 대해 이의를 제기할 사람은 아무도 없을 것이다. 문제는 새 정부가 들어선 뒤 이를 실천하는 구체 수단이 어떻게 마련되고 개혁의 범위와 폭이 어느만큼일지에 대해서는 궁금증을 갖게 한다.

개혁에는 항상 그 역작용도 있게 마련이다. 변화와 발전을 위해서는 이상을 추구하는 것이 필연적이다. 그러나 현실을 무시한 이상은 실효를 거두기 어렵다. 오히려 혼란만 가중시킬 우려도 있다. 더구나 경제는 본질적으로 개혁을 싫어하는 속성을 지니고 있다. 경제 정책은 이상과 현실을 잘 조화시켜야만 효과를 거둘 수 있다. 국민들이 이번 선거에서 새 대통령으로 김영삼 후보를 택한 것도 그가 내세운 '안정 속의 점진적 개혁'에 동의한 때문으로 보아야 할 것이다.

'신경제' 추진의 원동력으로는 '모든 국민들의 동참'을 꼽고 있다. 신경제 구상의 성패成敗는 이러한 국민들의 동참 여부에 달려 있다고 해도 과언이 아니다. 다시 말하면 국민들의 공감을 얻을 수 있는 정책 수단과 방법이 제시돼야 한다는 점이다.

국민들의 참여도 형식적인 묵인보다는 자발적이고 적극적인 호응이 이뤄질 때 그 힘을 발휘할 수 있음은 물론이다. 이는 결코 정부의 호소나 구호성 국민운동의 전개 등으로 이뤄질 수는 없다. 무엇보다도 정책의 객관성, 합리성, 공정성이 증명되고 이를 바탕으로 국민의 신뢰 회복이 이뤄질 때 자발적이고 적극적인 참여가 나타나게 된다. 국가 장래를 위한다는 거시적 입장에서라기보다는 자신의 이익을 위해 경제하려는 의지를 되살리려 할 게 분명하기 때문이다.

김영삼 당선자가 지난 19일 당선 소감을 밝히는 기자 회견에서 '고통 분담'을 요구한 것도 국민들의 참여를 호소하는 신경제 의지의 일단으로 이해할 수 있을 것 같다. 그러나 고통 분담도 모든 분야, 모든 계층의 사람들이 함께 참여해야만 지속적으로 이뤄질 수 있다.

이를 위해서는 지도층의 솔선수범이 가장 효과적인 추진 방법이 될 것이다. 새로운 정부의 출범까지는 상당한 시간이 남아 있다. 자칫 잘못하면 정책이나 행정의 공백 현상이 심각해질 위험이 있다. 정권 교체기의 공백 현상을 줄이는 책임은 전적으로 정권 인수자들의 몫이다.

우리 경제는 지난 3년여 동안 크나큰 어려움을 겪어 왔다. 민주화의 열풍 속에서 많은 것을 체험하고 이에 대한 자성自省의 기운도 형성돼 있다. 이러한 값진 시련이 새 정부에는 신경제 구상을 실천하는 데 상당한 보탬이 될 것으로 생각된다. 다만 신경제의 구상이 당장의 가시적 성과에 연연하기보다는 장기적 비전을 제시하고 21세기를 준비하는 기틀을 마련한다는 겸손한 자세가 필요할 것이다.

자국 우선의 경제 지상주의로 무장된 세계 각국의 국경 없는 경제 전쟁은 가히 필사적이다. 중진국의 어정쩡한 상황에서 멈춰 버린 한국 경제가 선진국으로 재도약할 것인지, 아니면 후진국으로 밀려날 것인지를 결정하는 중대한 고비를 맞고 있다.

새 정부의 '신新경제'가 추구해야 할 목표도 자명해진 셈이다.

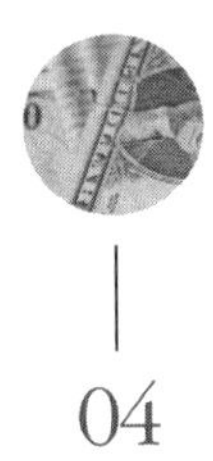

04
신경제 5년 계획과 일관성

1993. 4. 12.

요즘 외신을 타고 들어오는 소식들은 밝은 것보다 어두운 것들이 많다. 곳곳에서 싸움판이 벌어지고 민족 분규가 그치질 않고 있다. 경제에 관한 소식들은 더욱 가관이다. 세계적인 불황의 여파로 각국 기업들은 감량 경영에 안간힘을 쏟고 있다.

그런가하면 치열한 경쟁을 해 오던 기업들끼리 손을 잡고 불황 탈출을 시도하는 몸부림도 많다. 국가 간에도 마찬가지다. 생존 경쟁의 이전투구와 합종연횡合從連衡이 벌어지고 있는 것이다.

이런 가운데 각국 정부는 그 나름대로 경제 활성화를 정책 목표의 최우선 과제로 삼고 각종 경제 대책을 쏟아 내고 있다. 그럼에도 불구하고 금년도 세계 경제는 그리 신통치 못하리라는 전망이다.

우리는 어떤가. 선진국과 마찬가지로 신정부 출범 이후 갖가지 경제 대책들이 나오고 있다. 지난 3월 19일 발표된 '신경제 100일 계획'[80]이 그 대표적인 것이다. 여기엔 설비 투자 촉진, 중소기업 지원 확충, 경제 행정 규제 완화 등이 골자를 이루고 있다. 생필품 가격 안정과 국민 의식 개혁 운동 등 담을 수 있는 내용은 모두 망라돼 있다.

6월 말까지 100일 계획이 끝나면 하반기부터는 별도로 마련된 '신新 경제 5개년 계획'[81]을 시행키로 돼 있다. 이 5개년 계획에는 금융 실명제를 포함한 공약 사업 위주의 경제 개혁 방안이 제시될 예정이다.

100일 계획과 5개년 계획의 논리는 쉽게 짐작이 간다. 경기 부양책 성격을 띠고 있는 '100일 계획'으로 빈사 상태의 경제에 다소라도 활력을 보충한 다음 본격적인 개혁을 추진하겠다는 구상이라 추측해 본다.

'100일 계획'의 효험일지는 모르되 최근 들어 미약하긴 하지만 경기 회복 조짐이 보이고 있어 다행스럽다. 그러나 '100일 계획'에 대한 비판적 여론도 많다는 점에 정책 당국은 유의할 필요가 있다.

자율 경제를 표방하면서 정부 주도적인 강제적 수단들이 대종을 이루고 있다는 점도 그렇거니와 구조적 개선의 밑바탕이 되는 물가 안정을 저해할 시책들이 많다는 지적이다. 또 경제 활성화에 매달리다 보면 금융 실명제 등 개혁 의지가 퇴색될 게 아니냐는 걱정도 나오게 마련이다.

'100일 계획'은 정책 당국자의 말처럼 '신경제 구상'을 실천에 옮기기 위한 '준비 운동'이라고 한다면 '본本경기'인 신경제 5개년 계획을 지켜보는 수밖에 없다. 그러나 이것 또한 걱정을 떨쳐 버릴 수가 없다.

이유는 크게 보아 두 가지를 들 수 있다. 하나는 5개년 계획을 서너 달 동안에 만들다 보면 졸속으로 흐르지 않을까 하는 우려이다. 개혁에 초점을 맞추는 '경제 계획'은 자연 정치 논리가 강하게 스며들 소지가 많다. 새로 출범한 정부이니만큼 뭔가 보여 주려 할 것은 뻔한 이치다. 더구나 신정부는 과거 역대 정권과는 다른 문민정부임을 강조하고 있으니 경제 정책은 정책 간의 상충이나 예기치 못한 부작용이 의외로 커질 가능성이 그 어느 때보다도 큰 게 사실이다.

또 다른 하나는 신경제 5개년 계획과 기존의 7차 경제사회발전 5개년 계획을 어떻게 자리매김하느냐가 애매해지고 결국은 좋지 않은 선례를 남길 것이라는 점이다.

기존의 7차 5개년 계획은 대상 기간이 1992년부터 1996년까지로 돼 있다. 신新경제 계획 기간(1993~1997년)과 차이가 나 봤자 고작 1년에 불과하다. 이건 거의 같은 기간에 정부의 경제 계획이 2개나 된다는 얘기다. 물론 이 경우 신경제 계획은 말 그대로 새 계획인 만큼 기존의 7차 계획은 사문화死文化될 게 뻔하다. 박재윤朴在潤 청와대 경제수석도 7차 계획의 폐기를 이미 시사한 적이 있다. 수많은 인원과 국가 예산을 들여 작성한 국가 경제 계획이 폐기 처분된다면 그만큼 낭비가 아닐 수 없다.

그러나 이 같은 낭비는 앞으로도 계속 반복될 공산이 커 더욱 문제시되고 있다. 국가의 장기 발전 계획이 꼭 필요하다는 전제가 타당성을 갖는다면 새로 출범한 김영삼金泳三 정부도 임기 후반에는 5개년 계획이든 10개년 계획이든 장기 전략을 마련해야 할 것이고 이 계획 또는 전략은 새로 들어서는 정부에 의해 또 폐기 처분되지 않으리란 보장도 없다.

이 같은 부작용을 막을 방법이 없는 것은 아니다. 신경제 5개년 계획을 짜더라도 그것 때문에 굳이 7차 5개년 계획을 폐기할 필요는 없다는 것이다. 7차 5개년 계획에 문제가 있다면 전략과 수단을 보완, 수정해 가며 국가 경제 발전 전략으로 존속시키는 게 바람직하다는 얘기다. 정부가 바뀌었다고 하더라도 말이다.

빠르면 금주 중에 작성 지침이 발표돼 상반기 안에 확정지어질 신경제 5개년 계획에 대한 보다 충분한 검증과 신중한 결정을 기대해 본다.

05
개혁의 틈새

1995. 1. 9.

새해 벽두에 부동산 실명제[82]의 개혁 조치가 발표돼 국정의 주요 과제로 등장했다. 김영삼金泳三 대통령이 지난 6일의 연두 기자 회견에서 부동산 실명제를 곧 단행하겠다고 언급함으로써 그 실시 시기와 방법 등에 국민들의 관심이 모아지고 있다.

남의 이름을 빌려 부동산을 사는 소위 명의신탁名義信託 금지를 골간으로 하는 부동산 실명제는 자유 계약 원칙에 위배된다는 법리적 마찰을 빼고는 그다지 반론의 여지나 반대 여론도 없는 것 같다. 다만 오랜 관행으로 정착돼 왔고 현실적으로 불가피한 명의신탁의 경우를 어떻게 조화시키느냐가 방법론상의 과제로 제기될 뿐이다.

그럼에도 부동산 실명제 실시 발표가 더욱 큰 관심을 끄는 것은 김 대통령 취임 이후 계속되고 있는 개혁 조치 중의 하나라는 점에서다. 연초에 터뜨린 부동산 실명제에 이어 비非경제 부처나 지방자치단체, 공기업, 연구 기관 등의 조직 개편, 교육 개혁 등 획기적인 조치들이 앞으로도 계속될 것이라는 암시로도 해석되고 있기 때문이다.

연두 기자 회견에서 김 대통령은 올해의 6대 국정 목표로 △세계화 추진 △지방화 시대 개막 △국가 경쟁력 제고 △국민 생활 안정 △남북 화해와 협력 △세계화 외교 추진 등을 제시했다. 그럼에도 이러한 국정 과제는 부동산 실명제에 밀려 관심 밖으로 밀려나고 말았다. 제시된 국정 목표가 '늘상 해 온 얘기'로 신선도가 떨어지기는 하지만 중요도에 있어서는 분명 부동산 실명제보다 우위에 놓여야 할 것이었다.

그만큼 개혁 조치에 관심이 많이 쏠리고 있는 셈이다. 김 대통령 취임 이후 많은 개혁적 조치들이 단행됐다. 대의명분과 방향에서 여론의 지지를 받은 것도 사실이다.

그러나 개혁은 많은 부문에서 그 틈새를 만들게 마련이다. 틈새가 많아지면 골격 자체가 위험해진다.

거대한 파도로 변해 밀려오는 물가 불안의 파장도 이러한 개혁 틈새를 파고들 채비를 하고 있다. 물가 안정은 5%니, 6%니 하는 상승률의 숫자 놀음이 중요한 것이 아니라 국민들이 계획적이고 안정된 경제생활을 영위할 수 있는 여건 조성이라고 보아야 마땅하다.

개혁의 틈바구니에서 생겨난 총체적 불안감을 씻고 안정을 되찾으면서 실속을 다지는 노력이 필요하다는 얘기다. 더구나 올해는 지방자치단체장 선거가 예정돼 있어 경제에 또 다른 주름살을 가져올 가능성이 크다. 여기에서 경제가 정치에 눌리고 정국의 향방에 따라 많은 영향을 받지 않을까 하는 우려가 생긴다.

지난날 역사에서 우리는 경제 정책이 집권 여당의 정치적 선전 수단으로 활용되는 예를 많이 봐 왔다. 경우에 따라서는 정치적 혼란을 수습

하기 위한 방편으로 개혁적인 경제 조치들이 발표되는 사례도 있었다. 일상적이고 당연한 정책의 변화가 정치적 목적에서 개혁 조치로 과대 포장돼 불필요한 충격과 불안을 가져오는 경우도 많았다. 따지고 보면 '부동산 실명제'라는 거창한 이름의 개혁 조치는 제도적으로 이미 금지 돼 있는 명의신탁의 관행을 점차 없애 나가겠다는 것에 불과하다. 이러 한 방향은 이미 추진되고 있는 것들이기도 하다. 물론 명의신탁 금지 등 이 결코 사소하거나 중요치 않다는 얘기는 아니다. 정치적 개혁 조치로 포장돼 불필요한 충격을 가져오는 것은 바람직하지 않다는 것이다.

김 대통령의 임기도 이제 중반으로 접어들었다. 아직도 우리 사회에 는 고쳐져야 할 제도, 바뀌어야 할 관행들이 수없이 많다. 그렇다고 모 든 것을 한꺼번에 해결할 수는 없는 노릇이다. 금세 시행될 기세였던 부 동산 실명제가 정상적인 입법 과정과 여론 수렴 등을 충분히 거쳐 내년 에 시행될 것이라는 얘기들이 나오고 있어 그나마 다행이라는 생각이 든다. 소위 개혁적 조치들의 조급함을 탈피하는 성숙된 모습을 보여 주 는 것 같기 때문이다.

개혁은 하나의 바람몰이가 아니라 우리 사회의 질적인 고도화를 위한 구체적이고 실천적인 과제들이 중심이 돼야 한다. 발전의 원동력인 '창 조적 파괴'는 파괴에 의미가 있는 것이 아니라 그 다음에 오는 새로운 질서의 형성으로 국민 생활의 안정과 수준 향상을 이루는 데 있다.

국정 지표의 하나인 세계화의 과제도 밖으로 세勢를 과시하는 외연적 목표보다는 내적 모순과 갈등을 극복하고 안정된 국민 생활을 정착시키 는 토양을 마련하는 데 있다. 개혁의 틈새를 메우는 내실화에서부터 출 발해야 한다.

06
통계 분석의 허와 실

1999. 3. 5.

통계는 수학에 기초하고 있지만 그 내용은 과학적이면서 동시에 예술적인 면도 갖고 있다. 객관적인 것 같지만 주관적인 포장이 얼마든지 가능하다는 얘기다. 그래서 통계라는 단어 다음에는 흔히 '허구'라든가 '마술'이라는 용어들이 뒤따르는 경우가 많다.

영국의 유명한 정치가인 디즈레일리[83]는 "거짓에는 세 가지가 있다. 거짓과 새빨간 거짓, 그리고 통계가 그것이다"고 말했다. 거짓 중에서도 그 정도가 가장 심한 것이 통계라는 비유인 듯하다.

사실 통계는 작성 대상과 분석 방법에 따라 그 결론이 정반대로 나오는 경우가 허다하다. 간단한 예를 하나 들어 보자. 작년에 우유 한 컵의 가격이 1천 원이었고, 빵 한 개는 5백 원이었으나 금년에 우유 값은 5백 원으로 내렸고, 반대로 빵 값은 1천 원으로 올랐다고 가정하자. 이때 물가가 올랐다고 해야 할지, 내렸다고 해야 할지 난감해진다.

이때 동원되는 것이 물가 지수다. 작년의 우유와 빵 값을 100으로 잡아 금년의 지수를 산출해 보면 우유는 절반 값으로 내렸으니 50이 될 것이고, 빵은 200이 될 것이다. 이들 두 가지 물건 값의 지수를 단순 평균해 보면 125((50+200)/2)가 된다. 결국 금년 물가가 25% 올랐다고 해석할 수 있다. 그런데 금년을 기준(100)으로 해서 다시 계산해 보면 결과는 달라진다. 작년의 우유 값 지수는 200이 되고, 빵은 50이 된다. 그 평균은 역시 125다. 통계를 그대로 해석하면 작년의 물가가 금년보다 오히려 25%나 높았다는 결론이 나온다. 뒤집어 얘기하면 물가가 25%나 떨어졌다고 할 수 있다.

요즘 연중무휴로 실시되는 백화점들의 세일 기간 중 "지금 물건을 사면 값을 1백%나 절약할 수 있다"는 선전 문구를 쉽게 발견할 수 있다. 1만 원짜리 물건을 5천 원으로 할인해 주면서 그 같은 표현을 한다. 산술적으로는 50%를 할인한 것이다. 그러나 정상 가격이었더라면 1만 원으로 1개밖에 살 수 없었던 것을 지금은 2개를 살 수 있으니 1백%가 절약된다는 표현도 무리가 아닐 성싶다. 새로운 가격, 즉 5천 원을 기준으로 하면 분명 1백%가 줄어든 것이다. 공정거래법상의 과장 광고 여부는 별개로 치고….

올 들어 우리나라의 경제 지표에 대한 해석은 여러 갈래다. 정부가 얼마 전 발표한 1월 중 산업 활동 동향을 보면 실물 경제의 호전이 뚜렷하다. 정부는 생산과 출하가 전년 동월 대비 두 자릿수 증가율을 기록했고, 기계 수주도 큰 폭으로 늘었다는 점을 들어 경기가 이미 회복 국면에 들어섰다는 판단을 내렸다. 그러나 국민들이 느끼는 체감 경기는 예전과 전혀 달라진 게 없고 썰렁하기만 하다.

왜 그 같은 견해차가 생기는가. 통계의 허점 때문이라는 게 일반적인 설명이다. IMF 한파 엄습 직후인 작년 1월의 산업 활동이 급격히 둔화된 탓으로 이를 기준으로 한 금년 증가율은 높게 나타날 수밖에 없다. 이른바 기저 효과基底效果 때문이다. 특히 산업 생산은 비중이 높은 반도체 등 일부 산업의 회복 속도가 빨라 대다수 업종이 고전 중인데도 전체 산업이 회복되고 있는 듯 과장 해석되고 있다. 며칠 전 발표된 수출 실적은 더욱 혼란스럽게 느껴진다. 통상산업부가 발표한 지난 2월 중 수출 실적은 94억 달러로 전년 동기 대비 16%나 줄었다. 지난 1985년 1월 이후 가장 큰 감소율이라고 한다. 금년 1월 증가율 3.7%와 대비하면 비상사태가 아닐 수 없다. 그러나 감소 요인을 들여다보면 이것 역시 통계상의 허점을 발견할 수 있다. 작년은 설 연휴가 1월 중이었던데 반해 금년에는 2월에 들어 있어 조업 일수가 작년보다 적었다. 또 작년 1월에는 금 모으기 운동으로 인한 금 수출이 12억 달러에 달해 그 실적이 예년과는 달랐다.

결국 불규칙하게 늘어났던 전년 실적을 기준으로 증가율을 계산하면 금년은 낮을 수밖에 없다. 산업 생산과는 달리 경기 후퇴라는 측면에서 통계가 과장된 셈이다. 물론 수출이 아무 문제가 없다는 결론을 내리는 것은 아니다. 다만 정부는 물론이고 소비자들도 통계 수치에 얽매여 일희일비할 것이 아니라 경제의 실체를 좀 더 정확히 파악하고 정책 수립과 소비 활동에 나서는 것이 절실하다는 얘기다.

특히 정부가 발표하는 경제 지표는 기업 활동에 직접적인 영향을 미치고, 경제의 흐름을 바꿔 놓을 수 있기 때문에 그 해석이 신중하지 않으면 안 된다. 국민들에게 희망을 주는 것도 필요하겠지만 들뜨게 하는 것은 더 큰 화를 자초할 우려가 있다.

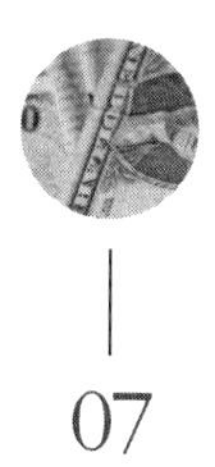

07
후한 평가를 주저하는 이유

1999. 10. 15.

국내 경기는 분명히 회복 기운을 찾아가고 있다. 그런데도 경제 정책에 대한 신뢰는 오히려 지난해만 못하다. 경제 상황에 대한 불안감도 외환 위기 이후 크게 달라진 게 없다. 10%대의 고율 성장을 회복했다고는 하지만 대우 사태로 인한 금융 불안이 지속되면서 기업들은 살얼음판을 걷는 긴장감에 휩싸여 있고, 서민들도 "정말 경기가 풀려 가는 것이냐" 는 의문을 떨쳐 버리지 못하는 모습이다.

외환 위기를 유산으로 물려받은 국민의정부가 2년이 채 못 돼 바닥났던 외환 금고를 다시 채우고, 경제 활동을 위기 이전의 수준으로 거의 되돌려 놓은 데 대해 높은 평가를 받아야 마땅하다. 그런데도 국민들은 후한 점수를 주는 데 인색하기 그지없다.

왜 그런가.

정부 일각에서 얘기되듯 정책 성과에 대한 홍보가 부족한 때문인가.

그런 측면도 전혀 없지는 않겠지만 그렇게 간단히 결론 내릴 일은 아니다. 그렇다고 흔히 말하는 경제 지표의 착시 현상 탓만도 아니다. 오히려 그동안 추진해 온 경제 개혁의 목표와 전략의 오류에서 주된 원인을 찾아보아야 한다.

DJ노믹스의 화두는 '민주주의와 시장 경제의 병행 발전'이었다. 경제 정책의 패러다임이 바뀌지 않으면 안 된다는 설명과 함께 관치 경제의 탈피를 강조했었다. 과연 이 같은 원칙은 얼마나 지켜졌는가. 많은 사람들은 그렇지 못했다는 평가를 내린다.

금융 및 기업 구조 조정 과정에서 세세한 결정이 정부에 의해 주도됐고, 금융 자율화는 후퇴한 게 아니냐는 의문을 제기하기도 한다. 시장 기능이 마비된 비정상적 상황에서 정부의 적극적인 역할과 개입이 어느 정도 불가피한 면도 없지 않았지만 시장 기능을 위축시키는 과잉 대응도 많았다는 것이 중론이다.

또 개혁의 형평성에서 문제점을 지적하는 사람들도 많다. 기업·금융·노사·공공 부문의 개혁이 정부가 제시한 4대 개혁 과제다. 금융과 기업의 구조 조정은 상당한 성과를 거뒀지만 공공 부문의 개혁은 거의 진전되지 않고 있다는 게 일반적인 평가다. 정부와 공기업 개혁은 물론이고, 특히 정치 개혁은 오히려 퇴보하고 있다. 책임이 여·야 어느 쪽에 있든 변화의 시늉마저 거부하고 있어 한심스럽다.

그러나 무엇보다 중요한 것은 개혁의 비전과 전략이 분명하게 제시되지 않고, 상황 변화에 따라 임기응변 식 정책 대응이 많았다는 점이다. 구조 조정 이후의 금융 산업, 국영화된 은행의 처리, 재벌 개혁 이후의 산업 조직과 구조 변화, 경영의 민주화와 기업 효율성의 상충, 업종 전문화에 대한 부정적 시각, 생산적 복지 개념 등은 좀 더 충분한 검토를

거쳐 신중히 결정해야 하는 과제들인데도 정부 판단에 따라 우격다짐
식으로 도입되거나 시행되면서 근본적인 정책 목표에 대한 혼선까지 제
기되고 있는 실정이다.

국민 연금 확대와 의료 보험 통합 등 명분과 의욕이 앞선 사회 보장
정책은 정책 신뢰성을 떨어뜨리는 데 결정적 역할을 했다. 따라서 개혁
의 당위성에 대한 국민 신뢰를 회복하기 위해서는 지금이라도 이런 과
제들에 대한 정부의 입장을 재정립하고, 경제 발전의 장기 비전을 제시
함으로씨 경제 주체들에게 예측 가능성과 자신감을 심어 주는 일이 무
엇보다 긴요하다.

구조 조정을 주축으로 하는 경제 개혁은 결코 단기간에 가시적 성과
를 기대하는 조급함을 보여서는 성공하기 어렵다. 구조 조정은 하루아
침에 끝날 성질의 것이 아니다.

그렇다면 정부가 할 일은 경제의 바람직한 장기 발전 전략을 세우고,
정책의 확고한 원칙과 기준을 세워 일관성 있게 적용하는 것이다. 국민
들이 가장 걱정하는 바도 바로 이 대목이다.

더구나 내년 4월에 총선이 예정돼 있어 벌써부터 선심 정책 시비가 대
두됐다. 정부가 확고한 원칙과 기준을 세우지 못하면 경제 운영이 정치
논리에 휩쓸릴 우려가 있다. 다시 말해 경제 개혁 성공의 전제는 정책에
대한 신뢰 회복이다. 더구나 외환 위기가 발생한 지 2년이 다 돼 간다.

70여 일이 지나면 20세기를 마감하고 21세기를 맞이한다. 내년은 새
로운 천년이 시작되는 첫 해이기도 하다. 국민의정부가 출범한 지도 1년
반이 넘었다. 금융 시장 불안 해소 등 당장 서두르지 않으면 안 될 과제
들도 있지만 숨 가쁘게 달려온 경제 개혁의 공과를 종합적이고 체계적
으로 따져 보는 여유도 필요하다. 개혁을 마무리하기 위해서가 아니라

지속적이고 보다 성공적인 구조 조정의 추진을 위한 교훈을 찾아야 하기 때문이다.

머칠 전 김대중 대통령은 한국경제신문과 가진 창간 35주년 기념 특별 회견에서 "재벌 개혁을 연내에 마무리 짓고 내년부터는 선진화된 경영 체제하에서 자유롭게 경영 활동을 할 수 있도록 지원해 나갈 계획"이라고 밝혔다. 주목해 볼 만한 발언이다. 물론 기업 스스로 투명하고 정직한 경영과 국제 경쟁력 향상에 최선의 노력을 기울인다는 전제가 충족될 때 성립되는 것임은 두말할 필요가 없다.

08
부질없는 논란

1999. 10. 29.

수학자와 회계사, 그리고 경제학자가 같은 직장의 입사 시험에 지원해 면접을 보게 되었다. 면접관이 먼저 수학자에게 물었다.

"2+2는 얼마지요?"

"그거야 4이지요."

"확실히 맞습니까?"

"그렇습니다."

다음으로 회계사에게 같은 질문을 던졌다. 회계사는 주저 없이 답했다.

"약 10% 정도의 오차를 두고 평균적으로 4입니다."

마지막으로 경제학자에게 질문을 했다. 그러자 경제학자는 자리에서 일어나 방문을 닫고 면접관에게 다가가 조용히 말을 건넸다.

"2+2를 얼마로 만들면 좋겠습니까?"

물론 우스갯소리다. 경제학자들을 겨냥한 풍자이긴 하지만 통계의 맹점을 비판한 내용으로도 이해할 수 있을 것 같다.

내년도 경제 전망과 정책 운용 방향을 둘러싸고 말들이 많다.[84] 정부는 성장률 5~6%, 물가 상승률 3%, 경상 수지 흑자 100억 달러, 실업률 5.3~5.5% 달성을 목표로 내년도 경제 운용 계획을 짜고 있는 것으로 전해진다.

이에 대해 너무 낙관적이 아니냐는 견해들이 있다. 정부가 이를 뒷받침하기 위해 관변 연구 기관들에 대해 비슷한 전망을 내놓도록 요구했다는 얘기도 들린다. 사실이라면 결코 바람직한 일은 못 된다. 그렇다고 정부가 낙관적인 시나리오를 작성했다 해서 탓할 일만도 아니다. 전망과 정책 목표는 엄연히 다르다.

따라서 거시 지표로 나타내는 정책 목표가 중요한 것이 아니라 정책 운용의 방향을 얼마나 적절히 선택하고, 유효한 수단을 확보하느냐가 관건이다.

내년 경제 전망과 관련, 많은 사람들이 가장 걱정하고 있는 것은 물가 불안이다.

특히 최근 국책 연구 기관인 한국개발연구원KDI이 '중기적 인플레 위험'을 경고하고 나섬으로써 통화 긴축 논란이 수면 위로 떠올랐다. KDI의 정책 건의는 '신축적인 단기 금리의 운용이 필요한 시점'으로 표현하고 있지만 금리 인상을 통한 긴축 정책의 선회를 시사한 것으로 해석된다.

물론 KDI는 대우 및 투신사 문제에 따른 금융 불안이 지속되고 있어 물가 압력을 예방하기 위한 선제적 금리 조절 기능이 크게 제약받고 있기 때문에 이를 해소하는 것이 선결 과제이고, 특히 투명한 손실 부담

원칙에 입각해 구조 조정이 추진될 경우 일시적인 충격 완화 차원에서 단기 금리의 상향 조정은 당분간 유보하는 것이 바람직하다는 단서를 함께 달고 있다.

따라서 KDI의 분석은 재정경제부를 비롯한 정책 당국의 시각과 크게 다르지 않다. 정책 당국도 물가 상승 압력이 높다는 사실은 배제하지 않고 있기 때문이다. 그럼에도 불구하고 이 문제를 제기하는 것은 예견되는 물가 불안 요인을 제거하는 데 있어서 통화 긴축으로 대처하려는 단선적 정책 구상이 매우 위험하다는 생각에서다.

물론 인플레 억제의 가장 기본 정책은 긴축이지만, 그렇다고 그것만이 유일한 특효약은 아니다. 더구나 긴축 정책이 기업 활동 위축과 경기 억제에 큰 영향을 미친다는 점에서 그 부작용 또한 간과하기 어렵다. 또 요즘의 물가 불안은 국제 원자재 가격 상승과 원화 가격의 하락 등 비용 상승 요인이 크다는 점은 정책 수단의 선택에서 필수적으로 고려해야 할 사항이다.

그러나 무엇보다 간과해선 안 될 일은 금융 시장이 지극히 불안하다는 점이다. 통화 정책, 특히 금리 조절을 통한 유동성 조절 정책이 성공하기 위해서는 금융 시장의 원활한 작동이 전제돼야 한다.

그런데도 기업과 금융 기관 모두가 언제 어디서 무슨 일이 일어날지 몰라 불안해하는 것이 지금의 현실이다. 이 같은 금융 불안이 단기간 내에 해소되기를 기대하는 것도 무리다. 결국 KDI의 권고대로 금융 시장 안정화에 정책의 우선순위를 두는 것이 옳은 처방이다. 물론 인플레 위험에 대비한 선제적 정책 수단을 적절히 강구할 필요는 있다. 긴축 여부에 초점을 맞춰 논란을 벌이는 것은 부질없는 일이다.

정부는 내년 경제 운용의 거시 정책 결정에 앞서 저축률이 떨어지는 이유, 기업 생산 활동이 원활하지 못하는 이유, 금융 시장이 불안한 이유 등 여러 가지 요인들을 종합적으로 검토해 보아야 할 것이다.

사실 지금과 같은 경제 상황에서 내년 경제 운용 계획을 짜는 것 자체가 무의미할 수도 있다. 경제에 미칠 변수들이 워낙 많기 때문이다. 가변적 상황에서는 정책 운용 방식의 급격한 변화 없이 안정적으로 집행하는 정책 일관성의 유지가 가장 중요하다.

안정이냐 성장이냐, 긴축이냐 아니냐, 성장률 목표가 몇 %냐, 실업률은 얼마로 잡느냐, 이런 것들이 중요한 게 아니라 정책의 예측 가능성을 얼마나 높여 주느냐가 경제 발전의 관건이라는 얘기다.

기업의 자율적인 구조 조정을 앞당기고 물가 안정을 꾀할 수 있는 가장 효율적인 방법이기도 하다. 내년도 경제 정책 운용의 골격도 그간의 경기 대응적 자세에서 벗어나 장기적인 구조 조정의 기틀을 다지는 데 초점이 맞춰져야 할 것이다.

09
잠재 성장률 시비

1999. 11. 12.

최근 한국은행이 내년도 우리나라 잠재 성장률 수준을 4%로 발표[85]한 것을 놓고 잔잔한 논란이 일고 있다. 한은이 물가 불안 우려를 강조하기 위해 너무 보수적으로 계산했다는 것이 반론의 요지다. 이런저런 방법으로 계산해 보더라도 우리 경제의 잠재 성장률은 거의 6%에 육박한다는 것이다. 민간 연구 기관들뿐만 아니라 정책 당국까지 그 같은 주장에 동조하고 있어 흥미롭다.

잠재 성장률이란 원래 노동과 자본 등 생산 요소를 완전 가동하여 달성할 수 있는 최대 성장률을 의미하지만 근래 들어서는 추가적 인플레 압력을 일으키지 않으면서 달성 가능한 성장 수준으로 규정하는 것이 일반적인 해석이다.

국가가 보유하고 있는 적정 생산 능력 이상으로 무리하게 생산 규모를 늘리면 부작용이 따르게 마련이다. 기계도 모자라고 인력도 부족한 그런 상황에서는 필시 물건 값도 오르고 인건비도 상승할 것은 자명하다.

따라서 이 같은 사태가 우려될 경우 미리 금리 인상과 통화 긴축 등의 방법으로 수요를 억제해 줌으로써, 다시 말해 경기를 위축시켜 인플레를 막아야 한다는 것이 잠재 성장률 추정의 논리적 배경이다.

문제는 그 같은 판단의 근거가 되는 잠재 성장률을 과연 얼마나 정확하게 추정할 수 있느냐다.

여러 가지 이론적 모형이 정립돼 있기는 하지만 모두가 여러 가지 가정하에서 도출되는 결론에 불과하다. 예컨대 경제 성장이 과거의 추세대로 움직인다는 가정을 세우거나 기술 진보, 인구 증가, 노동 생산성 등 경제 활동에 영향을 주는 여러 가지 변수들을 추정하고 이를 대입시켜 산출해 내는 것이다.

결국 가정이 잘못되면 현실과 유리된 결론이 도출될 우려가 있고, 작성자의 상황 인식 차이에 따라 똑같은 사안에 대해 정반대의 처방이 나올 수 있는 것이 경제 예측이다.

이번 한국은행의 잠재 성장률 전망도 예외는 아니다. 따라서 한은의 추정이 전적으로 옳다거나, 민간 연구 기관들의 주장이 타당하다는 판단을 하는 것 자체가 무리다.

다만 상식적인 판단으로 한두 가지 의문은 남는다.

우선 아직도 실업률이 높고, 공장 가동률이 80%에도 못 미치는 상황을 감안한다면 벌써부터 공급 애로로 인한 인플레 위험을 걱정할 때인가 하는 점이 소박한 의문 중의 하나다. 물론 한국은행의 설명대로 외환 위기 이후 금융 경색 및 내수 침체로 설비 투자가 극히 부진했던 데다 구조 조정에 따른 노동 수급 구조의 변화로 경제 활동 인구의 증가세가 둔화됐기 때문에 생산 능력의 위축 또는 증가세 둔화는 어느 정도 인정할 수밖에 없다.

그러나 올해의 높은 성장률이 1998년의 마이너스 성장에 따른 기술적 반등의 요인이 크다고 보면 경제 활동의 정상 수준을 회복하기까지의 성장 여력은 충분하다고 생각한다. 성장률이 4%를 초과하면 인플레 위험이 높다는 경고는 선뜻 이해하기 어렵다는 얘기다.

또 다른 의문은 설령 잠재 성장률이 4%라 하더라도 실제 성장률을 여기에 맞추어야 하는 것이 올바른 처방인가 하는 점이다. 잠재 성장률을 높이는 방법은 없겠느냐는 얘기다.

물론 설비 투자가 늘어난다고 해서 곧바로 공급 확대로 이어지지 못하는 어려움은 있지만 성장 잠재력을 키우는 일 또한 소홀히 할 과제는 아님은 분명하다.

지금 우리 경제가 처한 여러 가지 정황으로 보아 물가 불안의 우려가 전혀 없다고 판단하기에는 무리가 있다. 때문에 물가와 화폐 가치의 안정을 책임지고 있는 한국은행의 걱정은 꽤나 큰 편이다. 그렇다고 잠재 생산 능력의 부족이 그 원인이라고 진단하는 것이 옳은지는 좀 더 깊이 생각해 볼 문제다. 더구나 아직도 실업률 자체가 높을 뿐만 아니라 취업자라 하더라도 불완전 취업이 적지 않은 현실에서 긴축 정책의 선회는 시기적으로 때 이른 감이 있다.

긴축으로 인한 인플레 대책의 고통은 주로 저소득층에게 전가되게 마련이다. 그렇지 않아도 외환 위기 이후 분배 구조가 악화돼 중산층 몰락과 빈곤층 확대가 정책 현안으로 대두되고 있음을 감안하면 더욱 신중을 기해야 한다.

오히려 자원의 합리적 배분이 제대로 이뤄지지 못하는 시장 기능의 제약이 물가 불안을 부추길 우려는 없는지 점검해 볼 때다. 사실 경제의 안정 성장을 유도해 가는 처방은 여러 가지가 있을 수 있고, 또 정책의 대내외적인 파급 효과까지를 감안해 최선의 결론을 내리기란 결코 쉬운 일은 아니다. 따라서 주관적인 관점에 따라 피상적인 의견을 개진하는 것 자체가 위험한 일이기도 하다. 그러나 경제 정책 운용이 결코 물가 안정 그 자체만을 목표로 삼아서는 안 된다는 것은 분명한 사실이다.

한은이 제시한 내년도 잠재 경제 성장률 4%가 적절한지의 논란을 벌이기에 앞서 당분간 경제 정책 목표의 우선순위를 어디에 두어야 할지에 대해 정부와 중앙은행, 그리고 민간 기업들까지 참여해 좀 더 진지한 논의를 거쳐 공감대를 이뤄 나가는 일이 선행돼야 할 것이다.

10

경기 부양책 논란

2000. 1. 5.

지난 20세기 최악의 경제 예측 사례로 어빙 피셔Irving Fisher(1867~1947) 교수의 주가 전망이 꼽힌다. 미국의 대표적 신고전파 경제학자이자 화폐 수량설[86]로 유명한 피셔 교수는 세계 대공황의 시작인 1929년 10월, 미국의 주가 대폭락이 일어나기 불과 며칠 전 주가 급등을 예고했던 것이다. 당시 예일대학의 저명한 경제학 교수일 뿐만 아니라 실제로 거액의 주식 투자를 하면서 경제 예측가로서 명성을 날리고 있었기 때문에 모든 사람들이 그의 말을 전적으로 신뢰할 수밖에 없었다고 한다.

경제를 예측한다는 것은 그만큼 어려운 일이다. 경제 전문가들이 미래를 예측하면서 소수점까지 사용하는 것을 보면 꽤나 유머 감각이 있는 사람들이라고 빗대어 말하는 것도 그런 뜻일 게다.

새해 벽두부터 국내는 물론 세계 경제 기상도에 변화 조짐이 일고 있다. 미국 금리가 전격적으로, 그것도 예상보다 큰 폭으로 인하되면서 곤두박질치던 주식 시장이 폭등세로 돌아섰다. 미국 주가뿐만 아니라 국내 주가도 덩달아 춤을 추는 모습을 보여 주었다. 그런가 하면 정부는 예산의 조기 집행과 신도시 건설 등 경기 부양책을 잇달아 내놓고 있다. 불과 며칠 전이지만 지난해 말과는 상당히 다른 양상이다.

벌써부터 국내 경기가 예상보다 빨리 호전되는 게 아니냐는 성급한 생각마저 솔솔 피어오른다. 그러나 그 같은 일련의 움직임은 미국이 그만큼 다급한 상황에 처해 있음을 반증하는 것과 다를 게 없다고 생각하면 애기는 또 달라진다. 하루아침에 경제의 본질이 바뀔 수 없는 것은 분명한 사실이고, 오히려 낙관으로 흐르는 것을 경계해야 할 일이 아닌가 싶다.

대다수의 국내 연구 기관들은 올 1/4분기 경제 성장률이 3~4%에 머물 것으로 예측했다. 지난해 같은 기간의 12.7%에 비하면 성장 속도가 3분의 1 이하로 줄어드는 급속한 감속이다. 실업자도 1백만 명을 넘어서리라고 한다. 더구나 민간 소비 위축이 심각한 지경이어서 생산 감소와 경기 침체의 악순환으로 이어질 공산이 크다는 게 경제 전문가들의 공통된 지적이다.

정부가 제한적이지만 경기 부양에 나설 수밖에 없었던 것은 최소한 그 같은 악순환의 고리를 차단하지 않으면 안 된다는 판단에서라고 이해한다. 그런데 일부에서는 정부의 경기 대책에 대한 우려의 목소리가 높다. 구조 조정을 마무리하고 나서 경기 부양에 나서는 것이 올바른 순서라는 것이다.

물론 기업 구조 조정이 제대로 마무리되지 않은 상황에서 성급하게 경기 부양에 나서는 것은 다소 위험스런 측면이 없지 않다. 고통이 줄어들면 각 분야에서 한창 진행 중인 구조 조정이 느슨해질 가능성이 크기 때문이다.

그러나 구조 조정이 어떤 시한을 정해 끝낼 일이 아니라고 한다면 단기적 경기 조절 정책과 양립시킬 수 없는 택일의 문제로 보는 것은 무리다. 실업 대책의 확대나 사회 간접 시설의 확충 등 제한적인 경기 부양책은 오히려 구조 조정에 도움이 될 수도 있다. 더구나 미국 경제가 금리를 허겁지겁 내릴 정도로 위기 상황에 처해 있다면 그 충격을 다소나마 누그러뜨리기 위한 완충 장치란 측면도 과소평가해선 안 된다.

문제는 기업들의 자세다. 경기가 풀린다고 해서 구조 조정의 당위성이 사라지는 것은 아니라는 점을 분명히 인식할 필요가 있다. 관치를 탓하기 전에 스스로 변하지 않으면 살아남을 수 없다는 의지를 재확인하는 것이 먼저다. 미국의 금리 인하와 국내 경기 부양책 추진이 우리 경제를 과연 어떤 모습으로 바꾸어 놓을지는 좀 더 두고 볼 일이다.

그러나 경착륙의 충격을 줄여 주는 효과를 가져올 것임은 틀림없다. 미국 하버드대학의 제프리 삭스 교수는 본지 특파원과의 대담에서 "한국 경제는 지난 30년간 좋았듯이 앞으로 30년도 좋을 것"이라고 낙관했다. 한국처럼 기술력을 갖고 있고 높은 교육 수준과 저축률을 가지고 있는 경제는 갑자기 무너지지 않는다는 게 그 이유다. 우리 경제의 장래가 밝다는 데 대해 대체로 이론이 없음은 분명한 사실이다.

그러나 하루 앞을 내다보기 어려운 것이 오늘의 현실이라고 보면 금세 좋아지리라고 기대하는 것 또한 무리다.

11
경제 진화론

2000. 12. 8.

"그동안 신고전학파 경제학에 익숙한 사람들은 경제를 여전히 기계로 인식하여 헐렁한 나사는 드라이버로 조이고, 녹슨 부위는 기름칠 하고, 낡아 빠진 부분은 도려내 그 부분을 새로운 철판으로 용접하면 모든 것이 새로워질 것처럼 생각한다. … 그러나 경제란 신고전파 경제학이 생각하는 것처럼 이리 붙였다 저리 붙였다 할 수 있는 기계덩어리가 아니다. 경제는 과거로부터 이어져 내려온 생명체로서 다양하게 적응하고 혁신하면서 진화하는 살아 있는 유기체다."

최근 출간된 《경제 진화론》이란 책의 저자(유동운, 부경대 교수)가 서문에서 밝힌 내용이다. 경제 진화론은 어쩌면 최근 우리 경제가 겪고 있는 갖가지 진통의 원인과 처방을 암시하는 듯해 음미해 볼 만한 대목이 아닌가 싶다.

지금 우리 경제가 당면한 최대 과제는 구조 조정이다. 외환 위기를 겪은 지 3년이 지났지만 아직도 철저하고 신속한 구조 조정이 이뤄지지 않고 있어 IMF 체제와 같은 경제 위기를 다시 맞이할 가능성이 있다는 게 경제에 관심 있는 사람이라면 누구나 한마디씩 지적하는 문제점이다.

사실 외환 위기 이후 기업 및 금융 구조 조정이 강도 높게 진행돼 온 측면도 없지 않다. 대기업은 물론 상당수의 금융 기관까지 퇴출 조치가 이뤄졌다. 기업들의 부채 비율도 낮아졌고, 수익성도 높아졌다. 그런데 아직도 구조 조정이 문제라니 답답한 노릇이 아닐 수 없다. 그런데 사실은 답답하게 생각하는 것이 더 큰 문제가 아닌가 한다.

정부는 물론 모든 국민들이 경제 개혁, 즉 구조 조정을 낡아 빠진 기계 몇 대를 갈아 치우는 정도로 인식하고 있는 게 아니냐는 의구심 때문이다. 경제 진화론을 들먹이는 이유도 여기에 있다.

살아 있는 유기체인 경제가 변화된 환경에 적응하면서 새로운 유기체로 진화하기까지엔 꽤 오랜 세월이 필요하다. 그런데 정부는 물론이고 모든 경제 주체들도 그 같은 점을 간과하고 있는 것 같다. 경제 개혁을 종합적이고 체계적으로 추진하려는 노력이 부족하다는 얘기다. 경제 개혁에 대한 정부 정책이 조급할 뿐만 아니라 비전이 결여돼 있고, 일관성이 없다는 세간의 비판도 이와 무관하지 않다고 본다.

기업 및 금융 구조 조정을 연말까지, 또는 내년 2월까지 마무리하겠다는 정부의 약속은 그런 점에서 오히려 정책의 신뢰성을 떨어뜨리기에 충분하다. 구조 조정은 일정 시한 내에 끝낼 수 있는 것이 아니라 환경 조건의 변화에 따라 경제가 끝없이 진화하는 과정에서 필연적으로 발생할 수밖에 없는 영원한 숙제라는 점에서 그렇다.

물론 정부가 개입하는 구조 조정의 시한을 설정한 것으로 이해할 수는 있지만 그렇다면 구조 조정은 기업들이 자율적으로 추진하는 것이란 그동안의 정부 해명과 논리적 모순이 발생해 혼란스럽기는 마찬가지다.

경제 개혁은 기업 및 금융 구조 조정이 전부는 아니다. 오히려 정치, 사회, 문화 등 경제를 둘러싼 생태계의 환경 변화에 영향받는 부분이 더 크다. 부실기업을 퇴출시키고, 은행을 합병시켜 대형화한다고 하더라도 사회 환경이 변하지 않으면 또 다시 부실해질 수밖에 없다.

정쟁을 일삼는 정치, 책임 회피에 익숙한 관료 사회, 초법적 집단행동이 난무하는 노동 쟁의, 편법이 통하는 사회 풍조 등 경제 활동에 영향을 미치는 모든 법과 제도, 그리고 관행들이 함께 변하지 않으면 지금까지 이뤄 놓은 경제 개혁마저 물거품으로 변할 가능성도 있다.

최근의 경제에 대한 위기감 증폭은 따지고 보면 경제의 취약성보다 사회적 무질서에서 오는 불안 심리가 더 크게 작용했다는 분석도 없지 않다. 진화란 스스로 변하는 것이지 만들어 내는 것이 아니라고 본다면 경제 개혁은 결코 우격다짐으로 추진할 일은 아니다.

경제는 살아 있는 유기체라는 인식 아래 구조 조정을 시장 자율에 맡기되 법과 제도 등 환경 조건을 개선함으로써 기업 스스로 바람직한 방향으로 변화하도록 유도해야 한다. 정부가 내년도 경제 정책 운용 방향을 검토하면서 특히 유념해야 할 대목이다.

기업가들이 본연의 혁신적 기능을 발휘할 수 있는 터전을 마련해 주려는 적극적인 지원 체제로의 전환이 절실하다.

12
내년 경제는…

2000. 12. 22.

참으로 어수선한 연말이다.

해가 바뀐다고 해서 당장 달라질 것이 없는데도 매년 이맘때면 '내년 에는…'이란 화두를 떠올리며 계획도 세워 보고 희망도 가져 보는 것이 지난날의 일상사였다. 그런데 올해는 어느 누구도 그럴 만한 여유를 찾 지 못하고 있는 것 같다. 경기 위축으로 고통이 쌓여만 가는 가계家計는 물론이고, 정부나 기업도 답답하기는 마찬가지다.

새해의 시작이 10여 일도 남지 않은 시점이지만 정부의 내년 경제 운 용 계획은 아직도 검토 중이고, 기업들은 경영 계획을 만들어 볼 엄두조 차 내지 못하고 있는 것이 지금의 현실이다. 그렇다고 한숨만 내쉬고 있 을 수도 없는 노릇 아닌가.

내년 경제는 올해보다 어려워질 것이란 게 대체적인 의견이다. 민간 연구 기관들이 내놓은 전망을 보면 경제 성장률이 5~6%에 머물 것이란 예측이다. 올해 예상치 9~10%에 비춰 본다면 절반을 약간 넘는 수준으로 급격한 성장 둔화를 예고하고 있는 셈이다. 금융 시스템이 제 기능을 다하지 못하는 데다 급격한 민간 소비의 위축이 가장 큰 요인으로 지적됐다. 진행 중인 구조 조정이 제대로 마무리되지 못하면 제2의 경제 위기를 맞이할 수도 있다는 비관적인 전망이 주조主潮를 이룬다.

그런데 세계은행 등은 최근의 우리 경제 상황에 대해 다소 낙관적인 해석을 내놓고 있어 관심을 끈다. 한국 경제가 어려움을 겪고 있지만 구조적인 경기 침체가 아니라 단기적인 성장 둔화이기 때문에 우려할 일은 아니라는 것이다. 지난 19일 워싱턴에서 한국 특파원들과 기자 회견을 가진 호리구치 요스케 IMF 아·태국장은 금년 4/4분기부터 내년 2/4분기까지 성장세가 둔화되겠지만 하반기에는 잠재 성장률 수준인 연율 6%대로 회복, 2001년 전체로는 약 5%의 성장률을 기록할 것이란 부연 설명을 곁들였다.

문제는 국내 연구 기관이나 IMF의 경제 지표 전망에는 큰 차이가 없는데도 그 해석은 이처럼 비관과 낙관으로 엇갈리고 있다는 점이다. 물론 성장률만으로 경제를 진단하는 것 자체가 어설픈 일이긴 하지만 한 번쯤 그 의미를 되새겨 볼 필요도 있다. 사실 지표상으로만 보면 우리 경제를 지나치게 비관할 이유는 없다.

올 들어 수출 증가율이 20%대를 꾸준히 유지해 왔고 제조업 가동률도 80%를 넘나들었다. 따라서 하반기 이후 성장세가 급격히 둔화되고 있지만 올해 전체로 10%에 가까운 고속 성장을 시현한 것이 비정상이었다고 해석할 수도 있고, 거시적으로 보면 내년의 성장 둔화는 정상 회귀 또는 다소 어려운 국면으로 진입하는 정도로 이해할 수 있을 것이다. 그러나 과연 IMF의 전망대로 지금의 경기 위축이 단기적 성장 둔화에 그칠 것인가.

최근의 경기 둔화 원인으로는 급격한 민간 소비 위축이 첫 번째다. 민간 소비가 줄면 생산이 위축되고 고용 감소와 소득 감소로 이어져 또 다시 소비 위축으로 발전하는 악순환이 나타날 수 있고, 이는 장기 구조적인 불황으로 이어질 수 있다는 것이 앞으로의 경제를 어둡게 보는 사람들의 입장이다.

올 들어 주가가 반 토막 났고, 유가 상승 등으로 소득의 해외 유출이 늘어나면서 국민 소득이 줄어든 마당에 소비가 위축되는 것은 당연하다는 주장이다. 이는 성장률 등 거시 지표만을 경기의 주된 판단 지표로 삼는 것이 위험하다는 근거이기도 하다. 철저한 구조 조정이 경제 회생의 첩경이기는 하지만 급격한 소비 위축을 예방하는 재정의 적극적인 역할도 검토해 볼 때다.

올해 세금을 거둬서 쓰고 남은 세계 잉여금이 13조 원을 넘는다는 게 사실이라면 더욱 적극적으로 추진돼야 할 일이다.

흔히 경제 불안 심리를 극복하는 것이 경제 회생의 관건이라고 지적한다. 정부의 정책 실패와 정치권의 혼란, 그리고 노조의 파업 확대 등 사회적 불안까지 겹쳐 더욱 증폭되는 양상이다. 내년까지 지금의 행태가 이어져서는 곤란하다. 경제에 대한 낙관은 금물이지만 지나친 비관도 오히려 경제 문제를 풀어 나가는 데 걸림돌이 될 수도 있다. 쉬운 일은 아니지만 모든 경제 주체들이 차분한 자세로 내년을 준비하는 마음가짐을 가다듬어야겠다. 만사萬事가 마음먹기에 달려있다고 생각하면 편할 듯싶다.

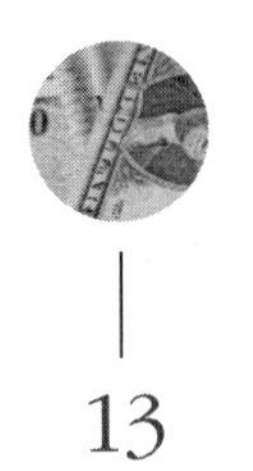

13
90점인가, 60점인가

2001. 2. 23.

"한국의 기업, 금융, 공공, 노사 등 4대 부문 개혁[87]의 점수를 매긴다면 90점 수준으로 보고 싶다."

데이비드 코David T. Coe IMF 서울사무소장이 한국언론재단 초청 강연회에서 언급한 내용이다. 의외라는 생각이 들 정도로 높은 점수를 줬다.

코 대표가 아니더라도 한국의 경제 개혁 성과에 대해 해외의 평가는 대체로 높은 점수를 주고 있다. 그런데 국내 여론이나 경제 전문가들의 평가는 그렇지 못하다. 특히 4대 부문 구조 조정의 경우 관치 경제만 심화시켰을 뿐 기대에 훨씬 못 미친다는 부정적 평가가 강한 편이다. 내 생각에는 잘 봐 준다 하더라도 60∼70점을 줄까 말까 하는 정도다.

우리의 경제 개혁에 대해 왜 그 같은 시각차가 빚어지는 것일까. 물론 시행착오도 적지 않았고, 반대로 괄목할 만한 성과를 거둔 것도 많다. 때문에 그 평가가 다를 수 있다. 또 보는 관점에 따라 서로 의견이 다를 수밖에 없기 때문에 그 이유를 정확히 규명하기란 불가능하다. 다만 몇 가지로 추측해 볼 여지는 있다.

우선 인식의 차이를 들 수 있을 것이다. 사실 평가의 내용과 논리를 찬찬히 뜯어보면 해외의 긍정적 평가나 국내의 부정적 시각은 그 근거에 있어 크게 차이가 나지 않는다. 다 같이 지속적인 구조 개혁을 전제로 하고 있다는 점에서 그렇다. 다만 지금까지의 구조 조정 성과를 인식하는 데 있어서 약간의 차이가 있을 뿐이다. 단순화시키면 표현상의 문제로 치부해 버릴 수도 있는 문제다.

또 다른 관점에서 이해한다면 해외에서 보는 시각은 보다 장기적인 관점에서 낙관하는 반면 우리 국민들은 눈앞의 경제 현상들, 즉 실업과 기업 도산 등에 부딪치면서 '그래도 미래는 밝다'고 멀리 내다보기 어려웠을 것이라는 측면도 무시할 수 없을 것 같다.

경제계 일각에서는 외국인들이 거시 경제 지표 또는 경제 현상만을 집중적으로 보고 판단하지만 우리 국민들은 경제 현상뿐만 아니라 수시로 발생하는 정치 혼란과 노사 갈등 등 사회적 현상까지 함께 묶어 생각하다 보면 자연 부정적 결론에 이르는 게 아니겠느냐는 견해를 피력하기도 한다.

그러나 가장 중요한 것은 정부 정책에 대한 기대 수준의 차이가 아닌가 싶다. 가령 국제 사회에서 보는 한국 경제에 대한 평가는 외환 위기를 함께 겪었던 다른 동남아 국가들과 비교해 탁월한 개혁을 칭찬하는 경우가 많다. 또 한국 경제의 진정한 실력, 다시 말하면 감당할 수 있는 한계의 범위를 설정하고 그 기준에 비해 성공적인 평가를 내리는 편이다.

반면 국내에서는 정책에 대한 기대 목표가 경제의 토양과 관행이 다르고 발전 단계도 앞서 있는 미국 등 선진 자본주의 국가 수준에 맞춰지는 경우가 허다하다. 특히 경제 전문가들의 잣대에서 그 같은 현상이 많이 나타난다. 과연 바람직한 현상인지 한 번쯤 되새겨 볼 필요가 있다.

문제는 국민들의 기대 수준이 왜 그렇게 높아졌는가 하는 점이다. 정부가 조장한 측면이 적지 않다. 현실적으로 감당하기 어려운 개혁 목표를 제시하거나 국민들이 충분히 이해하지 못한 상태에서 이상理想을 지향하는 개혁 정책의 추진이 결코 적지 않았기 때문이다. 빅딜로 불렸던 사업 구조 조정이나 의약 분업 등이 그 대표적인 사례가 아닌가 싶다.

이달 말까지 4대 개혁을 마무리하겠다는 것도 비슷한 유형에 포함시킬 수 있다. 관치 경제를 심화시켰다는 평가를 받게 된 것도 결코 이와 무관치 않다. 무리한 목표 설정으로 단기에 가시적인 성과를 기대하는 조급함이 정부의 강력한 개입을 불러들이는 촉매 역할을 했다고 보기 때문이다.

'국민의정부' 출범 3주년을 맞아 개혁 성과에 대한 논의가 활발하다. 정부는 정부대로 22일 이한동 국무총리의 기자 회견에 이어 오는 26일에는 경제 장관들이 합동으로 참여하는 대국민 경제 설명회를 가질 계획이라고 한다. 또 3월 1일에는 김대중 대통령이 취임 이후 세 번째로 국민과의 대화에 나서기로 돼 있다. 국민의정부 출범 4년차를 맞아 당면 과제와 새로운 정책 방향을 밝힐 것이란 점에서 기대가 크다.

다만 지나친 낙관으로 국민의 기대 수준을 부풀리는 일이 없도록 유의해야 할 것이다. 그동안의 개혁 성과에 내실을 보태는 전략, 그리고 기업 의욕을 부추겨 경제의 자생력을 확충하려는 강력한 정책 의지를 확인하는 계기가 됐으면 한다.

14
잠재 성장률, 그 오해와 진실

2006. 7. 25.

요사이 우리 경제를 바라보는 정책 당국의 시각이 너무 태평스러운 게 아니냐는 느낌을 받는다. 시중의 경기가 좋다 나쁘다는 문제를 지적하는 것은 결코 아니다. 중장기적인 관점에서 과연 한국 경제가 지속적인 성장 발전을 이뤄나갈 수 있느냐에 대한 판단과 대응이 지나치게 느긋하지 않느냐는 것이다.

우리 경제의 잠재 성장률潛在成長率이 4%대 초반으로 떨어졌다는 게 한국은행 총재의 얘기다. 물론 정부는 5%대를 유지하고 있다고 주장하고 있지만 대다수 민간 연구 기관들이 4%대로 떨어졌다고 주장하고 있고, 또 갈수록 낮아지고 있는 것만은 틀림없다. 잠재 성장률이란 물가 안정을 해치지 않는 범위 내에서 얻어낼 수 있는 최대 성장률이란 점에서 보면 성장 속도에 대한 평가 기준으로서의 의미를 지닌다.

때문에 잠재 성장률이 4%대로 주저앉은 게 맞다면, 그 이상 성장을 달성하면 물가 불안이 야기될 소지가 크다. 이 또한 바람직한 일은 아니다. 5% 이상 성장하면 문제가 생긴다는 권오규 부총리의 말이 전혀 틀린 것은 아닌 셈이다.

그러나 잠재 성장률이 왜 떨어지는가를 생각해 보면 정부가 낙관적으로 생각해야 할 계제階梯는 결코 아니다. 우선 성장 잠재력이라는 개념을 함께 생각해 보자. 주어진 부존자원과 활용도, 수요 기반, 그리고 기술 발전 등을 고려해 얻어 낼 수 있는 공급 측면의 능력을 의미한다. 이는 생산에 필요한 요소들을 어떻게 활용하느냐에 따라 얼마든지 높아질 수 있다.

말하자면 기술 개발이나 생산성 향상, 노동 인력 및 자본의 활용을 어떻게 하느냐에 따라 성장 잠재력이 높아질 수 있다는 얘기다. 이렇게 보면 잠재 성장률과 성장 잠재력이 차이가 나는 가장 큰 이유는 정책 실패 때문이라고 해도 과언은 아니다.

생산 요소生産要素들을 최적으로 활용할 수 없는 정책이나 제도 탓이다. 예컨대 시중의 유동성은 풍부하고, 기업들의 자금 사정도 나쁘지는 않다. 그런 여유 자금들이 생산적으로 활용되지 못하고 부동산 등으로 몰려다닌다. 여러 가지 이유가 있겠지만 한마디로 요약하자면 정책 실패 탓 아닌가.

대기업 투자 규제 완화는 왜 그렇게 주저하는가. 설비 투자가 늘어나면 곧바로 잠재 성장률을 높일 수 있는데도 말이다. 일자리를 늘리고 소득을 높일 수 있는 성장 산업으로 서비스 산업 육성을 들고 나온 것은 정부였다. 그런데 지금 얼마나 잘 추진되고 있는가. 온갖 규제로 인해 돈 있는 사람들이 투자를 하고 싶어도 못하는 것이 현실이다. 이를 그대로 놔두고 서비스업을 육성하겠다는 것은 구호일 뿐이다.

결론적으로 잠재 성장률이 낮기 때문에 지금 정도의 성장 속도가 최선이라는 것은 맞지 않다. 잠재 성장률을 높이는 일이 먼저다. 경제 정책은 당장의 현안에 대처하는 것도 필요하지만 미래의 국민 생활 향상을 염두에 두고 추진하는 것이 더 바람직한 자세다.

지난해 삼성경제연구소가 제시한 '한국 경제의 3가지 시나리오'를 보면 향후 10년 동안 잠재 성장률이 2.6%로 낮아지면 경제 규모나 소득 수준이 지금보다 퇴보하게 되고, 4.1%를 유지하면 현 상태에서 답보를 면치 못할 것으로 나타났다. 최소한 6.3%는 돼야 '국내 총생산 세계 10위, 1인당 국민 소득 세계 26위의 선진국 수준'에 도달하는 도약을 이룰 수 있을 것이라고 내다봤다.

며칠 전 한국은행 주최로 연구 기관장들이 참석한 가운데 열린 경제 동향간담회에서 참석자들은 이구동성異口同聲으로 성장 잠재력 하락을 걱정했다고 한다. 심지어 정부가 고령 사회에 적절히 대처하지 못할 경우 5년 후에는 잠재 성장률이 1%대로 낮아질 것이라는 우려도 나왔다. 경제의 퇴보가 내다보이는 상황이다.

그런데도 정부가 긴장하는 기색은 없고, 생산 주체인 기업들의 기를 살려 주기는커녕 닦달에 여념이 없다. 투자 의욕을 부추길 규제 개혁에는 그토록 인색하기 짝이 없으니 그 속내를 알다가도 모를 일이다.

77 1992~1996년을 계획 기간으로 하는 장기 계획. 이 계획은 김영삼 정부가 1992년 들어 신(新)경제 5개년 계획으로 바꾸면서 폐기되고 말았다.

78 경제기획원은 1961년 7월 출범했으나 1994년 12월 정부 조직 개편에 따라 재무부와 함께 재정경제원으로 통합하였으며, 1998년 2월 정부조직법 개정에 따라 다시 재정경제부로 개칭하였다. 지금은 기획재정부로 바뀌었다.

79 당시 민자당 대통령 후보인 김영삼 총재는 11월 16일 오후 당국책연구원 주최로 서울 여의도 63빌딩에서 열린 '경제 개혁에 관한 국민 토론회'에 참석, 30분간의 기조 연설을 통해 신경제 구상을 발표했다. 김 총재는 신경제 구상의 원칙으로 자율성, 일관성, 투명성을 제시한 뒤 "학문에 왕도가 없듯이 신경제론에도 비방(秘方)은 없으며, 신경제는 국민 모두의 의지와 땀으로 이루어지는 것"이라고 밝혔다. '신(新)경제'의 '신(新)' 자(字)는 꼭 한자로 표기했다.

80 김영삼 정부 출범과 함께 중소기업에 대한 자금 지원 확대, 수출 절차 간소화 등 11개의 경기 부양 조치를 발표했다. 이는 훗날 지나친 자금 공급 등으로 경기 과열의 부작용을 초래했던 것으로 평가됐다.

81 계획 기간을 1993년부터 1997년까지로 하는 5개년 계획. 대통령 임기에 맞춰 기존의 7차 5개년 계획을 폐기하고 새로운 5개년 계획을 만들었다.

82 모든 부동산은 명의 신탁에 의한 타인 이름의 등기를 금지한다는 내용으로 명의 신탁할 경우에는 법률적 효력이 무효화되며 유예 기간이 지난 후 금지된 명의 신탁으로 부동산 등기를 하면 형사 처벌(예: 5년 징역) 또는 과징금(부동산가액의 30%)을 부과한다는 내용의 개혁 조치다. 1995년 7월 1일부터 시행되었으나 실명 전환을 위한 유예 기간을 1996년 6월 30일까지 1년을 주었다. 이것은 그동안 차명을 통해 탈세와 탈법으로 부동산 투기를 하던 것을 막겠다는 정책이다.

83 Benjamin Disraeli(1804~1881). 영국 정치가 · 소설가. 유대계 문필가 아이작 디즈레일리의 장남으로 태어나 청년기에는 법률가가 되기 위한 공부를 시작하는 한편,

주식 투자에 손을 대거나 소설을 발표하기도 하였다. 1832년 이래 몇 번 입후보하여 낙선 끝에 1837년 보수당 소속의 하원의원에 당선되었다. 1868년 64세에 총리를 지냈고, 1870년대에 이르러 영국이 '세계의 공장'의 지위로 부상하고 제국주의 시대가 도래하자 그는 재빨리 영국 제국의 통합을 보수당의 기치로 내세움으로써 1874년 총선거에 압승, 다시 총리의 자리에 앉게 되었다.

84 1999년 경제는 1997년 말의 외환 위기에서 어느 정도 벗어나는 양상을 보였다. 1998년의 국내 총생산(GDP) 성장률이 -6.9%를 기록했으나 이듬해인 1999년은 9.5%를 보였다. 물론 이는 전년도의 마이너스 성장에 따른 기저(基底) 효과도 있었지만 소비 진작책에 영향을 받았다. 이런 상황에서 과소비 논란과 함께 긴축 정책 추진 등 다음해의 경제 운용 계획을 놓고 이견이 많았다.

85 잠재 성장률이란 한 나라의 자본과 노동력을 최대한 활용하였을 경우에 달성할 수 있는 경제 성장률을 말한다. 그러나 요즘에는 인플레를 유발하지 않고 이룰 수 있는 최대 성장률을 말하는 경우가 많다. 한국은행이 말한 잠재 성장률은 후자를 말한다. 한국 경제는 1987~1997년까지 연평균 7.7%의 고성장을 기록해왔으나 2000 ~2005년까지는 4.5%로 크게 낮아졌다. 결과로 보면 한국은행의 전망대로 잠재 성장률이 4%대로 낮아진 것은 옳은 판단이었던 셈이다. 물론 이 같은 경제 성장률의 저하는 경제 발전 단계상 선진국으로 진입하는 과정에서 나타나는 수렴 현상이라는 해석도 있다.

86 단기간에서 통화량과 물가 수준 사이에는 비례적인 관계가 있음을 주장하는 물가 이론이다. 교환방정식 MV=PT에서 M은 통화량, V는 화폐 유통 속도, P는 물가, T는 거래량이다. 단기에서 화폐 유통 속도 V와 거래량 T가 일정하기 때문에 통화량이 2~3배로 늘어나면 물가도 2~3배로 상승하게 된다는 것. 바꿔 말하면 돈이 많이 풀리면 인플레가 필연이라는 얘기.

87 김대중 정부가 내건 경제 청사진 가운데 '경제 구조의 전면적 개혁'을 이루겠다고 내건 4대 부문이다. 2001년 2월은 국민의 정부 출범 3주년을 맞고 4년차에 접어드는 시기다. IMF(국제 통화 기금)으로부터 지원받은 195억 달러의 구제 금융을 예상보다 3년이나 빨리 갚겠다는 IMF 관리 체제 조기 졸업이 논의된 것도 이 때부터다. 실제 정부는 2001년 8월 23일 IMF로부터 빌린 돈을 모두 갚아 관리 체제를 졸업했다. 이런 상황을 감안하면 IMF서울 사무소장의 코멘트는 당시로서는 이해할 만했다.

• 9부 •

우리 경제의 현주소와 방향

'자유 시장이란 것은 없다.'

장하준 영국 케임브리지대 교수가 쓴 《그들이 말하지 않는 23가지─더 나은 자본주의를 말하다》의 첫 번째 과제다. 자유 시장은 '환상'이고, 실제로 존재하지 않는다는 주장은 이런 점에 근거하고 있다. 시장이 자유로워 보이는 것은 단지 우리가 그 시장의 바탕에 깔려 있는 여러 규제를 당연한 것으로 여기기 때문이라는 설명이다. '보이지 않는 손'이라는 모든 '가격'은 정치적 과정을 통해서 결정되는 것이지 자유 시장의 수급에 의해 결정되는 것만은 아니라고 강조한다.

경제 문제의 해결을 자유 시장에 의존하고 정부의 간여가 전혀 없는 '순수(純粹)' 또는 '자유방임적(自由放任的)' 자본주의를 채택하고 있는 나라는 이 지구상에 현존하는 국가 가운데 하나도 없다는 점은 어느 경제학자나 인정하는 사실이다. 정도의 차이는 있지만 대다수의 국가들은 자유 시장 기구 기능과 정부 통제 기능이 병존하는 '혼합자본주의' 경제 체제를 채택하고 있는 것이 현실이다.

이런 점에 비춰 보면 "시장은 객관적이라는 환상에서 벗어나는 것이야말로 자본주의를 이해하는 첫걸음"이라는 장 교수의 주장은 현실적 정합성을 가지고 있는 셈이다. 그렇다고 '자유 시장 경제의 효율성' 자체를 부정하는 것은 옳지 않다고 본다. 장 교수는 개방 노선을 택한 개발도상국이나 아프리카 나라들은 한결같이 성장이 정체돼 왔고, 신자유주의 개혁이 시작된 1980년대 이래 세계 경제 성장률은 그 이전에 비해 더 떨어졌다는 사례를 들고 있다. 신자유주의가 해법이 아니라는 증거로 제시한 것들이다.

'큰 정부를 가진 나라들이 더 빨리 성장할 수 있다'는 주장은 복지 제도 등이 갖춰진 큰 정부에서 사람들은 변화를 더 쉽게 받아들일 수 있기 때문이라고 설명한다. 복지 제도가 잘 돼 있으면 걱정을 덜하고 경제 변화에 적응한다는 얘기다. 그렇다면 과연 그같은 변화 적응이 장기적으로도 성장의 밑바탕을 이룬다고 보는 것이 옳은 것인지 묻고 싶다.

순수한 자유 시장은 현실 경제에서 존재하지 않는다 하더라도 자원의 효율적 배분을 위해 가격 기구의 작동 자체를 부정해서는 안 된다. 그것이 이상(理想)이라면 최대한 근접하는 것이 시장 경제의 올바른 처방임은 부인하기 어렵다. '물건 만들기에 소홀히 해서는 안 된다'든지, '개발도상국들의 성장에 세계 경제가 불공평하게 우대해야 한다'든지, '자본에도 국적이 있다'는 주장 등은 좀 더 귀담아 들어야 할 과제가 아닌가 싶다.

01
신도시 대책은 신뢰 회복부터

1991. 7. 8.

신도시 부실시공 파문[88]이 진정돼 가는 모습을 보이고 있다. 물론 그 동안 제기된 갖가지 문제들이 어느 것 하나 해결된 것이 없기 때문에 '진정'이라는 표현보다는 세인들의 관심이 다소 낮아지고 있다는 표현이 걸맞을 성싶다.

많은 사람들은 이번 사태를 보고 '천만다행'이라는 반응을 보였다. 컴퓨터의 배정 잘못으로 강도 미달의 레미콘이 공급되는 어처구니없는 실수가 자칫 묻힐 뻔했던 무리한 신도시 건설 계획의 수많은 허점들을 재점검할 수 있는 계기를 만들어 줬기 때문이다.

그러나 한편에서는 당연한 결과라고도 말한다. 무모할 만큼 거대한 사업을 벼락치기 식으로 밀어붙이는 과정에서 필연적으로 대두될 수밖에 없다는 지적이다.

그동안 수많은 사람들이 신도시 부실 파문의 원인을 여러 가지 측면에서 분석했다. 그중에서도 공통된 견해는 치적을 앞세운 무리한 계획의 졸속 추진이었다. 과거 1960~1970년대에 횡행했던 실적주의와 목표 지상주의가 되살아나는 듯하기도 해서 씁쓸함을 금할 수가 없다. 그러나 더욱 한심한 것은 경제 정책의 수립 집행 과정에서의 무모함이다.

연평균 20만 가구 남짓하던 아파트 건설이 지난해에는 75만 가구로 껑충 뛰었고 금년에는 계획대로라면 130만 가구를 지어야 한다니 야단이 날 수밖에 없도록 돼 있었다. 인력난, 자재난, 임금 상승, 증시 침체 등 온갖 병폐가 따지고 보면 신도시 건설을 배경으로 하고 있는 건설 과열에서 비롯됐다. 아파트 130만 가구를 짓는 데 소요되는 자금만도 자그마치 25조 원이라고 하니 다른 부문에 주름살을 줄 수밖에 없는 노릇이다.

불량 레미콘 공급 사건을 계기로 뒤늦게나마 정부가 신도시 건설 계획에 대한 재검토 작업에 착수한 것은 다행으로 보여진다. 그러나 어느 정도의 합리적인 대책이 나올지는 의문이다. 건설 업체나 주택 실수요자, 그리고 관련 업계의 이해가 얽히고설킨 데다 계획 재조정에 따른 갖가지 부작용도 만만치 않다는 데 대책의 한계가 있기 때문이다. 신도시 건설 파문 수습 대책에 대한 경제기획원과 건설부의 견해차가 극명하게 드러난 것도 이런 연유에서 비롯됐다고 본다.

군이 이해관계뿐만 아니라 제도적으로나 현실적으로 신도시 분양 계획 등을 재조정하는 데 따른 문제점이 한두 가지가 아니다. 건설업계나 관련 사업의 사업 계획이 전면 수정되고 이에 따른 금전적 손실이 클 뿐 아니라 주택 실수요자들의 입장에서도 상당한 계획 차질이 불가피할 것으로 보인다.

그러나 무엇보다 중요한 것이 안전한 주택을 공급하는 것이라고 한다면 다소의 이해 상충은 감수돼야 할 것이라는 생각이 든다. 차제에 부실 시공의 문제만이 아니라 그동안 많은 문제점으로 제기된 환경, 교통 문제 등까지도 재점검해 보고 문제점이 있으면 시정하는 방향으로 재조정 돼야 하지 않을까 생각된다.

주택 문제의 해결이 우리 사회의 가장 큰 현안 중의 하나임에는 틀림 없다. 그러나 주택 문제의 해결을 위해 국민 경제의 성장 잠재력이 파괴 되고 경제 체질이 허약해진다면 이것 또한 더 큰 문제가 아닐 수 없다.

이번 신도시 부실시공 파문은 여러 가지 점에서 많은 교훈을 남긴 셈 이다. 그중에서도 어떠한 정책이건 경제 전체의 바람직한 틀을 벗어나 지 않는 범위 내에서 순리적으로 추진돼야 하고, 보다 신중한 개발 계획 의 수립 추진이 얼마만큼 중요한가를 일깨워 준 것이라고 볼 수 있다.

정부는 곧 보완 대책을 발표할 계획이라고 한다. 눈 가리고 아웅 식의 땜질 식 대책보다는 모든 사람이 납득할 수 있는 근본 대책이 나와야 할 것이다. 또 하나 정부와 건설업계가 해야 할 일은 신도시 아파트의 안전 에 문제가 없도록 최선을 다하는 길이다.

하루 이틀 쓰고 버릴 물건이 아닌 삶의 보금자리인 만큼 불안을 떨쳐 버리고 안심하고 살 수 있도록 명쾌한 해명과 신뢰를 심어 주는 일이 계 획 재조정보다 더 중요한 일이 아닌가 싶다.

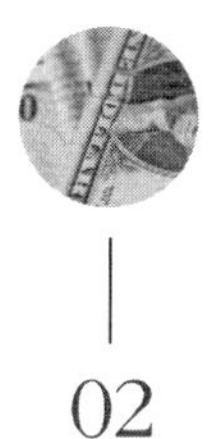

02
아태亞太 새 질서와 우리의 자세

1993. 11. 8.

요즘의 세계 경제는 큰 어려움에 직면해 있다. 경기 침체와 고실업의 심화는 지구촌 곳곳을 엄습해 썰렁한 분위기를 자아내고 있다.

지구촌 경제의 시련은 일시적 불경기 때문이라기보다 질서 재편에 따른 변혁 과정에서 나타나는 전환기적 현상으로 이해된다. 미국의 피터 드러커Peter F. Drucker 교수는 최근 일본 언론과의 인터뷰에서 이러한 전환기적 어려움은 앞으로 5~10년은 지속될 것이라고 예견하고 있다.

1990년대 들어 본격화하기 시작한 냉전 체제의 붕괴와 이로 인한 세계 질서의 재편이 새 질서를 찾기까지는 상당한 시일이 걸릴 것이라는 데는 이론의 여지가 없다. 7년여를 끌어온 UR(Urguay Round, 우루과이 라운드) 협상도 금년 12월 15일을 협상 시한으로 잡고 있지만 어떻게 전개될지는 아무도 장담할 수 없는 상황이다. 지난 1일 마스트리히트 조약89의 발효로 새 국면에 접어든 유럽 통합도 그 전도에 대해서는 예측을 불허하고 있다. 오는 17일부터 열리게 될 APEC(아시아 태평양 경제 협력체) 회의도 어느 정도 실질적 성과를 거둘지는 미지수다. 각국의 이해가 엇갈리고 각국의 속셈이 다르기 때문이다.

이러한 세계 경제의 변혁 과정에서 나타나는 분명한 사실은 종래와는 전혀 다른 새로운 질서가 탄생하리라는 점이고, 그 질서는 국경 없는 경제의 지구촌화와 자국 이익 우선의 경제 전쟁이 더욱 격화될 것이라는 점이다.

일본 호소카와細川護熙 총리의 방한도 따지고 보면 아시아 태평양 시대의 새 질서에 공동 대처키 위한 것이다. 그러나 경제 대국 일본 총리의 방한도 결코 한국을 위해서라기보다는 새로운 아·태 시대에 있어서 일본의 위상을 강화시키기 위한 것이다. 얼마 안 있으면 미국 시애틀에서 APEC 정상회담이 열리게 돼 있다. 우리나라의 김영삼 대통령도 참석해 클린턴 미국 대통령, 장쩌민江澤民 중국 국가주석 등 이 지역 지도자들과 회담을 갖게 돼 있다.

이번 회의는 아시아 태평양 지역의 경제 협력을 위한 새로운 이정표를 만들 것이라는 점에서 큰 의미를 지니고 있다. 미국은 이 지역을 투자 및 무역 자유화를 골간으로 하는 지역 공동체의 결성을 제의할 것이라고 한다.

호주와 함께 APEC 각료회의의 창설을 주도한 우리나라로서는 상당한 긍지와 자부심을 가질 만도 하다. 또한 부존자원이 없는 우리나라로서는 대외 지향적인 개발 전략이 불가피하고 때문에 무역 자유화를 반대해야 할 이유가 없다.

그러나 투자든 무역이든 자유화가 우리에게 무조건 유리한 것이냐에 대해서는 불안한 면도 없지 않다. 선진국에는 못 미치고 후발국들로부터는 숨 가쁘게 쫓기고 있는 것이 우리의 현실이다. 급변하는 세계 경제 여건하에서 우리의 설 땅을 확고히 확보할 수 있느냐에 대해 걱정스러움이 앞선다.

세계 경제의 지각 변동에 무엇을 얼마만큼 준비해 왔고 이를 헤쳐 나갈 자신은 있는가.

여기에 대한 답은 그렇게 긍정적인 것만은 아닌 성싶다. 아시아의 4마리 용龍[90] 가운데 선두를 달리던 우리나라가 이제는 꼴찌로 전락한 사실이 이를 대변해 준다. 지금 세계 각국은 기업이나 상품의 차원이 아니라 총체적 국가 경쟁력의 제고를 위해 온힘을 쏟고 있다. 여기에는 민관이 따로 없고, 여야가 구분되지 않는다.

우리는 안타깝게도 이러한 총체적 노력이 미흡하다는 느낌을 받는다. 문민정부로 불리는 현 정권의 출범 이후 우리는 사정司正으로 대변되는 개혁의 소용돌이에 휘말려 왔다. 아직도 기업들은 움츠리고 있고 공직 사회는 경직되어 활력을 잃고 있다. 풀릴 줄 모르는 경제난으로 국민들의 짜증스런 목소리도 높아가고 있는 것이 현실이다. 이대로는 급변하는 국제 환경 변화에 대처하기 힘든 상황이 아닌가싶다.

8일 청와대에서는 '신新경제' 국제화 전략에 관한 회의가 열린다고 한다. 그러나 국제화는 결코 몇 가지 규정을 고치고 시책을 변화시킨다고 해서 이뤄지는 것은 아니다. 국력을 한데 모아 국가 경쟁력을 제고시킬 수 있는 힘의 응집이 절실하다. 여기에는 국가 지도층의 발상 전환과 기업인들의 분발, 미래 지향적인 국민 의식의 개혁이 뒤따라야 한다.

이번 호소카와 일본 총리의 방한은 아·태 지역 새 질서 태동의 서막이라는 점에서도 큰 의의가 있다. 이를 계기로 세계 속의 한국을 어떻게 정립해 나갈 것인가에 대한 보다 진지한 연구가 필요하다고 본다. 한·

일 양국 정상은 과거사에 집착하지 않는 미래 지향적인 관계 정립에 의견을 같이했다. 우리의 국력을 보다 미래 지향적으로 몰아야 할 필요성이 커지고 있다.

아시아 태평양 시대는 결코 주어지는 것이 아니라 우리가 만들어 나가야 할 과제임도 잊어서는 안 될 것이다.

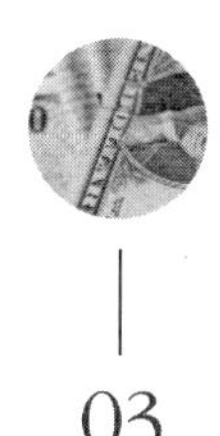

03
철학이 담긴 규제 완화

1994. 2. 28.

문민文民정부 1년에 대한 평가가 요란스럽다. 출범 당시의 큰 기대에 대한 국민들의 높은 관심 표명인 셈이다.

경제 분야에 대한 평가는 대체로 긍정과 부정이 엇갈리고 있다. 경기 회복과 국제 수지 개선 등에 상당히 높은 점수를 주고 있지만 국민 생활에서 가장 중요한 물가 관리는 낙제점에 가깝다.

김영삼 대통령이 지난 25일의 취임 1주년 기자 회견에서 물가 상승에 대해 "국민들에게 죄송하다"고 언급할 정도이고 보면 결코 '혹평'이랄 수만은 없을 것 같다. 그러나 문민정부에 대한 보다 근본적이고 구조적인 경제 성적표는 '정부 규제 완화'에서 찾아보는 것이 옳다.

규제 완화는 자본주의 경제의 발전 원동력인 시장 경쟁 체제를 정착시키는 지름길이다. 때문에 문민정부가 내세운 소위 '신新경제'는 국민의 참여와 창의를 극대화시켜 구조와 체질을 강화시킨다는 목표를 설정했다. 그 구체적 추진 전략의 핵심으로 규제 완화를 제시했다.

이에 대한 평가는 어떻게 내려지고 있는가. 가장 적절한 것은 평가 자체를 보류하는 것이다. 1년이라는 짧은 기간 동안의 추진 실적으로 결론을 내리기는 어려운 탓이다.

그래도 부족한 대로 결론을 말하라면 기대에는 미흡했다는 상대적 평가가 가능할 것이다. 요란한 소리에 비해 국민들의 피부에 와 닿는 것은 거의 없다는 지적들이다.

정부는 지난 1년 동안 경제 행정 규제 쪽에서 모두 1,071건의 과제를 선정, 이중 794건에 대해 법 개정 등의 조치를 취했다. 비경제 부문을 다룬 행정쇄신위원회에서도 1,277개 과제 가운데 535건에 대한 조치를 완료했다고 청와대 측은 밝혔다. 상당히 많은 건수의 규제 완화가 이뤄진 셈이다.

그런데도 국민들이 피부로 느끼지 못하는 것은 제도 개선에 그치고 실행이 뒤따르지 못한 때문으로 분석되고 있다. 실제로 최근 경제행정규제점검단이 이미 조치된 136건의 규제 완화 과제를 골라 현장 점검을 실시한 결과 전체의 40%를 넘는 60여건이 실효를 거두지 못하고 있는 것으로 밝혀졌다. 그만큼 형식에 그쳤다는 얘기다.

그런가 하면 풀어 줘야 할 것과 풀지 말아야 할 것을 구분하지 못해 중구난방衆口難防이 됐다는 반응도 제기되고 있다. 물론 1년이라는 짧은 기간 동안의 실적을 토대로 성패成敗를 논하는 것은 무리다. 규제 완화에 대한 논의는 어제오늘의 얘기도 아니고 간단한 과제도 아니다. 역대의 모든 정부가 민간 주도 경제를 기치로 내걸었지만 아직도 고쳐지지 않고 있는 것만 보아도 알 수 있다.

그렇다고 규제 완화가 자유방임을 뜻하는 것은 아니다. 자유 경쟁이라 하더라도 일정한 규칙을 지키면서 질서 있게 이뤄져야 한다.

이를 위해서는 무엇보다도 정부 역할을 어느 정도까지로 할 것인가에 대한 원칙이 먼저 정해져야 한다. 현대 자본주의 국가의 선두 주자들인 미국, 일본, 영국, 독일 등도 각국의 사정에 따라 정부 역할은 천차만별이다. 한국 실정에 맞는 자본주의 체제의 모델을 설정하고 여기에 부합되는 규제 완화의 구체적 과제 선정, 그리고 엄격한 집행이 이뤄져야 한다.

김 대통령이 내세운 '작지만 강력한 정부'의 실체를 제시하는 것이 필요하다는 얘기다. 많이 풀어 주는 것만이 능사는 아니다. 경제 체제에 대한 철학과 비전이 담겨 있는 규제 완화의 실천이 중요하다.

다음으로 지켜져야 할 일은 규제 완화의 실효성 확보이다. 수많은 건수의 규제 완화가 단기간에 이뤄졌음에도 미진하다는 평가를 받는 것은 제도 개선만 이뤄졌지 일선 집행 기관에서는 실천되지 않고 있는 탓이다. 보다 근본적인 실효성 확보는 제도 개선과 함께 경제 여건 변화에 걸맞은 정부 기능 재조정과 조직 개편이 함께 이뤄져야 한다.

더욱 중요한 것은 실천 과정에서의 일관성 및 지속성 유지이다. 기존 질서에 변화가 생기면 새로운 질서가 정착되기까지는 상당한 진통이 따르게 마련이다. 다소 심각하게 나타날 수도 있는 부작용 등 여러 가지 진통을 흔쾌히 감내할 수 있는 용기가 필요하다. 역대 정부의 규제 완화가 흐지부지된 것도 이러한 용기가 부족했고 일과성 정치 행사에 그쳤던 데 연유한다. 어찌 보면 정권 출범시의 자유 경제 체제 확립에 대한 의지를 더 이상 후퇴시키지 않는 것이 더 어려운 과제일지도 모른다.

문민정부의 경제 개혁 실체는 규제 완화가 그 전부라고 생각된다. 남은 4년도 길지 않은 시간이다. 자유 시장 경제 체제의 완성보다는 그 초석을 다지는 성과만이라도 거두기를 기대해 본다.

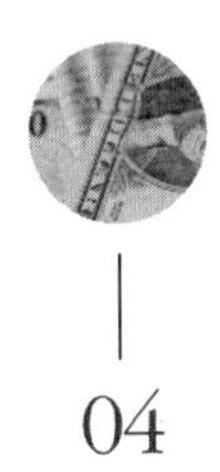

04
시장 경제의 새 틀 짜기

1997. 4. 23.

지난 2월 세계 금융계의 거물 조지 소로스가 극단적 자유주의 추세를 보이고 있는 현대 자본주의 사회를 비판하는 글을 한 월간지에 실어 화제가 된 적이 있다.

소로스는 미국에서 발행되는 월간 〈애틀랜틱〉 2월호에 '자본가의 위협'이라는 제하의 논문에서 정부나 책임 있는 기관들이 제 역할을 방기放棄하면서 모든 것이 저절로 잘될 것이라는 환상에 사로잡혀 있다고 꼬집었다.

자유방임주의가 열린사회의 새로운 적으로 등장하고 있다는 그의 논리는 여기에 그치지 않고 개인적 이익 추구와 사회 가치의 일치라는 19세기적 가정假定은 현대 사회의 복잡성 속에 점차 설득력을 잃고 있는데도 개인의 이익 추구만을 최우선시하는 최근의 시장 논리 때문에 공동체적 토대가 무너지고 있다고 주장했다. 그는 절대적 대안으로 떠오르는 영미英美식 자본주의의 한계를 분명히 인식할 것을 촉구한 셈이다.

이러한 소로스의 글이 관심을 끌었던 것은 탁월한 논리 전개 때문은 아니었다. 영국의 〈이코노미스트〉 지誌가 지적한 대로 완전 경쟁의 자유주의적 질서가 정착된 금융 시장을 이용해 큰돈을 벌 수 있었던 수혜자로서 그의 투기 행위에 어울리지 않는 주장을 했다는 점에서 주목을 받았다.

사실 자본주의 병폐의 일반론을 지적한 소로스의 주장이 전혀 틀린 것은 아니다. 그러나 자유 시장 경제 체제를 열린사회의 적賊으로까지 몰아붙인 것은 다소 지나친 감이 없지 않다.

최근 들어 우리 사회에서도 보다 자유로운 시장 경제 체제의 정착, 즉 자유주의 확산에 대한 관심이 높아지고 있다. 지난 10일 전경련은 산하 기구로 자유기업센터를 발족시키고 현판식을 가졌다. 또 15일에는 각계에서 활동하는 이코노미스트들이 시민단체 형태로 경제자유찾기모임을 결성했다. 자유주의 이념의 홍보, 계몽 교육 사업 등을 통해 자유 경쟁 질서를 다듬어 나가자는 취지에서 만들어졌다고 한다.

사실 이러한 움직임은 뒤늦은 감이 없지 않다. 아직도 우리 사회는 자본주의 질서와 틀이 잡혔다고 보기는 어렵다. 계층별, 지역별, 분야별로 나뉘어진 패거리 의식 속에서 자기주장만 내세우는 논리적 모순이 곳곳에서 발견되고, 그로 인한 대립과 갈등은 이만저만이 아니다. 국민 복지 향상을 위한 사회 정책의 강화에는 한목소리이지만 그 비용 부담(세금)에 대해서는 아무도 동의하지 않는 것이 우리 사회의 현실이다.

정책 금융을 없애야 한다는 주장의 다른 한편에서는 취약한 중소기업에 대한 정부나 금융의 지원이 대폭 확대돼야 한다는 상반된 견해가 제시된다. 담보가 부족한 대출에 대해 은행원의 직무 유기라고 몰아세우면서도 한편에서는 신용 대출을 늘려야 경제가 회생된다는 논리가 버젓이 병존하고 있는 것은 이해하기 힘든 경제 질서들이다.

우리 사회에 만연된 지나친 평등주의는 자본주의 체제의 작동 자체를 해칠 우려가 있고 돈 많이 가진 사람, 기업하는 사람들에 대한 일반적인 거부감은 너무 강하게 형성돼 있어 탈이다. 물론 부富의 축적 과정이 떳떳하지 못하고 수단이 부정한 면이 많아 이런 결과를 가져왔다고 생각되지만 고쳐 나가야 할 의식임에도 틀림없다.

흔히 우리나라는 제도의 실험장이라는 얘기들을 한다. 세계에서 좋다는 제도는 모두 받아들여 시행착오를 겪었던 것이 과거의 실상이었음도 부인할 수 없다. 한마디로 자본주의 체제를 유지하면서도 그 큰 틀과 이념이 정립되지 못한 채 정부, 기업, 가계 등 모든 경제 주체들이 우왕좌왕해 온 것이 한국 경제의 현실이었다. 정부의 규제 완화가 제대로 이뤄지지 못하고 지엽적인 절차 개선에 그치는 것은 이러한 정부의 기능과 역할에 대한 뚜렷한 원칙과 방향 설정 없이 건수 위주로 진행된 탓이다.

어느 것이 선善이고 어느 것이 악惡인지 구분이 안 되는 오늘의 경제 질서는 하루빨리 추스를 필요가 있다. 자유기업센터나 경제자유찾기모임의 출범에 의미를 두고자 하는 것도 이런 논의의 출발점이 되기를 바라는 마음에서다. 다만 이러한 논의의 과정에서 자유 시장 경제와 자유방임을 혼동해서는 안 될 것이고 특히 생산자 위주, 대기업 옹호의 논리 개발에 치우치는 잘못을 범하지 않도록 주의해야 할 것이다.

통화론적 자유주의를 주창한 미국의 프리드먼 교수는 그의 저서 《자본주의와 자유》에서 한 대법원 판사의 말을 인용해 "주먹을 뻗을 수 있는 나의 자유는 당신의 턱 부근에서 제한되어야 한다"고 지적했다. 자유가 다른 사람에게 피해를 주는 것이어서는 안 된다는 얘기다.

시대 상황 변화에 부응하는 정부 역할, 각 경제 주체들이 지켜야 할 게임의 룰, 일한 만큼 보상받는 상대적 평등, 정치와 경제의 조화로운 협력 관계 설정, 이런 것들이 우리가 시급히 재정립해야 될 과제들이다. 김영삼金泳三 정부의 경제 정책 실패는 이러한 기본적인 철학과 전략의 빈곤 때문이 아니었나 싶다.

이제라도 한국 토양에 맞는 자본주의, 자유 시장 경제 체제의 틀을 재정립하고 발전 전략을 가다듬는 것이 이 시대를 이끌어가는 이코노미스트들의 책무라고 생각한다.

05
OECD 회원국의 자화상

1997. 5. 28.

며칠 전 어느 연구 모임에서 금융 실명제 보완 문제에 대해 의견을 나눈 적이 있다. 실명제의 본질이나 성과 등을 따져 보다가 세금 문제로 얘기가 번졌다. 금융 소득에 대한 종합 과세 문제가 아니라 그냥 세금 전반에 관한 것이었다.

요지는 개인 사업자들이 부가가치세, 소득세 등을 사실대로 신고해도 세무 당국이 받아 주지 않는 경우가 있다는 것이다. 외형이 일정 수준을 유지해 오던 영업장이 주인이 바뀌면서 있는 그대로 신고하다 보니 너무 많아졌다는 것이다. 이것을 그대로 받아들일 경우 많은 문제가 발생할 것은 뻔한 일이다. 동종 사업자들의 불만을 사는 것은 물론 세무 당국으로서도 여간 곤란한 일이 아닐 수 없다. 특히 세무 당국으로서는 비슷한 사업장의 세금을 같이 높여야만 하는데 쉬운 일이 아닐 뿐더러 그로 인해 과거에는 눈감아 주었다는 반증도 될 수 있기 때문이다.

상식화된 이 같은 얘기가 새삼스럽게 느껴지는 것은 지난 26일부터 이틀간 프랑스 파리에서 열리고 있는 OECD[91] 각료 이사회를 계기로 어수선하기만 한 우리 사회를 반추해 볼 필요가 있기 때문이다.

우리가 지난해 말 OECD에 가입했다는 사실 자체가 쑥스러울 정도로 지금의 우리 사회는 어지럽다고 해도 과언이 아니다. OECD 얘기만 나오면 괜히 얼굴이 붉어지고 자괴심을 느끼는 것은 혼자만의 생각은 아닐 것이다. 차라리 가입이나 하시 않았으면 망신을 덜 당하지 않았을까 하는 생각도 든다.

한보 사태를 비롯해서 대통령 아들의 국정 개입, 대선 자금 파문 등 후진국에서나 있을 법한 상식 밖의 사건들이 줄줄이 터지고 있으니 그럴 수밖에. 요지경 속과 같은 정치권의 돈거래는 그렇다 치더라도 민생은 뒷전인 채 상대방 욕하기에만 전념하면서 이전투구를 벌이고 있는 정치권의 행태를 날이면 날마다 보고 있으려니 속이 터지고 울화가 치민다.

대권 주자들은 왜 그리 많은지 알다가도 모를 일이다. 다음을 위해 이름값을 높여 놓자는 심산으로 해석되기에 충분하다. 그것이 정치이고 당연한 게 아니냐는 항변도 있을 수 있겠지만 그러는 사이 국력 낭비가 얼마이며 이로 인한 부작용은 어느 정도 클까 하는 것은 셈하기가 어렵지 않다.

국정의 중심이 없어진 거나 마찬가지 아니냐는 세간의 여론을 아는지 모르는지 정치권에는 별다른 변화의 조짐마저 잡히지 않고 오히려 대선 자금을 공개한다, 안 한다로 혼란을 자초하고 있으니 답답하기만 하다. 속이 들여다보이는 강력한 사정司正은 왜 하필이면 이때냐는 비판도 나온다.

경제는 어떤가. 불경기의 어려움은 여전하다. 기업들은 부도가 날까 봐 전전긍긍이고, 일자리는 줄어드는 상황이다. 그런데도 금융권은 자기 몫 챙기기에 바빠 돈을 움켜쥐고 있다고 한다.

수요자 입장에서 모든 것을 고치고 개선하겠다는 금융 개혁은 관할권 싸움이 그 핵심으로 등장했다. 중장기 과제라 했던 중앙은행 독립 문제와 관련해 감독권 행사를 놓고 재정경제원과 한국은행이 맞서 있다. 어느 쪽이 옳고 그름을 논하기는 쉽지 않다. 그러나 꼭 서둘러야 하느냐는 의문이 든다. 그래서 개혁 아니냐는 반론도 있을 수 있지만 임기를 채 1년도 안 남겨 놓은 현 정부가 그같이 중요한 일을 황급히 처리해야 하는 이유를 잘 모르겠다는 반응들이다.

그렇다고 기업이나 일반 국민들은 문제가 없는가. 자기 일에 충실하기보다는 남의 잘못을 탓하는 오늘의 세태는 결코 가벼워 보이는 문제는 아니다. 우리 사회의 모든 문제가 여기에서 연유되고 있다고 해도 지나치지 않다. 때문에 선진 사회로 가는 가장 근본적인 과제는 역시 의식 구조의 개혁이라는 결론도 가능하다.

이번 OECD 각료 이사회에는 우리나라가 가입한 이후 처음으로 참석했다. 정부 대표인 강경식姜慶植 부총리를 비롯, 유종하柳宗夏 외무, 임창렬林昌烈 통산부 장관 등의 감회도 여느 국제회의와는 다르리라 생각된다. 내로라하는 선진국들과 어깨를 나란히 한다는 자부심도 가질 만하다.

그러나 OECD 가입이 너무 빨랐던 게 아니냐는 비판론도 사회 일각에서 나오고 있다. 회원국으로서 그려 보는 우리의 자화상이 너무 일그러져 있기 때문이다. 한보 사태 등으로 국제기관들이 한국의 신용도를 한 단계씩 낮추는 수모를 겪고 있음을 생각하면 더욱 그렇다. 이번 각료 이사회에서는 뇌물 방지 협약을 체결키로 합의하고 회원국의 규제 개혁도 촉진시키기로 했다고 한다. 물론 뇌물의 경우 외국 공무원을 대상으로 하는 것에 적용하는 것이지만 도둑이 제 발 저린다고, 요즘 같아서는 우리를 겨냥한 것 같은 착각도 느낀다.

그러나 OECD 가입이 잘됐다는 생각도 해 본다. 애당초 선진국으로 대접받기보다 보고 듣고 배우자는 동기가 컸기 때문에 이 기회에 우리 모두가 정신을 차릴 수 있다면 다행이라는 점에서다.

선진국이 되는 조건은 여러 가지가 있을 수 있다. 소득이 높아야 하고, 민주화가 잘돼 있어야 하고, 문화 수준도 높아야 하는 등 수없이 많을 것이다.

그러나 무엇보다 중요한 것은 상식이 통하는 사회가 아닌가 싶다. 제 아무리 물질적 풍요를 누린다 해도 예측하기 어려운 질서 없는 사회는 국민 생활 자체가 피곤할 수밖에 없다.

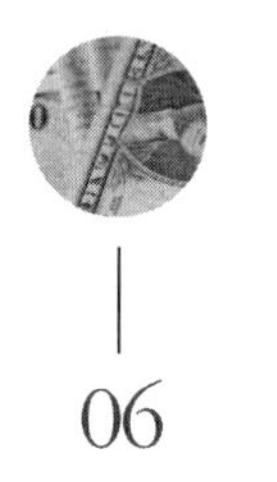

06
좋아지는 경제라지만

1999. 2. 19.

며칠 전 설 연휴를 맞아 해외 관광을 떠나는 사람들로 김포공항 출국장이 북새통을 이뤘다는 뉴스를 보았다. "경기가 좋아지긴 좋아진 모양"이라고 가볍게 넘길 수도 있었지만 "그렇더라도 아직은 이럴 때가 아닌데…" 하는 걱정이 들었다. 사람마다 보기 나름이겠지만 결코 바람직한 현상이라고 말하기는 어려울 것 같다. 올 1월 한 달 동안 관광 목적의 내국인 출국자가 8만 6천 명으로 작년의 4배에 달했다니 조금은 지나친 감이 없지 않다.

요즘 가끔 이런 질문을 받는다.

"앞으로 경제가 어떻게 될 것 같아요?"

이런 질문에 답은 뻔하다.

"점차 좋아지지 않겠습니까. 작년이 워낙 어려웠으니까 사람들이 느끼는 것이나 경제 지표를 보면 당연히 나아지겠지요. 그러나 본격적인 회복은 아직 멀었습니다. 한 가지 자신 있게 얘기할 수 있는 점은 과거와 같은 호황은 다시 오지 않는다는 것뿐입니다.”

스스로 생각해 보아도 하나 마나 한 대답이다.

사실 우리 경제는 1년 전에 비해 엄청난 변화를 가져왔다. 국가 부도 위기까지 몰렸던 외환 부족 사태는 성공적으로 극복돼 금리, 환율 등 가격 변수의 안정을 가져왔고 신용 경색도 어느 정도 풀린 상태다.

외국인 투자 환경의 개선과 금융 및 기업 구조 조정의 진전으로 국제 신용 평가 기관들의 국가 신인도 평가는 투자 부적격에서 투자 적격으로 상향 조정됐다. 산업 생산과 경기 전망도 예상보다 호전될 것이란 분석이 지배적이다.

그러나 아직은 안심할 수 없는 것 또한 사실이다. 금융과 기업의 구조 조정이 이뤄졌다고는 하지만 이제 시작에 불과하고 자율보다 타율에 의해 이뤄진 감이 없지 않다. 그만큼 불안한 상태로 진행 중이라는 해석이 가능하다. 또 예상보다 크게 늘고 있는 실업자는 경제 운영에 더욱 큰 부담으로 작용할 우려가 있다.

노동부는 올 1/4분기 중 실업자는 1백85만 명으로 실업률도 8.7%까지 올라갈 것으로 예상했다. 특히 2월에는 대학을 졸업하는 신규 경제 활동 인구의 급증 등으로 실업률이 9%를 넘고, 실업자 수도 2백만 명에 육박할 것으로 추정했다. 민간 연구 기관들은 실업자 2백만 명이 우리 사회가 인내할 수 있는 한계라고 지적한다. 이를 넘으면 사회 불안이 야기될 가능성이 크다는 얘기다.

더구나 우리 사회는 아직까지 한 번도 그같이 높은 실업을 경험해 보지 못한 탓에 다른 나라에 비해 실업에 대한 인내 수준이 낮고 사회 안전망도 취약하기 때문에 문제의 심각성이 더하다. 우리 경제는 지금 무거운 짐을 지고 넘어졌던 사람이 겨우 일어나 뒤뚱거리면서 걷고 있는 상태에 비유할 수 있다.

물론 국가 부도 위기라는 빈사지경에서 1년 만에 일어선 것은 그 사실 자체만으로도 대견한 일이다. 그런 점에서 김대중 대통령이 이끌어 온 국민의정부의 1년은 경제 정책에 관한 한 성공적이었다는 평가를 내려도 무방할 것이다.

그러나 경제는 지금부터가 오히려 중요하다. 결코 낙관하거나 방심할 때는 아니다. 체력을 기르지 못하면 다시 넘어지는 사태도 나올 수 있다. 국가 경제의 체력은 기업 활동으로 가늠할 수 있다. 기업들이 구조 조정을 신속히 매듭짓고 활력을 되찾아야 한다.

지난 1년은 여러 가지 면에서 관치의 논란이 많았다. 다만 시장 기능이 제대로 작동될 수 없는 비상 상태였던 점을 감안해 볼 때 사안에 따라서는 불가피한 면도 없지 않았다고 생각된다. 그러나 이제는 정부가 직접 나서기보다 새로운 질서를 기업과 소비자들이 스스로 만들어 가도록 유도하는 정책이 필요하다. 질서는 자생적으로 형성될 때 생명력이 있는 법이다.

정부는 법과 제도로 경제 주체들이 지켜야 할 규칙을 정하는 데 그쳐야 한다. 물론 자율에는 결과에 대한 철저한 책임이 뒤따르도록 해야 한다. 이는 DJ노믹스[92]의 기본 이념이기도 하다. 자율과 책임이 보장될 때 경제 예측도 가능하고 자생적인 구조 조정도 촉진되리라 믿는다.

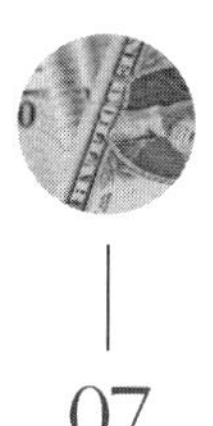

07
'생산적 복지'의 필요충분조건

1999. 7. 2.

요 며칠 사이 정부의 경제 정책 흐름이 크게 변하고 있다. 이를 두고 '생산적 복지' 정책의 구체화라는 표현을 쓰기도 하고, 'DJ노믹스의 가시화'란 주석을 달기도 한다. 그 핵심에는 정부가 발표한 중산층 육성과 서민 생활 안정을 위한 대책이 자리하고 있다.

소득세를 감면해 주고, 과세특례제도를 개선하는 한편 상속, 증여세 강화로 부의 세습을 막겠다는 것이 골자다.

김대중 대통령이 지난달 25일의 월례 기자 간담회에서 "IMF 사태로 중산층과 서민들이 고통과 희생을 분담했으니 이제는 과실도 같이 나누는 정책을 적극 추진하겠다"는 요지의 정책 방향을 분명히 밝힌 바 있어 그 같은 해석에 전혀 무리는 없다.

더구나 그동안의 구조 조정 과정에서 중산층이 몰락하고 빈부 격차가 심화됐다는 지적이 많았다. 때문에 중산층 육성과 서민 생활 안정 대책을 적극 추진하겠다는 정부 정책은 국민들의 열렬한 박수를 받아야 마땅하다.

그런데도 요즘 정부가 쏟아 내는 갖가지 정책 대안들은 혼란스럽다는 생각을 갖게 한다. 중산층 육성 대책은 물론이고 ‘금융 독식’ 시정을 위한 대기업 규제 강화, 공무원 처우 개선, 노조 전임자 임금 지급 방안 논의 등 일련의 정책 결정 과정을 보면 불안하기 그지없다.

우선 근검절약의 사회 분위기를 정부가 앞장서 파괴하는 것은 아닌지 걱정스럽다. 비록 ‘생산적’이라는 수식어가 붙긴 했지만 ‘복지’라는 단어는 다소 부담스럽다. 자칫 우리 경제가 이제는 허리띠를 풀어도 좋을 만큼 정상 궤도에 들어섰다는 신호로 해석될 수 있기 때문이다.

그 같은 관점에서 우리 경제의 현실을 좀 더 냉정하게 반성해 볼 필요가 있다. 외환 위기가 초래된 근본 원인은 외환 부족이라는 표피적 현상보다 금융 및 기업 경영의 갖가지 병폐가 어우러진 경제 시스템의 구조적 취약성에서 비롯됐다는 것이 일반적 진단이었다. 때문에 강도 높은 구조 조정이 위기 극복의 핵심 화두였고, 그 최종 목표는 금융이건 기업이건 국경 없는 무한 경쟁 시대에서 살아남을 수 있는 국제 경쟁력의 확보였다.

그 같은 관점에서 우리 경제는 IMF 체제 이전에 비해 크게 달라진 게 없고, 분배에 정책의 무게 중심을 옮기기에는 아직 이른 감이 있다. 중산층 육성과 서민 생활 보호 대책도 같은 맥락에서 문제가 없지 않다. 경기가 예상 외로 빠르게 회복돼 세수가 늘어 세금을 깎아 주고 재정 지출을 늘리겠다는 것이 그 골자다.

그러나 정부 예산은 지난해에 이어 금년에도 막대한 적자를 감수하도록 짜여져 있다. 뿐만 아니라 중장기적으로 적자 재정의 고착화를 차단해야 한다는 것이 정부가 이미 밝힌 재정 운용의 대원칙이다. 상반되는 정책 과제를 어떻게 조화시킬지 궁금하다. 이번 소득세 감면 조치는 저소득층보다 고소득층에 더 많은 혜택이 주어지는 효과를 가져온다.

예컨대 현재 월 100만 원을 받는 근로자의 연간 세 부담 경감액은 20만 원 안팎이지만 연봉 1억 원의 고소득자는 연간 300만 원이 넘는 세금 경감 혜택을 받게 된다. 저소득층 지원이라는 정책의 명분에 비해 실질적 효과가 크지 않을 것이라는 우려다. 내년 선거를 겨냥한 선심 정책이 아니냐는 시비도 그래서 나온다. 민심을 끌어안기 위한 정치적 국면 전환용 대책이라는 의문이 제기되는 것도 그 같은 관점에서다.

특히 최근 들어 대기업들에 대한 개혁의 고삐를 바짝 죄고 있는 것은 순수한 의미의 구조 조정 독려라기보다 중산층과 서민들의 상대적 박탈감을 심리적으로 보상해 주려는 게 아니냐는 느낌을 준다.

대기업, 특히 재벌 그룹의 구조 조정이 정부의 기대만큼 원활히 진행되지 못하고 있다는 사실은 아무도 부인하지 않는다.

그러면서도 그 같은 정부 시책이 국민들의 호응을 이끌어 내지 못하는 것은 정책의 수단과 방법의 선택이 잘못된 때문이 아닌가 싶다. 최근 발표된 일련의 정책들은 느닷없이 나온 대증 요법으로 비쳐지고 있다. 중산층 육성을 위한 세제 개편도 그렇고, 대기업들에 대한 금융 제한 조치와 특정 기업에 대한 특별 세무 조사 실시 등이 그런 예에 속한다.

경제 개혁은 어디까지나 제도적 법적 기반을 정비하고 합리적인 수단을 동원해 바람직한 결과를 유도하는 방법으로 추진돼야 한다. 그래야 후유증이 없다. 재벌 규제가 중산층 육성 대책이 될 수 없고, 세금 몇 푼 깎아 주는 것이 서민 생활 보호 대책의 핵심일 수는 없다.

더구나 그것이 민심 무마를 위한 선심 정책의 수단이어서는 곤란하다. 기업이건 국민이건, 그들에게 '경제' 하려는 의지를 되살려 주고 미래에 대한 확신을 가질 수 있도록 비전을 제시해 주는 것이 생산적 복지 정책의 근본이 돼야 한다. 그러기 위해서는 우리 경제가 처해 있는 좌표를 좀 더 냉정하게 따져 보는 작업부터 다시 시작할 필요가 있다. 그런 연후에 경제 정책의 우선순위를 재점검하고 종합 대책을 가다듬어야 할 것이다.

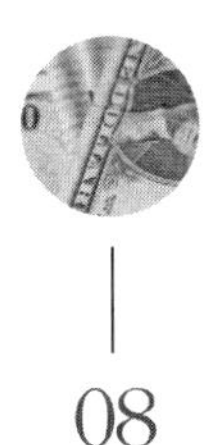

08
획일적 감사와 책임 회피

1999. 7. 30.

며칠 전 광화문 정부종합청사에서 열렸던 규제개혁심사소위원회 회의에서 모 부처의 과장급 실무자는 이런 얘기를 했다.[93]

"시행해 보지 않아서 어떤 결과를 가져올지 알 수가 없습니다."

민간 전문가들로 구성된 위원회의 한 위원이 국민 보건과 관련된 일부 규제 조항을 철폐하면 어떻게 되느냐고 질문한 데 대한 답변이었다. 한편으로 생각하면 가장 정확하고 솔직한 답변이 아닌가 싶다. 그러나 다른 한편으로 생각하면 책임 회피를 위한 무성의한 답변임에 틀림없다.

사실 규제개혁위원회 민간 위원의 일원으로 참여하면서 그 같은 답변을 이번에 처음 들어 본 것은 아니다. 그동안 각 부처의 규제 개혁 방안을 심의하면서 공직자들과 토론을 하다 보면 유사한 의견은 수시로 든다.

지난 23일의 국내 주식 시장 주가는 사상 최대 폭락을 기록했다. 종합 주가 지수가 71포인트(7.34%)나 떨어졌고 금리가 상승세를 보이는 등 "검은 금요일"로 불릴 만큼 금융 시장이 불안에 휩싸였다. 급기야 정부는 금융 불안의 원인이 됐던 대우그룹에 대한 자금 지원 대책을 마련하는 동시에 증시 안정을 위해 기관 투자가들에 대해 수익 증권 환매 및 주식 매도를 자제해 주도록 요청했다. 그런 와중에 일부 정부 기관과 공기업들이 정부 대책에는 아랑곳하지 않은 채 증권사들에 대해 수익 증권 환매를 요청했다 해서 해당 기관들이 지탄을 받았다.

물론 각 기관들은 주가 하락 때문이 아니라 순전히 자금 수급 계획에 따라 환매 요청을 하지 않으면 안 될 피치 못할 사정이 있었을 것이고, 또 금융 당국이 수익 증권의 환매나 주식 매도를 하지 말도록 요구하는 것 자체가 옳은 일인지 좀 더 신중히 생각해 볼 문제다.

그럼에도 불구하고 씁쓸한 뒷맛이 남는 것은 앞서의 예와 다를 바 없다. 왜냐하면 개중에는 책임 회피를 위한 환매 요청도 없지 않았을 것으로 생각되기 때문이다. 예컨대 나중에 감사를 받게 되면 "주가가 급락하는 것을 보면서 아무런 조치도 취하지 않아 손실이 많았다"는 사후적인 책임을 떠안을 가능성이 있고, 자칫 잘못되면 꼼짝없이 징계 조치를 받아야 하는 사태까지 일어날 수 있다.

일부 기관들은 금융감독위원회가 각 부처에 대해 환매 요구를 자제해 주도록 요구하자 그 같은 사실을 공문서로 확인해 줄 것을 요청한 것은 책임 소재를 분명히 해 두자는 것이나 다름없다.

책임 회피를 위한 무사안일 풍조는 어제오늘의 얘기가 아니지만 "작지만 봉사하는 효율적인 정부"로 거듭 태어나기 위한 정부 개혁 작업이 한창 진행 중임을 감안한다면 결코 가볍게 보아 넘길 일은 아닌 듯싶다.

왜 그 같은 풍조가 사라지지 않는가. 공직자 개인들의 정신적 해이나 복무 자세가 잘못된 탓인가. 여러 가지 요인이 있겠지만 공무원에 대한 내부 통제 시스템이 너무 경직적으로 운용되는 데에도 큰 원인이 있다고 본다. 공직자들이 정책을 결정할 때, 특히 민원 사무를 처리할 때 가장 먼저 떠올리는 것이 '감사'라고 한다. 나중에 책임 문제가 제기되더라도 방어할 자신이 있는지를 사전에 스스로 검토해 보는 것이다.

물론 규정에 따라 원칙대로 처리할 수 있는 일이라면 그 같은 걱정은 접어 두어도 좋지만 그렇지 못할 경우 난감해질 수밖에 없다. 갖가지 내용의 민원 사무는 법규로만 판단할 수 없는 것들이 많다.

특히 공적 기금의 운용을 담당하는 실무자들은 주식 투자 등에 있어서 순간적인 판단을 강요받는다. 또 주식 시세가 떨어지면 손해를 감수할 수밖에 없다. 이는 개인 능력 밖의 일임에도 사후적으로 감사의 지적 사항이 된다. 우리의 공무원 내부 통제 체계는 결과 위주의 획일적 시스템으로 돼 있다는 게 관계 전문가들의 지적이다. 그 운용도 너무 경직적이어서 개인의 창의적인 봉사 활동을 원천적으로 봉쇄하는 결과를 낳고 있다는 것이다.

지난 연초 행정자치부의 용역 의뢰에 따라 삼일회계법인과 한국행정연구원이 공동으로 5개 지방자치단체(광역 및 기초)를 대상으로 감사 수검 실태를 조사한 결과 각 자치단체들은 국회 국정 감사에서부터 자치단체 내부 감사까지 연평균 18회에 42일의 감사를 받는 것으로 조사됐다. 이와는 별도로 연평균 1백16회 1백93일 내외의 확인 평가도 받는 것으로 나타났다. 한마디로 과다한 감사가 이뤄지고 있는 셈이다.

그렇다고 부정부패가 말끔히 없어졌다는 소리도 들리지 않는다. 사정 한파가 몰아치면 민원 사무가 사실상 마비되는 현상이 경직적인 통제 시스템을 반증한다. 되도록 일을 적게 하면 책임질 일도 없어진다. 과감한 규제 개혁이 이뤄지지 못하는 상당한 이유도 여기에 있다.

국민들에게 제대로 된 행정 봉사를 독려키 위한 감사가 공직자들의 창의를 저상시키고 무사안일을 조장한다면 문제가 있다. 공공 부문 개혁 과제의 하나로 경직적인 내부 통제 시스템도 재점검해 볼 필요가 있다.

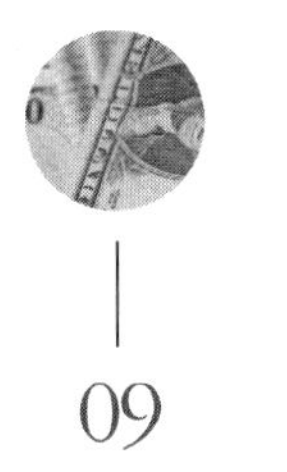

09
아날로그 세대의 걱정

2000. 1. 7.

새 천년의 시작과 함께 인터넷으로 상징되는 정보화 열풍이 거세지고 있다. 새삼스런 얘기도 아니지만 '새 천년 새 희망'을 주제로 지난 3일 발표된 김대중 대통령의 신년사가 가속 페달을 밟는 역할을 했다.

지식과 정보가 국가 경쟁력의 원천이라는 인식하에 임기 내에 우리나라를 '세계 10대 지식정보 강국'의 반열에 올려놓겠다고 밝혔다. 여러 가지 구체적인 대안도 제시했다. 정보화와 지식 혁명을 새 천년, 그리고 21세기의 화두로 삼는 데 대해 이의를 달 사람은 아무도 없을 것이다. 오히려 그토록 먼 시간이 아닌 10년 후만을 예측해 보더라도 그 같은 상황 설정은 유효하다고 보아야 한다.

디지털화와 지식 기반 경제로의 변화에 뒤지면 삼류 국가로 전락할 수밖에 없다는 당위성은 이미 우리 사회의 폭넓은 공감대로 자리 잡은 셈이다. 그러나 그 같은 인식과 대통령의 의지만으로 우리가 지향하는 정보화를 과연 성공적으로 이뤄 낼 수 있을 것인가.

정보 통신 분야에 밝지 못한 아날로그 세대로서는 의문점이 한두 가지가 아닐 것이다. 정보화의 궁극적인 목적부터가 혼란스럽게 느껴진다. 생활 혁명, 기업 혁명, 산업 혁명으로 이어지는 것으로 추정해 보지만 자신은 없다. 다만 정보의 단순한 유통 혁명에 그쳐서는 안 될 것이라는 확신은 선다. 따라서 초고속망을 확충하고, 컴퓨터가 많이 보급된다고 해서 정보화가 성공했다고 말할 수는 없을 것 같다.

컴퓨터를 일상생활에 접목시켜 자신의 생활과 업무에 있어서 편리성을 제고하고, 능률화를 이뤄 나가는 게 중요하다. 유통망에 담아 낼 콘텐츠가 중요하다는 말이다. 기업은 생산성을 향상시키고, 첨단 정보를 재빨리 응용해 기술을 발전시킴으로써 산업 혁명을 이뤄 내는 것이 진정한 정보화의 목표가 아닌가 싶다.

과연 지금 우리 사회에서 진행되고 있는 인터넷 열풍, 정보화 혁명은 그 같은 목표에 얼마나 근접해 있는가. 단순히 정보망의 확충 수준에 머물러 있는 것은 아닌지, 유통되는 정보의 질에는 문제가 없는지 등도 따져 볼 일이다.

정보화 촉진은 결과적으로 우리가 기대하는 벤처 기업의 발전과 지식 기반 산업 확충을 앞당기는 효과도 있다. 특히 근래 들어 주식 시장에서 나타났던 벤처 열풍이 정보 통신 업체들을 중심으로 나타났다는 점에서 직접적인 인과 관계는 아니라 하더라도 상당한 연관성이 없지 않다.

정보화를 재료로 한 벤처 열풍, 그리고 그에 따른 주가 급등은 과연 적절한지도 의문 중의 하나다. 제2의 빌 게이츠 회장을 꿈꾸는 젊은 벤처 기업인들에게 꿈과 희망을 안겨 주는 긍정적인 측면이 없는 것은 아니지만 부정적인 면도 없지 않다.

한때 어느 벤처 정보 통신 업체의 주식 시가 총액이 내로라하는 중견 재벌 기업 몇 개를 합친 것보다 더 많다 해서 화제가 된 적이 있다. 미래를 보고 투자가 이뤄지는 주식 시장, 특히 벤처 기업 주식을 거래하는 코스닥 시장에서 일어난 현상이라는 점에서 충분히 이해할 수 있는 일이긴 하지만 자칫 신기술 사업화 성공의 궁극적인 목표를 코스닥 등록을 통한 부의 획득, 다소 좋지 않은 의미로 표현한다면 '한탕주의'를 조장할 우려는 없는지 신중하게 실펴볼 필요가 있다.

지난 5일에 이어 6일에도 주가가 연 이틀 큰 폭으로 떨어졌고, 특히 거품 논란이 일었던 정보 통신 업체들의 곤두박질이 심상치 않았다. 그 이유를 냉정하게 음미해 볼 필요가 있다. 당장은 시장 불안의 충격이 적지 않겠지만 거품 제거를 통한 시장의 기반 다지기라고 본다면 오히려 전화위복의 계기로 작용할 것이 분명하다. 인터넷 열풍은 어제오늘의 일로 끝날 것이 아니기 때문이다.

유행어처럼 돼 있는 지식 기반 경제의 육성도 정보화와 무관하지 않다. 오해의 결과라 하겠지만 많은 사람들이 지식 경제는 생명 공학이나 정보 통신, 영상 산업 등 유망 서비스 산업의 육성 정도로 이해하는 사람들이 적지 않다. 좀 더 논리를 비약시킨다면 기계 공업이나 섬유, 음식료 등 전통적인 제조업은 별 볼 일이 없다는 식으로 해석될 우려가 없지 않다.

그러나 지식 기반 경제를 '경제의 지식 집약화를 통한 부가 가치의 제고'로 이해한다면 특정 산업에만 해당되는 얘기는 아닐 것이다. 여기서의 지식 집약화는 정보화를 통한 기술 혁신, 또는 서비스의 질적 개선을 의미한다고 보아도 무리가 없다. 결국 정보화는 광의의 기술 혁신으로 귀결되는 셈이다.

인터넷 혁명은 세계화 시대에 동참하는 데 필수 불가결한 전제 조건이다. 추상적인 슬로건이나 비전이 아닌 생존의 조건이다. 하루아침에 이뤄질 일도 아니다. 지불하는 비용도 막대하다. 일시적인 유행이 되어서는 안 될 것이다.

새 천년 벽두에 들떠 있는 분위기를 차분히 가라앉히고 정보 혁명으로 일어날 갖가지 파장들을 세심하게 재점검하면서 구체화된 전략과 치밀한 프로그램으로 꾸준히 추진해야 할 일이다.

10
따뜻한 시장 경제

2000. 1. 21.

정부가 발표한 올해 경제 정책 방향 가운데 눈에 띄는 대목이 '따뜻한 시장 경제'다. 물론 경제학 교과서에 실려 있거나 학자들이 그 개념을 정립해 놓은 학술 용어는 아니다. 재정경제부 당국자들의 설명으로는 생산적 복지와 구조 개혁에 의한 시장 경제의 정착을 양립시킬 수 있는 개념을 찾다 보니 그 같은 표현이 탄생했다는 것이다. 신조어인 까닭에 아직은 정확한 의미가 무엇인지 정리돼 있지 않은 듯하다.

"효율성과 경쟁을 중시하는 정책에 더하여 중산, 서민층 생활의 질을 높이는 '따뜻한 시장 경제'를 지향하고, 이를 위한 재정의 역할을 강화하겠다."

올해 경제 정책 운용의 세 번째 과제로 제시한 '생산적 복지 체제의 구현'을 설명하는 내용 중 일부다. 이 문맥의 전후로 보면 저소득층에 대한 복지 정책을 강화하겠다는 뜻으로 이해해도 무방할 것 같다.

때가 때인 만큼 이를 두고 선거[94]를 의식한 선심 정책의 일환이 아니냐는 의심을 받을 만하고, 또 알맹이 없는 언어의 유희에 불과하다는 부정적 시각도 있을 수 있다.

그러나 지난 2년간의 IMF 체제를 겪어 오면서 중산층 몰락과 소득 분배 악화가 우리 경제의 최대 과제로 등장했음은 부인할 수 없다. 특히 IMF 체제 이후 우리 경제는 효율과 경쟁을 중시하는 소위 신자유주의 논리가 강화돼 왔다. 달리 표현하면 미국식 자본주의의 도입이 폭넓게 진행됐다고 말할 수 있을 것이다.

시장 경제의 내재적 모순 가운데 하나가 약육강식을 초래하는 정글의 법칙이라는 사실이 분명한 만큼 그 같은 신자유주의적 시장 경제 기능의 강화가 분배 구조의 악화에 적지 않은 영향을 주었을 것이라는 추론도 가능하다. 그 같은 차가운 결과를 보완하자는 것이 따뜻한 시장 경제의 추진인 셈이다.

더구나 개방 경제 체제하에서 정보화 사회가 진전될수록 빈부 격차는 더욱 심화될 것이라는 게 공통된 우려이다. 그 같은 점을 고려한다면 더불어 잘사는 사회를 구현하려는 정책 방향의 설정은 지극히 당연한 귀결이다. 다만 정부가 정책 방향을 발표하면서 '따뜻한 시장 경제'의 지향을 생산적 복지 체제 구현의 한 귀퉁이에 자리한 당면 과제로 취급한 것은 과제의 중요성에 비해 소홀한 감이 없지 않다.

성장, 물가, 국제 수지를 거론하기 이전에 경제 운용의 패러다임을 재정립하는 절차를 거쳤어야 마땅하고, 또 그만큼 신중한 판단과 검토 과정을 거치는 작업이 선행됐어야 했다. 복지 체제의 구축은 실제 정책 수단을 강구하는 데 있어서 생각만큼 쉬운 과제가 아니다. 성장과 분배는 상호보완적인 측면이 없지 않지만 현실적으로 상충되는 효과를 내는 경우가 더 많다. 예컨대 분배 정의 실현을 위해 재정의 역할을 강화한다면 재정 지출은 늘어날 수밖에 없다.

그런데 우리 경제의 현실은 금융 구조 조정 등으로 야기된 큰 폭의 재정 적자를 획기적으로 줄이지 않으면 안 될 절박한 처지에 놓여 있다. 정부가 재정 적자 감축을 위한 특별법 제정을 올해 정부 경제 정책의 주요 과제로 제시한 것만 봐도 쉽게 알 수 있는 일이다.

정책을 조율하고 목표를 재성립해야 할 과제는 재정 운용뿐만이 아니다. '따뜻한' 정도를 어떻게 설정하느냐에 따라 모든 경제 정책의 손질이 불가피하고 민간 경제에 대한 파급 효과도 달라질 수밖에 없다.

정부가 애용하는 '시장 경제'의 현실적 의미도 다시 한 번 생각해 볼 필요가 있다. 기업의 소유 구조와 자산 운용, 그리고 기업의 조직 형태까지를 규제하고 간섭하면서 과연 시장 경제를 강조할 수 있을 것인가. 제조업의 공동화 우려를 기득권 보호로 치부할 성질의 것인가. 정보의 산업화도 중요하지만 궁극적으로 산업의 정보화로 이어져 신산업의 발전은 물론 기존 산업의 기술 혁신을 통한 고부가가치화를 달성하는 것이 진정한 목표라고 볼 때 정보화의 추진은 이대로 좋은가.

경제 환경의 변화로 유망한 정보 통신 업체들이 각광을 받고, 그들의 주식 값이 천정부지로 올라 새로운 부자들이 탄생하는 것은 바람직한 일이지만 자칫 한탕주의를 부추길 우려는 없는가. 이 시점에서 진지하게 검토해 보아야 할 과제들이 많다. 정부의 설명대로 우리 경제는 지난 2년간 외환 유동성 위기를 완전히 극복하고 구조 개혁의 성과가 점차 가시화되면서 경기가 빠른 속도로 회복되고 있는 것은 사실이다.

그러나 아직도 극복해야 할 위험 요인과 과제도 많이 남아 있다. 분배 정의의 실현 못지않게 경제 성장의 동인動因을 발굴하고 성장 잠재력을

키워 나가는 일도 게을리 할 수 없는 일이다. '따뜻한 시장 경제'가 언어
의 유희에 그치지 않기를 바라는 마음 간절하다. 그동안 추진해온 개혁
정책의 성과를 냉철하게 진단해 보고, '따뜻한 시장 경제'의 진정한 의
미와 기준, 그리고 판단의 잣대를 좀 더 명확하게 정립하는 작업을 포함
해 진정한 시장 경제의 창달 전략을 재점검해 볼 필요가 있다.

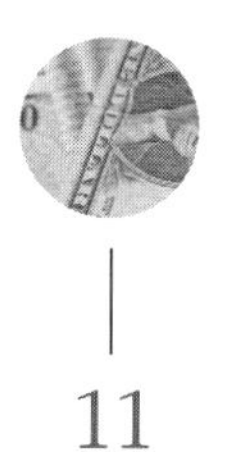

11

기초생활보장은 반갑지만

2000. 4. 28.

지난 26일 기획예산처는 올해 업무 계획을 발표하면서 오는 10월부터 시행되는 국민기초생활보장제도[95]를 실질적으로 앞당겨 실시하고 구제역, 산불 피해 등 민생 현안에 신속히 대처하기 위해 6월 중 재원 대책을 강구하도록 하겠다고 밝혔다. 필요하면 추경 예산 편성을 검토하겠다는 얘기다. 공교롭게도 같은 날 국책 연구 기관인 한국개발연구원KDI은 올해 경제 전망을 발표하면서 추경 편성을 자제하고 재정 적자 규모를 정부가 계획한 GDP 대비 2.6%(13조 원)보다 더 낮춘 2%(11조 원) 수준까지 감축해야 한다고 건의했다. 다소 상반된 견해임은 분명하지만 어느 쪽이 옳고 그른지를 가리기란 그리 간단한 문제는 아니다.

외환 위기 이후 급증한 국가 채무 관리를 위해 재정 긴축의 필요성에 공감하지 않는 사람은 아무도 없다. 그렇다고 IMF 이후 더욱 어려워진 저소득층의 고통을 외면하기도 어려운 것 또한 현실이다.

더구나 오는 2010년 세계 일류 복지 국가 진입을 목표로 다각적인 생산적 복지 구현 시책을 추진, 올해를 빈곤 퇴치의 원년으로 삼겠다고 제시한 정부의 정책 목표에 비춰 보면 더욱 판단이 쉽지 않다.

오는 10월의 국민기초생활보장제도의 시행을 앞두고 논란이 일고 있다. 재정 적자 문제가 초미의 관심사로 대두돼 있는 마당에 저소득층 지원 확대를 골자로 하는 기초생활보장제도의 시행으로 재정 적자가 더욱 가속화되지 않을까 하는 점에서다. 국민기초생활보장제도는 얼핏 보면 기존의 생활보호법 내용을 종합 정리해 놓은 것과 큰 차이가 없다.

이 제도가 의도하는 정책 목표는 기존의 생활보호법과는 판이하게 다르다는 것이 정책 당국의 설명이다. 지금까지의 생활보호제도는 대상자의 근로 능력 유무를 판별하여 근로 능력이 있는 저소득층에 대해 보호 수준을 줄임으로써 빈곤의 책임을 어느 정도 개인에게 돌려 왔다.

그런데 새로 시행되는 국민기초생활보장제도는 빈곤 문제를 사회구조적인 문제로 인식하고, 그 해결도 사회적 책임이라는 차원에서 접근하겠다는 것이다. 예컨대 개인의 근로 능력 유무에 상관없이 일정한 생계비(올해는 4인 가족 기준 93만 원) 이하의 소득자에 대해 정부가 그 차액을 보전해 주는 시스템이다. 그러나 이 경우 지원 대상에 포함되는 사람들이 취업이나 소득 활동을 기피할 우려가 있다. 따라서 근로 유인을 강화하기 위해 지원 대상자들의 근로 활동으로 발생하는 소득에 대해서는 그 일부를 소득 인정액 산정 시 공제해 줌으로써 공제액만큼 추가적인 지원을 받을 수 있도록 인센티브를 부여키로 했다. 근로 소득이 높은 지원 대상자들의 경우 실제는 정부가 정한 최저 생계비 이상의 소득을 확보할 수 있다.

누구를 막론하고 최저 생계비는 정부가 보장해 주되 근로 유인 강화를 통해 자활 기회를 넓혀 주자는 것이 기본 방향인 셈이다. 그럴듯한 목표이지만 실제 운용 과정에서 소기의 성과를 거둘지는 두고 볼 일이다. 분명한 것은 재정 지출을 수반하는 제도인 만큼 명분만을 내세울 게 아니라 국가 경제의 부담 능력 등 여러 가지 경제 사회적 변수들을 감안해 신중히 추진돼야 한다는 점이다. 사회 보장의 확충은 국가 경제의 부담 능력을 우선 고려해야 한다. 구체적으로는 생계비의 책정과 대상자 선정을 최소한으로 줄이는 것이 필수적이다. 사회 보장 제도의 속성상 한번 설정된 지원 기준은 올리기는 쉬워도 내리기는 어렵다. 자칫 첫 단추가 잘못 끼워지면 일시적인 재정 낭비에 그치는 것이 아니라 성장 잠재력의 파괴 등 국가 경제를 그르치는 구조적 오류를 범할 가능성이 있다. 과욕은 금물이다.

실무적인 차원에서 추진 비용의 최소화도 유념해야 한다. 연금 기금이나 의료보험제도의 운용 경험에 비춰 보아도 간과할 과제는 아니다. 사실 당국자들의 설명대로 국민기초생활보장이 우리의 사회 보장 역사를 바꿀만한 획기적인 제도라고 한다면 입법 과정에서부터 시행 준비에 이르기까지 너무 안이하게 진행된 게 아니냐는 느낌을 받는다. 아직도 세부 시행 계획은 확정되지 않은 상태다.

5~7월 중 소득, 재산 일제 조사를 벌여 대상자 선정에 착수한다는 일정은 너무 조급하다. 국회에서 의원 입법 형태로 탄생된 법률이고 시행이 임박한 만큼 사후약방문死後藥方文으로 생각되지만 입법 후 시행까지 1년의 준비 기간은 사안의 중요성에 비춰 볼 때 턱없이 부족한 시간이었음은 되풀이해선 안 될 교훈이다. 그만큼 준비의 강도가 높지 않으면 낭패를 볼 우려가 있다는 얘기다. 복지 분야는 기초생활보장 이외에도 7월부터 의약분업 실시와 의료보험조합 통합을 이뤄 내야 하는 과제를 안고 있다. 이 같은 난제들을 어떻게 풀어 나갈지에 대해 국민들의 불안감이 무척 크다는 사실을 관계 당국자들이 알고 있는지가 궁금하다.

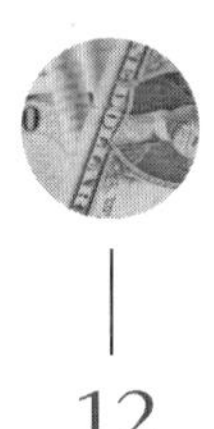

12
우리 경제의 현주소와 방향

2005. 8. 2.

'신바람 나는 경제를 위한 정부의 약속.'

올해 하반기 경제 운용 방향을 홍보하는 재정경제부 출판물 표지의 제목이다. 엊그제 우편으로 도착해 그냥 책상 위에 있다. 그런데 함께 놓여진 최근 신문들의 제목과 어울리면서 묘한 감정의 파장을 만들어 낸다.

'대통령 빼고 다 도청했다', '안기부 X파일 공개', '삼성 협박 실패하자 방송에 흘려', '도청 테이프 274개 압수' …. 국가 정보 기관이 정계, 재계, 언론계 인사들의 대화를 불법 도청했고, 그 테이프가 유출돼 협박용으로 쓰였다는 소위 'X파일' 사건 기사의 제목들이다. 불법 도청 테이프가 무더기로 압수돼 핵폭풍으로 번지지 않을까 우려된다는 내용도 이어진다.[96]

나라꼴이 어쩌다 이 지경에까지 이르렀는가. 불법적으로 만들어진 테이프가 불법적으로 빼돌려져 불법적인 목적으로 이용된 사건에 온 나라가 들썩이는 것이 과연 정상적인 사회인지, 언제까지 이런 식으로 과거에 갇혀야 하는지를 생각하면 한숨이 절로 나온다.

그런데 정부가 신바람 나는 경제를 약속한다? 무엇으로, 어떻게 그렇게 하겠다는 건지 반문하지 않을 수 없다. 정부 예산을 좀 더 많이 푼다고 경제가 절로 신바람이 날까. 금융 지원을 더하고 세금을 깎아 주면 기업과 국민들이 감동해 더 열심히 일하게 될까. 그렇진 않다.

해법은 너무도 간단하다. 생산 주체인 기업들이 신나게 투자할 수 있는 여건을 갖춰 주면 그만이다. 그런데 우리는 어떤 상황인가. 계열 기업이 좀 많다고 대기업 투자를 제한하는가 하면 지배 구조가 잘못됐으니 고치라고 윽박지르고 있다.

엊그제 열린 한 세미나에서 경제부총리는 기업들이 돈을 잔뜩 쌓아 놓고도 투자는 하지 않으면서 규제 탓만 한다고 말했다. 한마디로 돈을 벌 궁리는 하지 않으면서 정부 욕만 하는 데모를 벌이고 있다는 것이다. 이런 상황 인식으로 어떻게 경제를 신바람 나게 할 수 있다는 건지 이해하기 어렵다.

경제학자들이 각국 경제 발전 패턴 변화를 분석한 수렴 이론收斂理論[97]은 성장 전략을 어떻게 구사하느냐에 따라 후발국이 선진국들의 발전 경로를 따라가기도 하고, 그렇지 못한 경우도 있다는 결론을 내놓고 있다. 특히 어지간히 발전하는 국가라 하더라도 선진국과의 기술 격차를 좁히지 못하면 결국 선진국 반열에 오르지 못하게 된다고 지적한다. 이른바 '비非수렴 함정non-convergence trap' 이다.

그런데 우리 경제의 성장 잠재력은 이미 약화되기 시작했고, '정체'는 고사하고 오히려 '퇴보'의 길을 걷고 있는 것은 아닌지 걱정부터 앞선다. 더구나 요즘 경제인들은 불안하기 짝이 없다. 도청 테이프에 삼성 그룹의 대선 자금 지원 내용이 들어 있다지만, 도청 자체가 불법인 데다 그 내용의 진실 여부도 확정되지 않은 것을 놓고 벌써 기업부터 매도하는 분위기가 나타나고 있는 것은 정말 황당한 일임에 틀림없다.

물론 도청 파문이 이미 걷잡을 수 없이 번지고 있는 만큼 모든 것을 덮기만 할 수는 없다. 하지만 최소한 법은 지켜져야 한다. 불법으로 도청하고 불법으로 유출된 테이프의 확인되지 않은 내용에 대해 수사를 벌이면서 법적 심판을 구한다는 것이 도무지 법 정신과 합치될 수 있는지부터가 의문이다.

미국과 일본 등의 선진국 경제가 활력을 되찾고 중국은 약진하고 있는데 우리만 유독 '나홀로 침체'를 벗어나지 못하고 있다. 그런데도 대통령의 느닷없는 연정聯政 제안은 또다시 정치권을 혼란 속으로 몰아넣고 있다. 그것도 주가 지수가 1000을 넘는 등 경제가 잘되고 있으니 이제는 정치 개혁도 좀 거론해야겠다는 친절한 설명까지 덧붙였다.

그러나 지금은 선거를 겨냥한 '정치 산술算術'보다는 선진국 진입을 위한 '경제 산술'이 더 절실한 때다. 신바람까지는 기대하지도 않는다. 최소한 실망과 좌절은 안겨 주지 말았으면 한다.

13
'사회통합적 시장 경제' 말 되나

2005. 10. 25.

미국의 경제학자 존 K. 갤브레이스John Kenneth Galbraith(1908~2006)[98]는 20세기 후반을 '불확실성의 시대'라고 규정한 바 있다.

근대 경제사상사를 되돌아보면 애덤 스미스의 '보이지 않는 손'이나 마르크스의 '자본주의 붕괴론', 케인스의 '유효 수요 이론' 등 시대 변화에 따라 많은 사람들에게 확신을 심어 줄 수 있는 경제 철학이 존재했지만 오늘날엔 현실 경제의 판단 기준으로 삼을 만한 시대사상이 존재하지 않는다는 점을 지적한 것이다. 1970년대 중반에 기획 특집으로 영국 BBC의 전파를 탔고 이를 1976년에 책으로 내놓아 호평을 받았던 내용이다.

느닷없이 이런 딱딱한 얘기를 화두로 삼은 건 요즘의 우리 상황을 '불확실성의 시대'라고 규정해 보면 어떨까 하는 생각에서다. 정치, 경제, 사회 어느 곳을 들여다봐도 혼돈의 와중渦中에 휘말려 있다.

상식적으로 논란의 여지가 있을 수 없다고 생각되는 국가 정체성이 관심사로 등장할 만큼 이념적 갈등이 첨예하게 대립돼 있는가 하면 경제 성장에 대한 정부의 생각은 무엇이고, 시장 경제에 대한 믿음이 어느 정도인지를 가늠하기조차 어려울 만큼 정책의 불확실성이 높아지고 있기 때문이다.

집권 여당인 열린우리당은 정당의 새로운 정책 강령政策綱領으로 '사회 통합적 시장 경제' [99]를 제시했다. 양극화 해소를 위한 복지 사회 실현, 가능성의 재분배를 위한 교육과 기회의 평등, 지식 기반형 중소기업 육성, 인적 자본 중심의 국제 경쟁력 강화 등을 주요 내용으로 하겠다는 설명이다. 여기에 지역주의 극복을 위한 정치 개혁 등 좋은 정책 방향은 총망라돼 있다.

그러나 한마디로 요약하자면 분배와 복지를 핵심 가치로 내세운 것이다.

참여정부 출범 이래 줄곧 제기돼 온 '좌파 정책' 논란에 다시 불을 지핀 것과 다를 바 없다. 또 하나의 불확실성을 초래하고 있는 셈이다. 사실 '사회통합적 시장 경제' 라는 구호 자체가 어설프기 짝이 없다.

사회 통합과 시장 경제가 무슨 상관이 있는가. 시장 경제의 생명인 '경쟁' 을 '갈등' 으로 인식하고 있는 것은 아닌가. 경제 양극화 등을 경쟁의 결과가 아닌 갈등의 산물로 이해한다면 참으로 한심한 노릇이다. 자유 시장 경제 체제하에서도 양극화 해소나 중소기업 육성 등의 대책은 당연히 강구해야 하고, 지금도 꾸준히 추진하고 있는 것들이다. 이른바 시장 실패 영역에 대해 정부가 보완 역할을 하는 것은 누구도 부정하지 않는다.

그런데도 굳이 '사회통합적' 이라는 수식어를 붙여 마치 양극화가 전혀 없는 시장 경제의 영역이 별도로 존재하는 것처럼 오도하는 것은 본말本末이 전도된 것이고, 정치적 술수에 의한 현혹에 불과하다. 행여 정부 여당이 독일에서 만들어져 유럽에서 광범하게 채택됐던 '사회적 시장 경제'의 이념을 추구하겠다고 한다면 그대로 표방하는 것이 차라리 좋다. 강령의 본질을 보다 분명하게 나타낼 수 있고 국민들도 이해하기 쉽기 때문이다.

다만 이를 채택한 유럽 국가들이 실패를 인정하고 시장 경제로 회귀하고 있는 마당에 뒤늦게 받아들이는 것을 국민들이 수긍할 수 있을지는 또 다른 숙제로 남는다.

어쨌든 참여정부 출범 이후 줄곧 성장이냐 분배냐의 논란에서부터 진보냐 보수냐 등의 이념 논쟁으로 불필요한 국력을 낭비해 온 게 사실이다. 그러는 사이 경제는 성장 활력을 잃고 시름시름 앓고 있다. 기업들은 돈을 쌓아 놓고도 투자를 하지 않는다. 소비자들은 지갑을 오히려 닫고 있는 것이 현실이다.

앞으로도 2년 반 가까운 국정 수행 기간을 남겨 놓고 있는 집권 여당의 정책 강령이 또다시 이념 논쟁을 증폭시키고 국정의 중심축을 흔들 수 있는 것이라면 이는 국가 존립의 문제와 직결되는 것이라 해도 과언이 아니다. 불확실성을 해소하고 성장 동력을 부추겨야 할 집권 여당이 오히려 불확실성을 확대 재생산해 국민들을 불안하게 하고 기업 의욕을 꺾는 것을 어떻게 해석해야 할지 정말 난감할 뿐이다.

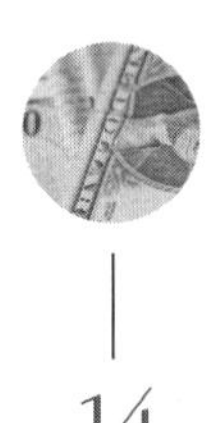

14
공정위公正委의 어제,
오늘 그리고 내일

2006. 4. 4.

"어느 날 한 할아버지가 격앙된 음성으로 공정거래위원회 민원실에 전화를 걸어 왔다. 손녀딸이 수없이 맞선을 보았는데 맞선 본 총각마다 처음에는 호감을 보이다가 막상 혼담이 무르익으면 끝에 가서 퇴짜를 놓더라고 하소연하면서 이런 행위는 공정거래법상 '거래거절'로 조치를 취해야 할 사항 아니냐고 따졌다."

우리나라 공정거래법의 입안 작업을 실무적으로 주도했고, 공정위의 주요 보직을 두루 거쳐 위원장까지 지낸 전윤철 감사원장의 회고담이다. 위원장 재직 시절 펴낸 책《경쟁이 꽃피는 시장경제》에 실려 있다.

그만큼 공정거래법에 대한 국민들의 관심과 기대가 컸다. 올 4월 1일로 창립 25주년을 맞은 공정거래위원회가 과연 그러한 국민들의 기대에 얼마나 부응했는가.

'시장경제의 파수꾼이자 수호자 역할을 충실히 했다'는 게 자평自評이지만 이를 그대로 받아들이기엔 마음이 내키지 않는다. 솔직히 '공정거래법이 무슨 법인지 아느냐' 고 일반 사람들에게 묻는다면 웬만한 경제 상식을 가진 사람들도 "재벌 규제법 아니냐"고 답할 가능성이 크다.

요사이 논쟁의 초점이 되고 있는 출자 총액 제한 제도[100]를 비롯해 소위 경제력 집중을 완화한다는 명목의 각종 기업 규제들이 공정거래법의 현안으로 대두돼 왔기 때문이다.

경쟁 촉진을 위한 시장 경제의 파수꾼을 자처하면서 세계 어느 나라에도 없는 기업의 투자나 조직까지를 법으로 제한하는 경쟁 억제 조항을 담고 있으니 이율배반도 이만저만이 아니다. 이 법이 처음 제정될 당시에는 그렇지 않았다.

공정거래법의 정식 명칭은 '독점 규제 및 공정 거래에 관한 법률' 이다. 1960년대와 1970년대에 걸쳐 고도성장 과정에서 독과점의 폐해가 대두되면서 이를 막기 위한 노력의 일환으로 제기된 것이 공정거래법의 제정이었다. 1964년에 시작돼 2~3년에 한 번씩 법 시안이 만들어졌으나 번번이 좌절되고 말았다.

그러다 공정거래법이 만들어진 것은 10·26 사태 이후 국회가 해산되고 그 기능을 대신하던 '국가보위입법회의'[101]에서였다. 정치적으로는 가장 비민주적이라 할 수 있는 비정상적인 상태에서 경제적 민주화를 근간으로 하는 시장 경제 법안이 1980년 12월에 만들어져 이듬해 4월부터 시행됐다. 정상적인 국회였다면 그때에도 입법 자체가 어렵지 않았을까 하는 생각도 해 보지만 어쨌든 공정위의 역사는 이렇게 시작됐다.

물론 당시의 법안 내용은 공정거래법 본래의 영역이라 할 수 있는 독과점 규제와 불공정 거래 행위 방지 등이 핵심이었다. 그러던 것이 1986

년 1차 개정 때 이른바 경제력 집중 완화를 법 목적에 추가하면서 지금의 재벌 규제 조항이 독과점 규제라는 본래의 목적을 밀어내고 공정법의 안방을 차지해 버린 것이다.

공정거래법을 '경제 헌법'이라고 부른다.

시장 경제 원리를 구현하는 기본법의 성격을 띠고 있기 때문이다. 이 법을 운용하는 공정거래위원회의 위상 또한 그에 걸맞아야 한다. 정치적 의도에 따라 특정 기업이나 특정 산업을 규제하는 그러한 법 운용이 이뤄진다면 위상에 걸맞은 명성을 유지하기는 어렵다.

지난 25년을 되돌아보면서 스스로 자문해 볼 필요가 있다.

때마침 제13대 공정거래위원장으로 새로 취임한 권오승 위원장은 "우리 공정 거래 제도를 글로벌 스탠더드에 부합하게 선진화하는 방안을 검토하고 모든 경제 주체들에게 경쟁 질서를 존중하고 이를 자율적으로 준수하는 경쟁 문화를 확산시키려는 노력이 절실히 필요하다"고 강조했다. 대기업 집단 시책의 개편도 거론했다. 뒤늦게나마 다행이 아닌가 싶다.

권 위원장의 지적대로 세계는 지금 글로벌화, 블록화, 디지털화라는 거대한 물결 속에 새롭게 태어나고 있다. 경쟁 정책도 새롭게 단장돼야 하는 이유다. 공정위가 '재벌이 아직도 변하지 않았다'는 고리타분한 주장만 되풀이하는 것은 공정위의 위상을 스스로 비하하는 일이다.

88 노태우 정부의 무리한 주택 200만호 건설 계획에 따라 분당 · 일산 · 평촌 · 산본 · 중동 등 5개 신도시 건설 사업이 동시에 추진되면서 부실시공이 이뤄지고 있는 사실이 드러나 사회적 파문이 일어난 것. 뒤늦게 공기 연장 등의 조치를 취했다.

89 유럽의 정치 통합과 경제 및 통화 통합을 위한 유럽 통합 조약. 1991년 12월 10일 네덜란드 마스트리히트에서 EC 정상 간 합의되고 1992년 2월 7일 EC 외무장관 회의에서 정식으로 조인되었다. 유럽중앙은행 창설과 단일 통화 사용의 경제 통화 동맹, 노동 조건 통일의 사회 부문, 공동 방위 정책, 유럽 시민 규정 등을 내용으로 하고 있다. 이에 따라 EC를 EU(유럽 연합)로 명칭을 바꾸고 단일 통화인 유로(EURO)를 도입했다. 또 유러폴(유럽경찰, European police intelligence agency)을 창설하기로 합의하였다.

90 고속 성장을 이뤄왔던 아시아 4개국으로 한국, 대만, 싱가포르, 홍콩을 지칭.

91 경제 협력 개발 기구(Organization for Economic Cooperation and Development)로 선진국들의 모임으로 일컬어진다. 한국은 1995년 3월 29일에 OECD 가입 신청서를 제출하였고, 1996년 12월 12일에 OECD에 가입하게 되었다.

92 김대중 정부 경제 정책의 기본 방향으로 DJ와 Economics를 합성해 만든 용어.

93 당시 필자는 대통령 직속 기구인 규제개혁위원회(공동위원장 김종필 국무총리, 이진설 전 건설교통부 장관) 행정사회분과 민간 위원으로 활동하고 있었다. 모든 법령의 규제조항 타당성 여부를 조사하려고 구성한 규제개혁심사소위에서는 위원장으로서 민간 전문가들과 함께 관계 부처 실무자들을 불러 해당 법률 조항을 심의했다.

94 제16대 국회의원 선거. 2000년 4월 13일에 실시됐다.

95 가족이나 스스로의 힘으로 생계를 유지할 능력이 없는 저소득층에 국가가 생계와 교육 · 의료, 주거 등의 기본적인 생활을 보장해 주는 제도를 말한다. 연령이나 근로 능력 여부와 상관없이 소득이 최저 생계비 이하인 경우 대상자가 된다.

96 이른바 '삼성 X파일 사건'이다. MBC가 안전기획부(현 국가정보원)의 도청 테이프

를 인용해 1997년 대선 때 삼성그룹의 자금 지원 내용을 보도한 것. 이를 시작으로 정보 기관의 불법 도청이 문제가 됐고, 결국 2005년 8월 5일 국가정보원은 김영삼 정부는 물론 김대중 정부 임기 말년인 2002년 3월까지 불법 감청이 있었다는 사실을 공개적으로 인정, 국정원 청사가 사상 처음으로 검찰 압수 수색을 받기도 했다.

97 여러 가지 뜻이 있으나 일반적으로 경제 성장 과정에서 궁극적으로는 동질의 사회로 수렴한다는 이론. 예컨대 선·후진국 간의 경제 성장에 있어서 선진국들은 부유해질수록 수확 체감의 법칙에 따라 자본의 한계 생산성이 낮아지는 반면 후진국들은 자본의 한계 생산성이 높아 상대적으로 빠른 성장을 이룰 수 있고, 장기적으로 보면 선진국 경제를 따라잡는 결과를 낳을 수 있다는 주장.

98 캐나다 출신의 미국 경제학자. 제2차 세계 대전 기간에는 미국 물가청에서 근무했고, 케네디 대통령 시절에는 인도 대사를 지냈다. 저서에《미국의 자본주의》,《대공황》,《불확실성의 시대》 등이 있다.

99 열린우리당이 집권 3년차를 넘어서면서 그동안 열린우리당이 표방해 온 '중도 개혁' 노선이 '이념적 지향성'도 선명하지 못한 데다 서민 및 중산층을 위한 정당이라는 이미지도 심어 주지 못하고 있다고 판단해 새로운 정책 강령을 제시하기로 했던 것. 그러나 이것 역시 좌파 논란 등을 거치면서 흐지부지되고 말았다.

100 대규모 기업 집단에 속하는 회사가 순자산액의 일정 비율을 초과해 국내 회사에 출자할 수 없도록 한 제도. 업종 다각화에 따른 대기업들의 무분별한 사업 확장, 이른바 문어발식 기업 확장을 막기 위해 자산 총액 일정 규모(2009년 폐지 당시에는 10조 원) 이상인 기업 집단 소속의 기업에 대해 계열사 등에 대한 출자 총액을 순자산의 일정 비율(이 비율은 당초 25%를 유지해 왔으나 2006년 법 개정을 통해 40%로 완화) 이내로 제한하는 제도. 독점 규제 및 공정 거래에 관한 법률에서 1987년부터 도입, 시행돼 오다 외환 위기 이후 1998년 2월 임시국회에서 폐지됐다. 그러나 대기업들의 계열사 출자가 늘어난다는 이유로 1999년 12월 국회에서 다시 부활시켜 2001년 4월부터 시행토록 했다. 그러나 이 제도는 이명박 정부 들어 또 도마 위에 올라 2009년 법 개정을 통해 다시 폐지되는 등 우여곡절을 많이 겪은 제도다.

101 제5공화국 헌법(1980. 10. 27. 공포) 부칙 제6조에 따라서 새 국회가 구성될 때까지 국회의 권한을 대행한 입법 기관. 1980년 10월 모두 81명의 위원으로 발족하여 1981년 4월 10일 새 국회 개원을 앞두고 150일 만에 문을 닫았다. 제5공화국 출범의 정지 작업을 이행한 입법 회의에서는 구 정치인들의 정치 활동을 금지하는 '정치 풍토 쇄신을 위한 특별조치법' 등 모두 118건의 법률안과 동의안을 처리했다.

 # 선진화의 길목에서

경제 문제는 경제 논리로 풀어야 한다는 얘기들을 많이 한다. 현안에 대처함에 있어서 될수록 정치적 파급 효과를 고려하기보다 경제적 효율을 생각해 시장 경제 논리에 충실하자는 얘기일 것이다. 얼핏 보면 너무도 당연한 것처럼 들린다.

물론 특정한 사안 하나를 놓고 본다면 틀린 말은 아니다. 그러나 모든 경제 문제를 풀어 가는 데 일반적으로 적용하기에는 무리가 있다. 고전적인 정치경제학의 연원淵源을 따져 볼 필요도 없이 정치와 경제는 불가분의 관계다. 모든 정치적 결정은 경제적 자원 비용을 수반한다. 그런가 하면 경제적 상황 변화가 정치적 결정에 지대한 영향을 미친다.

정치가 얼마나 중요한가는 새삼 강조할 필요는 없을 것이다. 문제는 한국의 정치 현실과 수준이다. 흔히 정치가 경제의 발목을 잡는다고 말한다. 그만큼 정치의 비효율이 심각하다는 얘기와 다를 바 없다.

정치는 본질적으로 공동 사회의 일반적 이익의 견지에서 권력 과정을 통해 개인이나 집단의 이해나 기대를 조정하고, 인간의 협력 관계를 보다 더 높은 질서로 조직화하는 공동생활을 의미한다는 게 정치학 교과서에 실린 내용이다.

한국의 정치는 이러한 본질에 얼마나 근접하고 있는가. 한마디로 너무나도 동떨어져 있다고 할 수밖에 없다. 우선 우리나라 정당들의 생성 자체가 구조적인 문제점을 안고 있다. 여당은 정치적 상황이나 정치권력에 의존하여 형성되었다. 권위주의적인 집권자의 필요와 요구에 따라 생성된 외생 정당이다 보니 생리상 지나친 정부 추종 현상을 보여 왔다. 따라서 일반 대중에 뿌리를 내린 대중 정당이 되지 못하고 중심인물의 퇴진이나 사망과 그 운명을 같이하는 단명 현상을 가져왔다. 야당의 경우도 권력 접근에 대한 봉쇄에 대한 반발로 만들어짐으로써 정당의 고유적 자율성이 결여되고, 또한 제도상 수적으로 열세인 상황에서 극단적인 수단을 통해 목적을 달성하려고 함으로써 대립·분열을 면치 못했다. 정당 정치가 실종됐다고 보는 것이 더 현실적인 판단일 것이다.

따라서 공동 사회의 일반적 이익 추구라는 견지에서 정당 활동이 이뤄진다기보다 당리당략黨利黨略 차원에 큰 비중이 두어지는 결과를 초래했다. 더구나 야당은 집단의 이해나 기대를 조정하기는커녕 집권 세력에 대한 무조건적인 반대를 일삼아 사회 계층 간 갈등과 반목을 조장하는 것으로 비춰지고 있다.

이런 상황에서 정치가 경제의 발목을 잡는다는 비판론의 제기는 너무나도 당연하다 해도 무리가 아니다. 성숙 사회, 또는 선진 사회로 가는 길목에서 가장 시급히 변화돼야 할 분야가 바로 정치다.

정치는 경제 활동의 상위 개념이다. 정치 행위로 인해 결정된 법률과 제도가 경제의 틀을 결정한다. 경제 활동이 활발히 이뤄지기 위해서는 시장 경제의 작동 원리가 충분히 발휘될 수 있는 정치적 토양의 배양이 무엇보다 긴요하다.

여당은 영원한 집권 세력인 것처럼 오만해서도 안 될 것이고, 야당은 영원히 야당만 할 것처럼 코앞의 이해득실만을 계산하는 정당 활동은 더 이상 용납되어서는 안 될 것이다. 그동안 필자가 신문에 연재한 칼럼의 대다수에서 정치의 비효율을 지적한 대목이 많은 것은 필연적인 결과가 아닌가 싶다.

물론 오랜 경제 기자 생활을 통해 느낀 생각은 그 판단의 기준이 경제적 관점에 편향돼 있을 수 있다. 자칫 정치 쪽에서 보면 지나친 편견이라 할 수도 있을 것이다.

그러나 정치의 영역을 정부까지 넓혀 보면 그 중요성은 더욱 절실해진다. 역대 정부가 예외 없이 규제 개혁을 핵심 정책 과제로 내걸었다. 하지만 그 결과는 큰 진전을 보지 못하고 있다는 게 중론이다. 왜 그런가. 이 역시 정치적 토양과 무관하지 않다. 선거에서의 표票를 의식하다 보면 중립적이고 객관적인 판단을 내리기가 어렵다. 결국 인기 영합적인 정책을 즐기다 보면 온갖 규제는 폐지하기가 어렵다. 오히려 이런 저런 형태의 변칙 규제가 늘어나기 십상이다. 정부 역할의 최적 조합은 그동안 수많은 논의가 있어 왔다. 일일이 지적하기는 어렵지 않지만 그보다 원론적인 입장에서 시장 기능을 위축시키는 정부 규제는 최대한 철폐되어야 마땅하다.

살아있는 뉴스경제학
시장경제를 읽는 눈

지은이 | 이계민
펴낸이 | 김경태
펴낸곳 | 한국경제신문 한경BP

제1판 1쇄 인쇄 | 2011년 4월 11일
제1판 1쇄 발행 | 2011년 4월 20일

주소 | 서울특별시 중구 중림동 441
기획출판팀 | 3604-553~6
영업마케팅팀 | 3604-595, 555 FAX | 3604-599
홈페이지 | http://www.hankyungbp.com
전자우편 | bp@hankyungbp.com
등록 | 제 2-315(1967. 5. 15)

ISBN 978-89-475-2801-6   03320
값 15,000원